新装版

信念と想像：
精神分析のこころの探求

Belief and Imagination:
Explorations in Psychoanalysis

ロナルド・ブリトン
松木邦裕 監訳
古賀靖彦 訳

Ψ金剛出版

リタクレアへ　そして，私たちの子どもたちとその子どもたちに

The New Library of Psychoanalysis 31
(General editor: Elizabeth Bott Spillius)

BELIEF AND IMAGINATION

Explorations in psychoanalysis

by

Ronald Britton

This edition is published in association with The Institute of Psycho-Analysis (London, England) through The English Agency (Japan) Ltd.

日本語版への序

私たちは単に，新たな発見や新たな発達をなすことによって，進歩を成し遂げるのではない。難しいのは，自分自身を過去から解放することである。私たちはどのようにして過去を放棄するのだろうか。フロイトは「悲哀とメランコリー」の中で，愛する対象の喪失との関係で，この疑問に答えている。すなわち，哀悼は，結局私たちが，生きているものに再備給するために，死んだものへの情緒備給を減らす過程である。自分の信念をもはや支持できなくなりあきらめる際に，これと同様の過程が伴うことを私はこの本で示唆している。これらの双方の状況，つまり，死んだ愛する対象をあきらめることや死んだ考えを放棄することには，さまざまな困難が存在する。もはや不要となった信念をあきらめきれない人がいるが，これは誰にとってもたいそう難しいことである。しかし，自分の信念の現実性や真実性を検討し始められるようになる前に，そもそも信念が信念であって事実ではないことに私たちは気づかなければならない。そうするためには，自分自身がその考えとかかわっていることを観察しなければならない。単に考えを抱いている間は，私たちはそれを事実として取り扱う。自分自身が考えとかかわっていることを観察するためには，私たちは，自分自身でありながら自分自身を観察しなければならない。これには，私が**三角空間**と呼んでいるものを必要とする。

この本では，三角空間がどのようにして達成されるのか，そして，この三角空間がない人の機能はどのような結果を蒙るのかが描かれている。これは内的三角関係を体験することを伴い，その体験は**内的エディプス状況**を喚起する。もしこの状況がうまく乗り越えられないか，持ちこたえられないならば，三角空間が達成されなくなり，一人の主観的現実にもう一人の主観的現実が押しつけられる。その場合，競い合う主観性があるだけで，客観性は存在しえない。この過剰な主観性の状況では，暴虐，服従，あるいは同一化が，唯一可能な対象関係のモードである。

三角空間が欠けている場合，過剰な主観性に代わるものは過剰な客観性だけである。このような状況では，主観的自己は犠牲にされ，個人は自分自身を観察される対象として扱い，体験される対象としては扱わない。これはスキゾイド的解決と呼べよう。

想像は私たちに，物理的には知覚できない空間に住む可能性をもたらす。これは，私たちが一度も行ったことのない，空想の中だけに存在する場所である。私たちは，自分の「想像」の中にある，「もう一方の部屋」に住むことができる。「もう一方の部屋」は，原初対象が，私たちとともにいない間に，存在する場所である。これはフィクションのための空間である。「もう一方の部屋」を想像したり夢見たりするだけではなく，そこに実際に住もうとする試みが，ヒステリーの特徴である。フィクションが真実からの逃避をもたらしうるのと同じように，「もう一方の部屋」は現実からの逃避をもたらす。しかしながら，フィクションは心的現実，すなわち自己と内的世界の真実を探究する手段ともなりうる。そのため，真実を求めるフィクションと真実を避けるフィクションがある。すなわち，創造的な文学と現実逃避の文学である。

これらがこの本のテーマである。これらは私自身の精神分析の体験から起こってきたものであるが，遠い昔から，哲学，神学，および詩の書き手のこころを占めてきたテーマでもある。私たちは信じるように生まれついているし，想像に満ち満ちている。すなわち，私たちのこころはそのようにできているので，私たちの信念と想像は，夢と同様に避けられないものなのである。

本書を手にとっておられる方に――監訳者による紹介

精神分析は――ご存じの方も多いにちがいありませんが――こころをより深く理解していくことを目指した臨床活動です。本書『信念と想像：精神分析のこころの探求』は，著者ブリトンのそうした長年の精神分析臨床に基づいた著作です。現役の精神分析家が，日々の臨床と豊かな精神分析の知識，文学や哲学についての深い造詣を創造的に練り上げた傑作であることは論を待ちません。

本書の特性は第一に，精神分析や心理臨床，精神保健の実践に役に立つ新しいこころについての理論や治療介入の技法を提供してくれるところにあります。すなわち，私たちが私たち自身の考えや想像，空想などとこころの中でどのようにかかわっているのかとの主題から，こころの臨床に携わる人たちの人間理解を深めたり，理解のための新しい視点をもたらし，そのかかわりに有用な方法を豊かに示してくれます。

しかしそれのみならずもうひとつに，その主題から展開している文学や哲学についての奥深く新鮮な見解があります。ひとのこころの事実を知りたいという私たちが求めてやまない思いを著者は，精神分析だけでなく，とくに文学というこころを知る上での伝統的な分野にも広げ，両者をつないだこころの理解を本書で深めていきます。

ゆえに論題は，信念，知識，想像，空想，事実などの心的現実にまつわる諸概念，エディプス，ナルシシズム，ポジション，自己，間主観などの精神分析概念，さらには詩，フィクション，実存，神学と多岐におよびます。

本書には幅広く，精神分析，精神保健や心理の臨床家，思索家，そして文学に関心を抱く人たちも満足させる懐の深さがあると私は思います。

＊

さて，本書は，英国精神分析協会の全面的な協力のもとにルートリッジ社（ロンドン）から出版されている「新精神分析双書」(New Library of Psychoanalysis) の31冊目にあたる著書です。

この双書はその第1巻が，ブリトンと同じ英国クライン派精神分析家ハーバート・ローゼンフェルドによる『治療の行き詰まりと解釈』(誠信書房）でした。その後も，スピリウス編『メラニー・クライン トゥデイ 1＆2』(岩崎学術出版社)，スィーガル著『夢・幻想・芸術』(金剛出版)，アンダーソン編『クラインとビオンの臨床講義』(岩崎学術出版社)，スタイナー著『こころの退避』(岩崎学術出版社)

と，すでに邦訳され好評を博している一流のクライン派分析家による著書が続いているのが大きな特徴のひとつです。そして本書は，その連峰に新しく，ひときわ高くそびえる著作なのです。

「ポスト・クライニアン・パースペクティヴ」という表現が原著の紹介に使われていますように，ブリトンはクライン派精神分析にとっても新しい視点をここに示しています。メラニー・クライン以降ビオン，ローゼンフェルド，スィーガル，スタイナーといったクライン派分析家たちの思索，さらにはクラインとは縁も深い分析家ウィニコットの考えにも及ぶブリトン独自の展望が，私たち読者にみずみずしい視点を提供してくれるのです。

＊

著者ロナルド・ブリトンを簡単に紹介しましょう。ブリトンは我が国ではまだあまり名を知られていませんが，今日の英国クライン派精神分析家を代表する人物です。ブリトンは邦訳されています論文集『クラインとビオンの臨床セミナー』(1992，邦訳：岩崎学術出版社）に唯一人2編の論文が収録されている著者であり，『エディプス・コンプレックス トゥデイ』(1989，邦訳なし）の3人の著者のひとりでした。ブリトン，スタイナー，そしてマイケル・フェルドマンが現代の英国クライン・グループの三傑と言われています。

ブリトンは1932年に英国北部に生まれ，医学の道に進み，精神医学，児童精神医学での臨床を重ねています。精神分析の訓練はリーゼンバーグ・マルコム，ローゼンフェルド，ジョゼフ，スィーガルらの教育分析やスーパーヴィジョンを受けて成し遂げました。1970年代にはタビストック・クリニックの児童と家族部門に部門長として勤めました。1981年に英国精神分析協会正会員となり，現在は精神分析を個人開業しています。

ブリトンは，スタイナー，フェルドマンと仲がよく，彼らは精神分析家のためのセミナーを開いたり，外国でのスーパーヴィジョン・セミナーに出掛けたりなど協調して働いています。スタイナーの話では，ふたりは週末に一緒にジョギングしながらの精神分析的対話をしているのだそうです。本書において初めて，ブリトンの臨床と思索の全貌が明らかになりましたが，大きなインパクトを我が国の精神分析世界に与えることになりましょう。

＊

最後に翻訳者の古賀靖彦氏を紹介したいと思います。

古賀氏はそもそも精神分析に関心を抱いて精神科医となりました。ゆえに九州大学医学部を卒業後，福岡大学医学部精神科にて精神医学と精神分析臨床を研鑽し，その後タビストック・クリニック成人部門に留学し，精神分析臨床の研鑽をさらに，そして徹底して深めました。

彼の関心は常にクライン派精神分析にあり，英国での教育分析，スーパーヴィジョンはともにクライン派分析家に受けています。つまり古賀氏は我が国に稀なクライン派精神分析の純血種なのです。この点からも，本書の翻訳者として彼が最適な人材であることはおわかりいただけると思います。

古賀氏はすでに日本精神分析学会で活躍し始めていますが，私は彼がこれからの我が国の精神分析の旗手のひとりとなることを確信しています。

翻訳は全文を古賀氏が訳出し，それを古賀氏自身と私とで見直し読者によりわかりやすい文章を提供しようと検討していくことで成し遂げられました。優れた著者と優れた訳者の創造的カップルから産み出された本書が，読者の皆様に創造的衝撃をもたらすことを願ってやみません。

父親の仕事に多大な時間を与えてくれた太郎君と春樹君に感謝して

松木 邦裕

謝　　辞

この本を作るにあたり参加し支持してくれた妻に感謝の意を表したい。精神分析の先生方，とりわけベティ・ジョゼフ，ハンナ・スィーガル，ルース・マルコム，および故ハーバート・ローゼンフェルドには深い恩恵を受けている。また，ベティ・ジョゼフ・ワークショップで何時間にも及ぶ臨床討論を行なった同僚たち，特にウェスト・ロッジ会議[訳注1)]を共催しているマイケル・フェルドマンおよびジョン・スタイナーにも同様の恩恵を受けている。国外の同僚たち，特にドイツのフランクフルトでのポスト・グラジュエイト・セミナー[訳注2)]のメンバーが私とともに熱心に探究してくれたことに感謝している。エリザベス・スピリウスには，同僚としてだけでなく絶えず支持してくれた編者としても，二重に恩恵を受けている。多くの文学者，特にグラスミア会議での文学者，とりわけ私の友達であるロバートおよびパメラ・ウーフ Robert and Pamela Woof，ジョナサン・ワーズワース Jonathan Wordsworth，トーマス・マクファーランド Thomas McFarland，およびダンカン・ウー Duncan Wu は，私にさまざまなことを教えかつ励ましてくれた。

『メラニー・クライン著作集』，『エディプス・コンプレックス・トゥデイ』，および「羨望と感謝」のタイプ原稿の脚注からの素材を使うことを許可してくれたメラニー・クライン・トラスト，『I.F.の手書き原稿』から引用することを許可してくれたワーズワース・トラスト，『エディプス・コンプレックス・トゥデイ』（J. Steiner 編）から「欠けている連結：エディプス・コンプレックスにおける親の性」を使うことを許可してくれたカーナック・ブックス，および「解釈：選ばれた事実，あるいは過剰に価値づけられた考え？」（R. Britton and J. Steiner）と「心的現実と無意識の信念」，「心的現実と無意識の信念：ハロルド・ジェラード Harold B. Gerard への返答」，「公表の不安：コミュニケーションと親密な関係との葛藤」（R. Britton）の素材の使用を許可してくれた『国際精神分析誌』に感謝したい。『精神分析的探究』誌は「見えている目の盲目：現実への防衛としての逆の対称」（vol. 4, 1994）の使用を，そして，エール大学出版社は『フロイトの「創造的な作家と白日夢に耽ること」について』（E.S. Person ら編, 1995）からの「空想とフィクションにおける現実と非現実」の使用を許可してくれた。W・W・ノートン社は『序曲 1799, 1805, 1850：ウィリアム・ワーズワース』（W. Wordsworth 著，J.

訳注1：国外の精神分析家のために，毎年ロンドン郊外のウェスト・ロッジ・ホテルで開催されている会議。

訳注2：精神分析家の資格を得て間もない人たちのための臨床セミナー。

Wordsworth, M.H. Abrams and S. Gill 編, ニューヨーク, 1979),『ジョン・ミルトン：失楽園』(Scott Elledge, 第二版, 1975),『ライナー・マリア・リルケの手紙 1910-1926』(J.B. Green and M.D. Herter Norton 訳) からの素材の使用を許可してくれた。オックスフォード大学出版社には『ブレイク：全著作』(Geoffrey Keynes 編) からの素材，ケンブリッジ大学出版社には『ウィリアム・ワーズワース：行商人，ティンターン修道院，序曲二部』(J. Wordsworth 編) および『獣に不利な証人』(E.P. Thompson) からの素材に対して感謝している。ニューヨークのランダムハウス社からは『マルテの手記』(M.R. Rilke 著, Stephen Mitchell 訳, 1983) を，アンビル詩社からは『未公認のリルケ』(R.M. Rilke 著, Michael Hamburger 編・訳, 1981) を使う許可を得ている。ロンドンのホガース出版社は『ジークムント・フロイト全集』,『メラニー・クライン著作集』,『カール・アブラハム選集』,『メラニー・クライン入門』(H. Segal), および『小児医学から精神分析へ』(D.W. Winnicott) から引用することを許可してくれた。

目　　次

信念と想像：精神分析のこころの探求

この本の紹介

私たちは，もっとも信じられないことを信じるようにできている。

(Goethe 1774: 51)

この本は15年間にわたって書かれた論文が基になっている。それらの主題はさまざまであったが，私のこころを占めた問題とテーマは同じである。一つは，個人のこころの中での空想の地位であって，空想の内容だけではなかった。いつ空想は事実，それともありそうなこと probability，ありうること possibility，あるいは単なる気まぐれと見なされるのだろうか。この方向の考えが極まって第1章の「信念 belief と心的現実」で述べている考えとなった。第2の方向の考えは第1の方向といずれ重なるが，主観性と客観性の内的関係やその原始的エディプス三角における起源についてである。この方向の探究が第4章の「主観性，客観性，および三角空間」での理論につながった。第3の方向の考えは，空想が現実とは見なされず信念の地位も与えられない場合，それは**想像** *imagination* にゆだねられることもあるという認識の後に引き続いて起こった。しかし，**想像**とは一体何であり，現代のこころのモデルでは一体どこにあるのだろうか。それは100年以上前に**能力心理学** *faculty psychology* [訳注1)] が消滅して以来宿無しであり，メリー・ウォーノック Mary Warnock (1976) によると，現代の哲学においては固有の場所さえ持っていない。しかしながら想像は，心的機能としても心的な場所としても，文学や一般の会話では確固とした存在であり続けている。私たちは想像を精神分析の用語でどのように表現できるだろうか。これが第3の考えの道筋であり，これらの探究を貫くものである。そしてそれが，第9章の「白日夢，空想，およびフィクション」と第10章の「もう一方の部屋と詩空間」で専心しているところである。

現実や想像との関係で信念や空想について表した私の考えは，全ての章におよんでいる。それらはときには明白に，あるいは暗黙のうちに表されている。最初の7つの章では，私が分析の実践で出会って来た信念のさまざまな側面，その変遷，お

訳注1：記憶，推理，言語能力などの心的能力が精神現象の諸形態を担う実体である，とする心理学。

よびその結果が述べられている。第7章と第8章でもこの問題を続けているが，分析家の信念とその信念の分析へのインパクトも題材として用いている。

第9章では，心的現実とフィクションを書くことの関係を探究している。ちょうどある空想は心的現実の基礎を作り上げるが，空想によっては心的現実を逃れるために作り出されるのと同じように，あるフィクションは真実を求めるものであり，別のフィクションは真実を避けるものであるという考えを私は提案している。第10章は，想像されたできごとが起こるような想像上の心的空間としてこころに抱かれる，**想像**の発達を明らかにする試みである。第11章から第14章では，空想，信念，現実というテーマが，特定の詩人——ワーズワース，リルケ，ミルトン，およびブレイク——の作品を通して続けられている。4人はさまざまなやり方で自己の信念と現実という問題を探究している。最終章の「公表の不安」では，専門家としての私的確信を公にする段になると起こる問題が論じられている。

この本では，探究が通常は哲学や文学，神学が関わっている領域に入ることもある。私は哲学者ではないし神学者でもない。私は長い間詩の研究に情熱を注いできたが専門家ではない。だが，このように他の領域に入ることがただ私の個人的な興味だけで起こったわけではない。起こった理由は，精神分析が哲学者，神学者，および詩人の関心事である精神生活の領域を必然的に探究するものであるからだ，と私は思う。ビオン Bion が書いているように，「精神分析家の哲学的問題の体験はとても現実的なので，分析家はしばしば哲学の素養の必要性を専門家の哲学者よりも明確に理解している」(Bion 1967: 152)。18世紀の啓蒙運動以前には，精神生活での避けられない主観的問題は神学用語で表されていた。こうした問題は現在も変わっていない。私たちは精神分析の実践でこれらの問題に出会い，私たちの用語でそれらを考える。詩は長い間私にとって喜び以上のものである。それは理解の源であり心理学的探究の出発点なのである。しかしながら，この本における思考の真の源は私自身の臨床体験である。本，先生，および同僚から学んださまざまな精神分析理論は，それらが記述している現象に実践で出会ったとき初めて活気づく。一つの領域で得られた理解ともう一つの領域で得られた理解のつながりを発見すると，私個人の興奮だけでなくそれを他の人に伝えたいという衝動も刺激される。信念を確実なものにしたいという基本的な欲望や，さまざまなグループにおいて全員を結びつけるような信念を他者と共有したいという生来の願望があるのではないかと私は思う。このことの欠点は，私たちが意見の一致を現実検討の代わりにし，そうして共有された空想が知識と同等かそれ以上の地位さえ得てしまうこともあるということである。

私の書く精神分析理論は，主にフロイト，クライン，ビオン，および現在一般にポスト・クライニアンとして知られているロンドンの分析家グループの理論を背景にしている。

いくつかの概念がこの本を通じて用いられている。信念は，もちろんその中心となる。他には，フロイトやクラインによって用いられた *Wissentrieb*，クラインの妄想分裂ポジション paranoid-schizoid position と抑うつポジション depressive position の概念，エディプス・コンプレックスとその一部分をなす抑うつポジションとの関係，ビオンのコンテイナー container の概念，防衛組織体の概念，空想と想像，投影同一化，および不安がある。これらの概念のあるものは特定の章の主題であり，概念によっては全体を通じて用いられている。ここでこれらの概念を手短に論じよう。

Wissentrieb は，文字通りには知識への駆りたてという意味であるが，ジェイムズ・ストレイチー James Strachey によって**好知衝動** ***epistemophilic impulse*** と訳され，この学問的な響きをもつ用語が残った。フロイトもクラインもこれを二つの本能，すなわち生の本能と死の本能のいずれかの構成要素だと考えた。翻訳がどうであれ，*Wissentrieb* を愛や憎しみと同等に扱い，好知の発達が愛や憎しみによって複雑になりそれらと混じり合うのであって，それらから派生するのではないと考える方が分かりやすいと私は思う。「外的・内的対象と関係がないような本能衝動，不安状況，および心的過程なぞ存在しない」（Klein 1952a: 53）というメラニー・クラインの論述を受け入れて，私たちはものごとを愛し，ものごとを憎み，ものごとを知りたいと言う方が，抽象的な欲動を論ずるよりもいいと思う。外的対象の世界に加えて内的対象関係の世界も私たちはもっているという事実から，愛，憎しみ，知識はまた私たち自身との関係にも展開されていると私は考える。外的状況と内的状況の双方で，私たちは対象への欲望と対象からの欲望をもっている。私たちは対象を愛し，憎み，知りたいし，また，愛されるのを必要とし，憎まれるのを恐れ，理解されたい。内的に私たちは自分自身を愛し，忌み嫌い，理解したい。

二つの心的複合体，すなわち**抑うつポジション**と**エディプス状況**はこの本で展開している考えの背景として欠かせない。これらの重要な相互関係は第3章で論じる。**乳幼児の抑うつポジション**という概念は，メラニー・クラインによって「躁うつ状態の心因論に関する寄与」（1935）という論文において提唱され，「喪とその躁うつ状態との関係」（1940）においてさらに展開された。ドナルド・ウィニコットは，これが彼女の最も重要な貢献であり，その重要性はフロイトのエディプス・コンプレックスの概念に匹敵すると考えた（Winnicott 1962）。クラインは抑うつポジションに対する防衛そのものに病理に通じるものがあることを認めた。そして特に焦点を当てたのは，否認，侮り，勝利感，万能的修復 restitution に頼る躁的防衛であり，さらにその躁的主張が傷ついた対象を魔術的に取り除くか修復するのに失敗したときの空想上の破壊を打ち消そうとする強迫的な試みであった。

ジョアン・リビエール Joan Riviere（1936）は，クラインの**抑うつポジション**という新しい概念を武器にして，無意識の罪悪感が**陰性治療反応** ***negative therapeutic reaction*** を引き起こすというフロイトの提案を敷衍した。彼女は**自己愛性格**と**躁的防衛**を関連づけ，初期うつ病者も含めて陰性治療反応を起こしやすい人は，洞察の後には破局が来るのを予期していることを強調した。彼女はこの危険に対する組織化され永続化された防衛システムについて述べた。この防衛組織体 defensive organisations という考えは，ベティ・ジョゼフ Betty Joseph（1989）が心的平衡 psychic equilibrium と呼んだものを作り出す手段として，ポスト・クライニアンの中心的な概念である。私たちは**自己愛組織体** ***narcissistic organisations***（Rosenfeld 1971），**防衛組織体**（O'Shaughnessy 1981），**病理組織体** ***pathological organisations***（Steiner 1987）などのさまざまな記述に出会ってきた。ジョン・スタイナー John Steiner は彼が**心的退避** ***psychic retreats*** と呼ぶものが誘惑的であることを強調した。なぜなら，それは永久の安全感だけでなく，密かな倒錯の喜びやサディズムを閉じ込める場所も提供するからである。

ジョン・スタイナーの本書への関わりは間接的影響にとどまらない。第 8 章は 1992 ～ 93 年に彼と共に著した論文に基づいており，その論文は，分析家が，ものごとをまとめる働きをする**選ばれた事実**を直感的に選択することと，**過剰に価値づけられた考え**をまとまりのない心的素材に押しつけることの区別に関するものであった（Britton and Steiner 1994）。素材の理解を方向づけるために分析家が患者のコミュニケーションの中心要素をもっぱら直感的に選択する場合，分析家自身の信念の体系や関心事が干渉してしまうゆえの誤りに絶えず晒されていることを私たちは強調した。こういった理由で，介入の結果を分析家が絶えずモニターすることが分析技法の必須の側面となる。

この本を通じて**空想** ***phantasy*** [訳注2)] という用語が使われているが，それはメラニー・クラインが与えた広い意味をもち，アンナ・フロイトやその後継者たちによるような限られたものではない。スーザン・アイザックス Susan Isaacs の定義では「空想は（まず第一に）本能の心的帰結であり，心的表現である。無意識の空想として体験されないような衝動，本能衝動，あるいは本能的反応なぞ存在しない」（Isaacs 1952: 83)。「空想」という語はドイツ語の *Phantasie* の翻訳から英語になっ

訳注 2：クライン派の phantasy の概念は第 9 章ででも述べられている。これ以降，但し書きがない場合，空想とは phantasy を意味する。

たが，それは通常なら「**想像**」と訳されるだろう。「想像」という英語の用法の違いは文学界を散々苦しめたが，それは「空想」という語の異なった使い方が精神分析の世界を苦しめたのと似ている。コールリッジ Coleridge とワーズワースの「想像」という語の使い方は，クラインが「空想」を全ての精神活動の根底をなす基本過程として使ったのととても似ていたのに対し，他の人々は意図された非現実的な表象を記述するのにこの語を使っただけだった。コールリッジは，「**気まぐれな空想** *fancy*」という語は想像の代わりとなる比較的古い英語であるが，意図的に奇抜な，あるいは明らかに願望充足的な心的産物のためにとっておくべきだと提唱した。この用語の歴史やそれにまつわる論争は，**真実を求める**フィクションと**真実を避ける**フィクションの関係の探究の一部として，第12章で詳しく論じている。

投影同一化

この本で用いられているもう一つの概念は**投影同一化** *projective identification* である。私がこの概念を使う場合，この用語によって私が意味するものをあらためて述べることなく使うので，ここに簡単に述べておこう。まずこの用語のさまざまな用法に言及し，それから私自身の分類を述べよう。クラインは次のように書いている：

> 自分自身，あるいは自分の衝動や感情を他の人の中に投影することによって，その人との同一化が達成される……。これに反して，自分の一部を他者の中に入れる（投影する）同一化の基礎は，自分自身のある特質を他者のものとすることにある。投影は多くの影響を及ぼす。私たちは，自分のある情緒や考えを他の人々のものとする——ある意味では，それらを彼らの中に入れる——傾向にある。そして，この投影が友好的であるか敵対的であるかは，私たちがどれだけ安定しているか迫害的であるかによることは明らかである。私たちは自分の感情の一部を他者のものとすることによって，その人の感情，欲求，満足を理解する。言い換えれば，私たちは自分を他者の靴の中に入れて，その人の身になる。この方向に進み過ぎて，自分を完全に他者の中に失い客観的な判断ができなくなってしまう人もいる。これと同時に，過剰な取り入れは自我を危険にさらす。それは自我が取り入れられた対象によって完全に支配されるようになるからである。
>
> (Klein 1959: 252-3)

この最後の2つの文章は，詩人リルケが『ドゥイノの悲歌』や彼の小説『マルテの手記』の中で巧みに表現した問題をまさに述べている。すなわち，愛に駆られたり愛されていると感じるときはいつも，自分のアイデンティティを失う危険にさらされると彼は感じた。第12章ではこの点をリルケの詩的自己分析についての研究の一部として論ずる。これはまた，第4章での実存の不安 existential anxiety についての討論の一部ともなる。しかしながらクラインは，投影同一化は共感的理解の基礎であることも明らかにし，「投影が主として敵意に満ちたものであれば，他者への真の共感や理解は妨げられる」（前掲書：253）という観察をしている。

上に引用した節でクラインは，投影同一化を自分のものを他者に帰属させる過程として述べている。しかし，「同一化について」の論文のように他の所では，彼女はこれを他者のアイデンティティの中に入り込みそれを引き継ぐ方法として述べている（Klein 1955: 141-75)。このような形式の投影同一化の分析は，ハーバート・ローゼンフェルド Herbert Rosenfeld（1965）やレスリー・ソーン Leslie Sohn（1985）によって，特に精神病患者の理解に用いられている。分類上私はこの形式を，**獲得的投影同一化** *acquisitive projective identification* と呼ぶ。その最も生の形は，私がずっと前にイングランドの北部で出会った精神分裂病の患者によって例証されよう。彼は一夜にしてローマ皇帝ハドリアヌスになったと信じていた。彼ほど万能的でない患者であったならば，これは夢として語られたかもしれない。

ビオンは，**他者に帰属させる** *attributive* 種類の投影同一化の理論に次のような考えを付け加えた。それは「患者は生まれたばかりのときでさえ現実と十分に触れ合っており，それゆえ彼は望まない，あるいは母親にもって欲しい感情が母親の中に生じるようにふるまうことができる」（Bion 1962b: 31）ということである。この考えは彼のコンテインメント containment の理論の中核となった。それは帰属的投影同一化の中でも，投影の対象に何の影響も及ぼさない単なる万能的空想のものと，主体の微妙なふるまいがその主体によって投影された心的状態を対象の中に喚起するようなものが区別できることを意味した。エリザベス・スピリウス Elizabeth Spillius は投影の受け手に影響を及ぼすこのような形式の帰属的投影同一化を記述するのに，「**喚起性** *evocatory*」という用語をつくりだした（Spillius 1988: 83)。分析家によっては，個人の活動が他者に影響を及ぼす喚起性の帰属的なものにしか投影同一化という用語を使おうとしない人もいる。ジョゼフ・サンドラー Joseph Sandler は，投影がある関係の中で現実化している状況を示すのに「**実現した** *actualised*」という用語を導入している（Sandler 1976a, 1976b)。しかしながら，私も含めて他の分析家たちは上述のあらゆる種類の現象に対してこの用語を使い，あるポイントでどの現象が表されているかを示していくことにしている。

私自身の分類を要約すると：

- **獲得的投影同一化**：「私はあなたです」――すなわち，他者のアイデンティティ，あるいは属性の所有権が自己のために主張される。これが万能的に主張されればされるほど，結果はより妄想的となる。
・**帰属的投影同一化：**「あなたは私です」——すなわち，自己のある側面が他者に属するとされる。これは他者の中に変化を引き起こす**喚起性**であったり，他者に影響を及ぼすような行動がとられない**非喚起性**であったりする。

不　　安

この本での私の考えの背景にある精神の現象学のもう一つの領域は，不安の領域である。フロイトは，後期の優れた論文の中で，不安を中心に据えることによって精神分析を完全に構成し直した。そこでは，不安はもはや未放出の情動が形を変えたものでも，単なる葛藤に満ちた願望の望ましくない結果でもなく，神経症や精神病の核心であり人間の努力の主要動機の一つであると見なされた。

メラニー・クラインは，彼女が以前には迫害的不安と抑うつ不安と述べていたものを妄想分裂ポジションと抑うつポジションに組織化し，それを最終的な理論とした。彼女は自己の破滅の恐れと世界の破滅の恐れを区別した。クラインは，フロイトの生来備わっている死の本能という記述から，私たちは絶滅の恐れを生まれながらにして持っているという結論を引き出した。私の理解では，これは単なる大人の言葉で言う死の恐れではなく，もっと形をなしていない萌芽期の不安である。すなわち，それは非存在の強烈な恐怖，何かが過去，現在，未来を絶滅させるだろうという恐れなのだが，大人の恐れはその個人の未来の死だけに関するものである。私たちは臨床で，絶滅の不安から逃れるために実際の死を求める誘惑にかられる人たちに出会っている。

ビオンの**名状しがたい恐怖** *nameless dread* は，乳幼児期に母親のコンテインメントがすっかり失敗したときの，このような恐怖の現れであると私は思う。その後，全体対象が確立され，部分がもはや全体と同じではなくなると，この恐怖はそのもっと部分的な形の実存の不安やアイデンティティ喪失の恐れとして表現される。私は第4章（「主観性，客観性，および三角空間」）で名状しがたい恐怖，コンテインメントの失敗，および混沌への恐れの関係を論じ，第12章で実存の不安についてのリルケの詩的探究を追う。第6章（「抑うつポジションの前と後」）では，ビオンの定式 Ps ⟷ D を Ps(n) → D(n) → Ps(n+1) へと拡張しジョン・スタイナーの病理組織体を組み入れた心的発達と退行のモデルを提案することによって，発達に内在している統合と解体の交互に入れ替わる避けがたい不安を記述しようと試みている。この章ではまた，不安に対して築かれた防衛組織体自体がさらなる不安の源となるそのさまにも注目している。その分かりやすい例が分離不安を回避するための獲得的投影同一化の使用であり，これ自体が閉じ込められる恐れを引き起こす。

トーマス・クーン Thomas Kuhn の著作『科学革命の構造』(1962) にくわしい人は，第6章で私が Ps (n+1) と呼ぶもの，すなわち以前のまとまった信念の体系の脱統合がクーンの科学的信念のポスト・パラダイム状態についての考えとかなり共通していることに気がつくだろう。科学は次のように進むと彼は示唆している。すなわち，ある新しい**パラダイム** ***paradigm*** が確立され，それが発展し適用される時期を経て，例外の蓄積によってそれはついには不安定となる。それから，また新しいパラダイムが現れる前に，いくらか混乱した不安定な段階がある。この段階はダーウィンの場合のように，新たな理論を主張する者に激しい不安を引き起こす。私はこのことを最終章の「公表の不安」で論じる。この章ではクーンの理論が簡単に述べられている。

個人の生活であろうと科学であろうと，状況はそれが進んで行って信念を変えるといった単純なものではない。つまり，私たちは自分の信念に愛着があり，それを放棄するのは難しい。これが第1章の主題である。

1

信念と心的現実

願望充足が目立った動機である場合，私たちは信念を幻想 illusion と呼ぶ。

(Freud 1927a: 31)

私がこの章の基礎となった論文（Britton 1995b, 1997b）を著して以来，信念をテーマにした精神分析の文献は意外に少ないことを指摘してくれた人が幾人かいた。精神分析家の毎日の仕事には患者の意識的・無意識的信念を探究することが含まれるので，これは驚くべきことである。また，現役の分析家が自分の信念をできるだけ吟味することはたゆまぬ務めでもある。しかしながら，毎日の精神分析の実践での信念の探究だけでなく，日常生活での信念の役割も当然のこととして注意を払われなくなっているのが実情のようである。私たちの瞬間瞬間の安心感は，自分自身，愛する人，および自分が尊重しているものの幸福を信じることによっている。信念は確かさではなく蓋然性に基づいているにもかかわらず，確かさに伴う情緒を生み出す。信念の安心感が損なわれたこころの状態は，誰もが経験するものかもしれない。例えば，不運な人たちは日々の信念を絶えず疑って暮らす。彼らが，現実の助けを得ても脱却できないような信念に悩まされる人々と同じ人たちであることも少なくない。私がこの章の後の方で述べる女性はとても悩んでいて，実際にはもはや死んでしまっている母親に会わない not see と目が見えなくなってしまうと信じていた。

何か特別の災難が迫っていると信じるのはおそらく無意識的なもので，そのため私たちは理由もわからず不安になる。ある人が自分を裏切ったという無意識の信念をもつと，私たちは訳もなくその人を憎む。人を傷つけたと無意識に信じ込むと，私たちは大した理由もなくその人に罪悪感を覚える。精神病理はこのように無意識的信念の特質の帰結であることがあり，これを神経症ということもできよう。信じる機能自体の障害もありうると私は思う。私が主にこの章で焦点を当てるのは後者であるが，まずは，精神生活における信じることの役割と場所についての考えを明らかにし，私が**心的現実**によって意味するものを説明する方がよかろう。

読者がこの章の残りの部分に向けた案内として使えるよう，私が前述の２つの論文で提案した信念の発達や吟味の諸段階について箇条書きしよう。

1　空想は生み出され，乳幼児期より無意識のうちに存続する。

2　信念の地位が，以前から存在するいくつかの空想に与えられる。それで，これらの空想は，その地位が与えられなければ起こらないような情緒的な帰結や行動上の結果をもたらす。信念は無意識であってもその効力を発揮する。

3　信念が空想や考えに結びついている場合，最初は事実として扱われる。それが信念だと気づくことは二次過程であり，体系の外から信念を眺めることに依存する。これは内的客観性に依存し，そして，その客観性が今度は第三の立場――ここから人は関係する対象についての主観的信念を眺めるのであるが――を個人が見出すことに依存する。これは，後の章で説明するように，早期エディプス状況の内在化とそれに持ちこたえることに依存すると私は思う。

4　それがいったん意識され信念だと認識されると，それは知覚，記憶，既知の事実，およびその他の信念に照らして吟味される。

5　ある信念が現実の吟味に耐えられないと，対象が存在しなくなる場合に放棄されなければならないのと同じように，それは放棄されなければならない。失われた対象がその消失が繰り返し発見されることによって哀悼されなければならないのと同じように，失われた信念もその無効性が繰り返し発見されることによって哀悼されなければならない。これは分析では**ワーク・スルー**の一部をなす。

6　ある信念の抑圧は，その特定の信念を無意識のものにしてしまうが，その効果を廃絶はしない。脅威となる信念を扱うのにとられる別の方法は，信じる機能そのものに向けられる。対抗的な信念 counter-belief は躁病者でのようにこころを乱す信念の場所を奪い取り，心的現実の代わりとなるものを作り出す。**「アズイフ」**症候群 ***'as-if'*** syndrome でのように，信じる機能は保留され，どこにでも同じような心的非現実感が生み出されるかもしれない。あるいはまた，ある精神病状態に見られるように，信じる装置が破壊されたり分解されるかもしれない。

7　知覚されたものが知識となるためには，それが信じられる必要がある。そのため不信 disbelief は空想や知覚に対する防衛として使われることがある。

心的現実

フロイトは1897年に「信じること（および疑うこと）は全く自我（Cs.［意識］）の体系に属する現象であり，Ucs.［無意識］にはこれに相当するものはない」（Freud 1897a: 255-6）と書いている。彼は信じることを「現実の判断」（Freud 1895: 333）と同じものとした。「もし，思考行為の終了後，現実の徴候が知覚に届くと，**現実の判断，すなわち信じることが達成される**」（前掲書：313）。「現実の徴候」は身体感覚の他にことばを通じても達成されるが，これは「**思考現実**」だけにあてはまる。この思考現実は「**外的現実**」（前掲書：373）とは異なる。この思考現実と外的現実の相違は，「心的現実は特別な形の存在であり，物質的現実と混同されてはならない」（Freud 1900b: 620）という決定的な区別に至る，フロイトの最初の定式である。彼はその後の著述で信じることを一つの過程として記述せずに，それを，知覚や思考に現実の地位を与えることによって達成されるものとして，心的機能の理論的説明の中に残した。彼はこの機能が「自我の体系」（Freud 1897a: 255）にあることを確信していた。そのため，この考えをその後一度も変更せず，後に**イド**と呼ばれた**無意識体系**が信念，現実，矛盾，空間，あるいは時間について何も知らない（Freud 1933a: 74）と固く信じていた。フロイトは，イドと違って「自我はPcpt.-Cs.［知覚］の性格をもち」，その全ての素材を空間と時間の中に置く（前掲書：75）と考えた。フロイトは，空間と時間は人間のこころの必要な形式であるというカントの哲学的主張に繰り返し戻り，無意識の体系は哲学者の定理に従わないが，自我は意識の知覚装置に基礎があるため，必然的にその体系の空間と時間の構造に従って身の振り方を決めることを主張した。私たちが「想像」と呼びそこに空想を配置するものと同じく，信念は必然的にこの空間／時間の構造に従うと私は考える。私は第9章と第10章（「白日夢，空想，およびフィクション」と「もう一方の部屋と詩空間」）でこれをさらに論ずる。

フロイトは，1897年に信じることについて書いたとき，自我と意識を同じものとした。彼が「自我とイド」を書くまでに，「自我の一部は……疑いもなくUcs.である」（Freud 1923a: 18）ということが彼にはすっかり明らかとなっており，精神過程そのものを無意識のものと見なした（Freud 1915b: 171）。私は，信じる行為はこのような過程であり，それゆえに無意識のものであるとみなす。そして，その結果としての信念は意識されたり，無意識のままであったり，あるいは無意識となったりすると私は考える。

フロイトは**心的現実**という用語を確立した後，これを二つの意味に使い論点を混乱させている。彼は「外的現実」でやるのと同じことを「内的現実」でもやっている。彼はカントにならって，**物自体** ***thing in itself*** を不可知であり，理体noumenon[訳注1)]とみなしてもいれば，体験された，つまり知覚によってつくられた現実（Freud 1915b: 171）とみなしてもいる。フロイトが現実について述べる場合，物自体を意味することもあるし，知覚による現実を意味することもある。同様に，彼はときと

訳注1：現象phenomenonの根本をなす実体。

して心的現実を不可知の無意識体系と同じものとする。彼は「無意識は真の心的現実である。すなわち，その最も深い性質は外界の現実と同様に知られていない」(Freud 1900b: 613) と書いている。他のときには彼は，心的現実を「**現実の判断，すなわち信じること**」(Freud 1897a: 333) によってつくられるものという意味で用いている。私が心的現実を用いているのはこの後者の意味において，すなわち信じることによってつくられるものとしてであり，信じることを空想や考えに現実の地位を与える機能とみなす。信じることの心的現実に対する関係は，知覚の物質的現実に対する関係に匹敵すると私は考える。信じることは，知覚が物質的なものに行うのと全く同じように，心的なものに現実の力を与える。知覚と同様に，信じることは活発な過程であるし，欲望，恐れ，期待に影響を受ける。また，ちょうど知覚が否認されるように，信念も否認 disavowed される。フロイトは，神経症では「抑圧された素材を信じることは拒まれ，それを防衛している素材を信じるように置き換えられる」(前掲書：255-6) と考えた。私はこれを彼のその後の無意識自我という概念を用いて修正しているが，それは，神経症症状を生み出すような抑圧された信念があることを示すためである。

信念にはさまざまな結果が伴う。すなわち，信念は感情を湧き上がらせ，知覚に影響を及ぼし，行動を促す。信じることの対象ではない空想は，意識的であろうと無意識的であろうと，結果を伴わない。そのため，結果を回避するために否認 disavowal が使われることがある。無意識の信念には結果が伴うので，しばしば私たちは特に理由もなく感じたり行動したりするし，その感じや行動を説明するのに偽りの理由を見つけることもある。合理化は，本当は無意識の信念に基づいている強固な確信のために組み立てられた論理的正当化の産物である。

信じることの役割と場所

私は好知本能 (*Wissentrieb*) を他の本能と同等で独立したものとみなしている。すなわち，知識欲は愛や憎しみと併存すると考える。人間には愛し，憎み，知りたいという衝動，愛されたい欲求，憎まれる恐れ，理解されたい願望がある。私はフロイトやクラインと違って，*Wissentrieb* をある本能の構成要素ではなく，いくつかの構成要素をもった一つの本能だと考える。探究，認識，信じることがそのような構成要素に含まれる。それらを，分子の認識や結合のような基本的生物学的機能に相当する精神の機能と考えることができる。

行動し反応するには私たちは信じる必要があるし，相当のあいだ何の知識もないままにそうしなければならない。私たちは対象に「備給する」のと似たやり方でさまざまな考えを信じるようである。信念は心的対象にさまざまな性質を色づけした空想であり，信じることは対象と関係することの一形態である。信じる行為が知識の領域において意味するものは，愛着が愛の領域において意味するものに匹敵すると私は考える。信じることについての言語は明らかに関係性についての言語を鋳型にして作られる。私たちは信念を進んで受け入れたり，これに屈したりする。私たちは信念を持ったり，棄てたりする。また，ときには信念を裏切るように感じることがある。私たちは信念に束縛されて虜になったり，信念から迫害されていると感じたり，とりつかれたりすることがある。私たちが最も深い信念を放棄するのは，最も深い関係を放棄するのと同様に，喪の過程を通してのみである。私の観察では，対象を放棄できにくい人は信念を放棄するのも難しい。

信念と知識

何かを信じることは何かを知ることと同じではない。以下の哲学上の区別は，理論だけでなく分析の実践においても役に立ち適切である。信じることは次のように定義される：

> その真実性に対して決定的な証拠ではないがある程度の証拠がある場合に命題 p を真実とみなす認識上の態度。……p を**知っていること**は……p が真実であることを必然的に意味すると一般的に考えられるであろう。一方，p を**信じていること**は p が実際は偽りであることと両立する。
>
> (Flew 1979: 38)

私が「**信じること**」という用語の哲学事典での定義を挙げたのは，信念や知識という概念の哲学的論議に入るためではなく，「信じること」という語の容認できる記述を提供するためである。通常の用法では，たとえ私たちが誰かの信じていることが本当ではないと気づいていても，その人があることを信じていると言って私たちは満足する。もし私たちが誰かの信じていることが真実ではないと気づいていたら，その人があることを知っているとは言わないだろう。つまり，哲学上の会話でも通常の会話でも，この二つの言葉の使い方は異なる。私がこの点を強調しているのは，人があることを**知っている**と主張することはそれが議論の余地なく真実だと断言していることを意味するが，人があることを信じていると言うのはそれを真実だと思うがそうではないかもしれないという可能性も受け入れることを意味するからである。しかしながら私たちの情緒反応は，そしてしばしば行動も同様に，知識を待たずに信念に基づく。言い換えれば，私たちは初めは信じていることを知っていることのように扱い，信念を事実のように扱いがちである。信念を知識と考えている限り，信念が無意識の場合ほどではなくとも，私たちはその囚われの身である。つまり，それが信念に過ぎないと気づくことは，解放の行為である。私はこのような心的解放が精神分析の一つの機能だと思う。私たちがあることを積極的に信じていて，単に事実の前にいるだけではないということを認識するのは，心的発達を通じてのみである。この認識は不要な信念が放棄される過程の第一段階である。それは，これによって疑うという可能性が受け入れられるからである。認知，科学，および文化の発達は単なる新しい考えの獲得ではなく，以前から存在する信念からの解放の行為である。これは主観的体験と客観的自己認識をつき合わせることを必要とし，その結果，人は自分があることを信じる行為の中にいることを知ると私は考える。これは内的三角形に依存しているが，それが次にはエディプス状況の内的なバージョンに持ちこたえることを求めてくる。人がある**事実**を所有しているのではなくある**信念**をもっていることを認識するには，私が**心的三角空間** *triangular psychic space* と呼ぶものが必要であると私は考える。すなわち，**主観的自己**がある考えとかかわりをもっていることを観察できるような心的空間内の**第三の**立場 a *third* position が必要である。三角空間の基礎と原初的エディプス状況における第三の立場の起源——およびその主観性と客観性との関係——は第 4 章（「主観性，客観性，および三角空間」）の主題である。

私が提案しているモデルでは，客観的評価や現実検討の前に主観的信念がまずやって来る。**客観的評価**では，現実検討に際して外的知覚が用いられるかもしれないし，ただ内的にさまざまな既知の事実や関連する信念が相互に関連づけられるだけかもしれない。ある主観的信念の**内的客観的評価**は，知覚による確認が直接できない状況で特に重要である。これは二つの過程に依存しているが，双方とも抵抗をひき起こす。一つは主観的見地と客観的見地の関連づけであり，もう一つは今ある信念の放棄である。前者は**エディプス三角**と関係し，後者は**喪** *mourning* と関係する。

信念が知識となるために感覚による確認（現実検討）を必要とするのとちょうど同じように，知覚されたものが知識とみなされるためにはそれが信じられる必要がある。見ることは必ずしも信じることではない。そのために，**不信**は空想と知覚双方に対する防衛として使われることがある。それは神経症や日常生活でよくみかける役割を果たし，通常**否認**と呼ばれる。不信はまた他者への嫌悪の現われともなる。もし，現存の自己の信念体系以外の認知的つながりすべてがよそものとの危険な連結として扱われると，ビオンが論文「連結することへの攻撃」(1959) で述べたように，このような心的連結がすべて破壊されるかもしれない。これは信じる能力を排除するだろう。

信念が知識として扱われる状態は通常全知と呼ばれ，その結果としての信念は妄想と呼ばれる。しかしながら，心的事象に関する私の考えでは，信念は初め事実とみなされる。私はこれを妄想とは呼ばずに無邪気と呼ぶ。それはちょうど，乳幼児の精神機能を用いる大人が精神病であるというだけで，乳幼児の精神機能を精神病的だと呼ばないのと同じである。それよりも，知覚された現実に反していようとも自明の知識として扱われるような妄想信念について述べる方が役に立つだろう。信念を考察するようになった私の出発点は，デカルトと同じように，それまでの人生において何の疑いもなく誤った信念を抱いてきていたことに気がついたことだった。デカルトは彼の『第一哲学についての省察』に，「数年前に私は，子ども時代に真実として受け入れていた非常に多くの誤りと，その後それらに基づいてもった体系全体の疑わしさに驚いた」（Ayer and O'Grady 1992: 111 での引用）と書いている。

私について言えば，私が幼少時に疑問もなく受け入れた疑わしい体系には，神の存在が含まれていた。私は子どものとき，「無神論者」という言葉に初めて出くわすまで，自分が神の存在を**信じている**ということに気がつかなかった。つまり，その瞬間まで神は事実だと思っていた。この発見には気が失せてしまうような先例があった。それは，ずっと小さい頃私は懐疑的な子どもに出会い，そのとき初めてサンタクロースが事実ではなく自分の信念だということに気づいたことであった。この偽りの知識から信念への移行の後，ついには不信が起こることとなった。友達が無神論者が何であるかを言って私に衝撃を与えたとき，「これがサンタクロースと同じようなことにならなければいいんだけど」と思ったことを私は覚えている。私が信念をもっていて事実は知らないということを発見するためには，信じないことが可能であるという発見が必要だった。これは，人がある事実を知っていると思うことから，信念をもっていることに気づく――これは自己認識につながっているのだが――ことへの移行である。

信念の精神病理を論じる前に，私がこれまで述べてきた流れを要約しよう。いつも存在している**無意識**はフロイトが考えたように不可知であるし，それは，互いに調和せず，外界についての信念によっても汚染されないような空想を含む。これを源として，信じる対象となるような考えが起こる。いったん考えが信念になると，それには結果が伴う。信念は意識されていたり無意識だったりするが，意識されないと吟味や放棄はなされない。信念が知識となるためには現実検討を必要とする。現実検討が起こるのは，外界の知覚や，既知の事実やその他の信念との内的相関を通じてである。その後の経験や知識がある信念を信用に値しないとすると，それは放棄されなければならない。もしそれが重要で貴重な信念であれば，これには喪の過程が必要とされる。

信じる機能の障害

信念の内容から起こる障害や特別な信念の否認に加えて，精神障害を起こすような信じる機能自体の障害がある。

信じる機能の壊滅

これは劇的な手段である。これは，通常の信念体系が失われ，正常な考え方ができない重症の精神病者で見られる。信じることは意識的であれ無意識的であれ，心的現実感覚に必要である。もしこの機能が壊滅してしまえば，自己の連続性の確かさや知覚された世界の日常性という思考されない日常感覚が失われる。すると個人は単に外的現実からだけでなく，心的現実からも切り離される。あらゆることが可能性としてあっても，何事も現実にはありそうではない。フロイトがシュレーバー症例で述べたように（Freud 1911a），症例によっては妄想性の確かさに置き換えて虚空を満たすかもしれない。このような症例では信念が知識だと主張されるし，それが知覚に押しつけられた結果幻覚となるかもしれない。他の精神病状態では，恣意的でときに気まぐれな千変万化する考えが自由に漂う。それらは信じることによってはつなぎ留められず，思考を軽率でしばしば馬鹿げたものにする。

おそらく信じる機能が未発達か障害されているのだろうが，それは脳の機能の基本が無傷ではないからである。言い換えれば，「ハードウェア」に欠陥があるのかもしれない。他には「ソフトウェア」が抹消されてしまった場合もあろう。すなわち，考えとのあらゆるつながりを廃絶するために，信じる精神装置が解体あるいは破壊されてしまったのかもしれない。この解体は，あらゆる対象との情緒的な結びつきを廃絶して現実感の喪失を生み出すことに似ていると私は思う。同様に，信じる能力の廃絶は，心的現実感覚の喪失を生み出す。

信じることの保留

フロイトは『ヒステリー研究』の脚注で，「あることを知っていながら知らない」という「見えている目の盲目 blindness of the seeing eye」（Freud 1893-5: 117）と呼ぶこころの状態に注目した。その後彼は，この非精神病型の否認を述べるのに‘*Verleugnung*’という名詞を使うことになるが，ストレイチーはこれを「否認 disavowal」（Freud 1924b, 1927b, 1938）と訳した。**信じることの保留**は，人があることを信じているが同時に信じていないという，この非精神病型の否認だと私は考える。劇に夢中になるために私たちは**進んで不信を保留する**とコールリッジは述べたが，そのようにして私たちは現実ではないと知っているものに現実感を与える(Shawcross 1968, Vol.II: 6)。日常生活や分析でのある心的状態では逆のことが起こると私は思う。情緒的な結果を避けるために信じることが進んで保留され，その結果生ずる状態が，**心的非現実**である。これは，現れる信念を取り扱うために分析で一時的に起こる断続的な現象であったり，持続的で広く行き渡っていたりする。

もし否認が全面的であれば，それは臨床的に**アズイフ・パーソナリティ**に見られるような**脈略のない**状態で現れる。この状態では，全ての信念が**アズイフ哲学**で宗教的信念のために推奨されるのと同じように扱われる。ファイヒンガー Vaihinger は，科学時代の現在では宗教的信念は支持できないが，**アズイフ基準**では維持できると述べた。すなわち，「それは理論的真実として滅びるだけであり，私たちはそれを実用的フィクションとして全く無傷にしておく」(Vaihinger 1912; Freud 1927a: 29 脚注にて引用)。それでこのような状態にある患者の分析では，解釈（分析家の信念）や洞察（患者の信念）が，役には立つが真実ではない実用的フィクションとして扱われるだけということが起こる。それによってフィクションとしての信念は不信とともに保留され，空想は真実でも不真実でもない，もっと正確に言うと**真実でも不真実でもある**ものとして扱われる。これは**二者のうち一者でも両者でもある**こころの状態であり，二者択一を回避する。保留されるのは，信じることだけでなくその情緒的な結果もであり，広く行き渡る非現実感を代償に穏やかさが獲得される。アンビバレンスに対する防衛として曖昧さが用いられる。この信じることの保留によって求められ作り出されるこころの場所は，ウィニコットが「正当性が問われないような体験の中間領域（芸術，宗教など)」(Winnicott 1951: 240）と述べる**移行空間** ***transitional space*** という考えと関連していると私は思う。それは，その内容が思い抱かれたのか発見されたのかとの質問によって正当性が問われることはない。これは「あなたはそれを信じますか」という質問がなされることのない空間であると私は考える。このような領域で人生を送る人を**アズイフ・パーソナリティ**と呼ぶことができよう。これに関する臨床討論は第５章（「信じることの保留と『アズイフ』症候群」）の主題である。

対抗的な信念

対抗的な信念が，個人の心的現実を作り上げる無意識の信念に対する防衛として生み出されることがある。ウィニコットが「躁的防衛」についての論文で述べたように，「万能的空想は内的現実そのものに対する防衛というより，それを受け入れることに対する防衛である」(Winnicott 1935: 130)。願望充足的な信念が心的現実を否認する防衛の目的で用いられると，不安がその信念をさらに強固にする。このような信念を強化し，その正当性が問われ信用が損なわれるのを妨げるために，相当の暴力が用いられたりもする。多くの政治的信念や宗教的信念がこのカテゴリーに入る。このような対抗的な信念は，病理組織体の核心にある。私には，この章の冒頭に引用した「ある幻想の未来」のフロイトの定義はとても説得力がある。すなわち，「このように，願望充足が目立った動機である場合，私たちは信念を幻想と呼ぶ。そうする際，ちょうど幻想自体がその証明を軽視するのと同じように，私たちはその信念の現実との関係を無視する」(Freud 1927a: 31)。私だったらこれに，ある幻想的な信念は心的現実を軽視し，そうやって心的非現実を作り出すと付け加えるだろう。

私の結論は，宗教を主題にしたフロイトのものと一つの点で異なる。宗教的信念によっては，それが心的現実に逆らっている願望充足的な信念の所産であるという意味で幻想であるものがあるが，それがたとえ外的現実ではなく心的現実に基づいているとしても真実を求めるものもある。私が第9章でさらに詳しく論ずるように，これはフィクションにも当てはまる。つまり，あるフィクションは真実だが，あるものは偽りである。

ある対抗的な信念は転移性の幻想の基礎をつくり上げ，その幻想は転移の恐れ，葛藤，痛みなどの心的現実から患者を守る。例えば，次のような典型的な対抗的な信念が若い女性患者の分析で見られた。その患者は，（娘としての）自分が（父親としての）分析家と特別な分析的理解（秘密の関係）を共有しており，（母親としての）分析家の妻や（彼女のきょうだいとしての）他の患者たちはそれを持っていないと信じていた。この願望充足的で**対抗的な信念**は，両親の関係からの閉め出しに関連して存在する自分の空想を**信じること**から患者を守っていた。それは自己満足と平衡状態を生み出した。そして，彼女がこの対抗的な信念を放棄すると，分析に期待されている感情が流動化し始めた。この種の転移状況については第7章（「分析と日常生活における自己満足」）で述べられている。

信念を放棄することの失敗

信念の放棄は喪と関係する。私は，信用に値しない信念を放棄できない人と失われた対象を放棄できない人とが同じであることに気がついた[原注1)]。失われた対象の放棄は，精神的なものと物質的なものの相違に気がつき，**そして**それに耐えることに関連している。信念と知識の区別の維持もまた，この相違に気がつき，**そして**それに耐えることに関連している。このように，信念と知識を区別できない人は信念をあきらめることができない。そこで終わりに，現実体験に影響されないたくさんの信念に苦しんでいると言えそうな患者について簡単に述べよう。

患者のAさんは信念と知識の区別を保持できなかった。彼女は，信念を知識と見なさない限り，安心感が得られなかった。つまり，彼女には**ありそうなこと**は存在せず，**ありうること**か**確かなこと**だけが存在した。そのため，対象の正確な所在を**知っている**と信じないと，彼女はパニックに陥った。こういう訳で彼女は，ほんの一時でも自分が原初対象の所在を知っていることを疑わせるような機会をことごとく回避するために，精巧な戦略を発達させた。これは自分の環境だけでなくこころも操作することを意味した。不確実性に対する彼女の究極の武器は対抗的な信念の体系であり，彼女はそれを知識として扱った。これらの対抗的な信念は恐ろしく悲惨な結果を伴っていたので，今度はそれらが彼女を苦しめた。このような対抗的な信念の一つに，目が見えなくなるというのがあった。子どもの頃から，母親が「見えない所に」いると，彼女が最も恐れたのは母親の運命であった。母親が「見えない所に」居続けることは，彼女が「もう一方の部屋に」いることを意味した。その「もう一方の部屋」とは原光景の場としての親の部屋であり，それはこの患者にはとても耐えられない筋書きであった。自分の空想から身を守るために彼女が装備した対抗的な信念は，母親が見えない所にいるのではなく，彼女自身が目が見えないというものであった。次にこれは，母親に会わないと目が見えなくなるという信念になった。最終的にそれは「母が死ねば私は目が見えなくなる」という形をとった。これはその信念が転移の中で現れた形であり，彼女は私がいなくなると目が見えなくなると信じた。この信念から自由になる唯一の方法は，トイレの水を何度も流すというような，こころの排出 evacuation を象徴的に表す身体的行為をたくさん行うことであった。

このように信念を放棄できないことが対象を放棄できないことと並行している動かぬ証拠があった。母親の死後，彼女はこのできごとの外的現実は受け入れたが，それを精神的に受け入れることができなかった。彼女は母親の不在を知覚しその死を知っていたが，それを信じなかった。彼女の恐ろしい妄想はすぐに戻ってきた。すなわち，もし母親に会わないと目が見えなくなると彼女は再び信じた。この対抗的な信念は今や母親の死という現実を否認する手段であった。

私の患者の病的な喪は，ハンナ・スィーガル Hanna Segal（1994: 397）が描いている状況に似ていた。母親についての彼女の考えは自分の中の死んでいる具体的対象のようなもので，象徴的存在ではなかった。そのため，それが生き返ることができるのは肉体の中だけであって，精神の中ではなかった。「象徴がその象徴するものの全機能を引き継ぐとき……想像と現実の区別が消え去る」（Freud 1919: 244）とフロイトは書いている。続いて彼はこれを「物質的現実と較べて心的現実を過剰に強調すること――思考の万能を信じることと密接に結びついている特徴――」（前掲書）と関連づけた。ハンナ・スィーガル（1957）の象徴化の失敗についての仕事はこの現象を明らかにしたが，彼女はこれを抑うつポジションのワーク・スルーの失敗，およびそれによって正常の喪を達成できないことと結びつけたのである。

なぜ特定の個人が，物質的現実と心的現実，象徴と対象，および信念と知識を区別するのに問題があるかには複雑な理由があると思う。私の言う対象を放棄することとは，単にその喪失の事実を受け入れることではなく，喪失後に続く世界についての信念の変化を全て必要なだけ受け入れることである。放棄されなければならないそのような信念の一つは，失われた対象が人生に絶対に欠かせないということである。そういう意味で，信念との困難が対象との困難と全く同じ人たちがいる。彼らは自分の信念が自分にとって不可欠ではないことを受け入れることができない。

記

原注1　私はフロイトの ‘***nicht aufgeben will***’（Freud, 1916a）に対して，ストレイチーの「捨てる renounce」よりも「放棄する relinquish」の方をとる。

2

名づけることとコンテインすること[訳注1)]

生命は，私の娘である秩序とともに横たわっていた，
一部は私の内で，もう一部は私の外で。
私はそれらの上に起き上がったが，彼らの腕は私を抱いていた。
(Rundle Clark 1959: 45)

この章はウィルフレッド・ビオンの**コンテイナー** *the container* と**コンテインド** *the contained* の概念[訳注2)]についてのものである。彼はこの考えをもともと臨床作業，特にボーダーラインや精神病の患者との作業から得た。それから，とても一般的に個人や集団の行動に適用した。私は，分析の中で臨床的にどのように現れるかを通して彼の概念を論じたい。だから，ビオンのこころにこの考えを湧き上がらせた人たちに似ている患者について述べることから始めよう。

私の患者のAさんは，自分自身の内からの脅しのために，自分の持っている考えをこころの中から出してこころを空にせざるを得なかった。彼女は自分の考えをトイレで何度も洗い流すことでこれを行なった。頻繁にやりすぎてトイレを壊してしまう日さえあった。彼女がこのことをセッションで語る頃には，その考えがそもそも何であったかがもう分からなくなっていた。しかし，この空っぽにする過程があまりにも重症なので，自分には何の考えも精神生活もないと彼女は感じていた。すなわち，彼女は「非現実」感を訴えていた。この過程で得られた外界の特性は脅威感であった。この「何か悪いもの」の心的排出の結果，彼女は想像上の境界の外には行けなかった。その境界はおおよそ彼女が住んでいるロンドン郊外と一致していた。このように彼女は，内的存在によって内から，そして不特定の危険によって外

訳注1：この章は 'Keeping things in mind', in R. Anderson (ed.) *Clinical Lectures on Klein and Bion*, London: Routledge (1992).（小此木啓吾監訳「ものごとを心に保持すること」『クラインとビオンの臨床講義』岩崎学術出版社, 1996）の改訂版である

訳注2：contain に「(包み) 容れる」，containment に「包容」，container に「容器《いれもの》」，contained に「内容《なかみ》」といった訳語をあてることが可能であろう。しかし，この本ではビオンの概念の独創性を尊重するために原語のカタカナ読みを使用している。

から脅かされていた。もし彼女がものごとをこころの中に取り入れて保持すれば，危険のただなかにいることとなった。もし彼女がそれらをこころの中から追い出せば，脅威の外界を作り出すこととなった。彼女は，恐ろしい状況を作り出すことなしには，取り入れも投影もできなかった。

彼女のジレンマは彼女が私に繰り返し語った第二次世界大戦中に起こったエピソードについての記憶に集約されていたが，これは一つのパラダイムの役を果たした。それはフロイトの言うスクリーン・メモリー，つまり，早期の無意識的記憶の表現であり，その後の体験にとっての原型として機能する体験の圧縮であった。この思春期の記憶の中で，彼女は爆撃のさなか公共の防空壕にいた。彼女は防空壕の中で息苦しさを感じていた。そこでは，不安でいつも彼女に圧迫を感じさせる母親と一緒だった。彼女は今すぐ逃げなければならないと感じた。彼女は入口の境界から爆弾が落ち街が燃えているのを見て，恐れおののいた。空襲監視員が入口に立ちふさがり，彼女にとどまるよう命じた。彼女の葛藤は激しく，解決できそうにもなかった。彼女は戸口で倒れた。彼女は意識は失っていなかったが，体が麻痺し，口がきけず，身体感覚が全くなかったので，診察医がピンを刺しても感じなかった。その後ずっと彼女の内なる声が脅しとして使ってきたのは，この感覚麻痺の状態であった。その声は「おまえがこれをしないとあの感覚を味わうことになるぞ」と言い，強迫的で不合理な行動を彼女に強要した。彼女がそれほど恐れた「感覚」とは，実際には無感覚の体験だった。

出入口の境界が相変わらず彼女にとって実質的にも象徴的にもきわめて重要な場所であった。私とのセッションに向かうとき，彼女は母親と一緒に住んでいたアパートを出たり入ったり何度も繰り返して初めてそこを離れ，私に会いに来ることができるのだった。この行きつ戻りつの動きは，彼女がアパートから「悪い考え」を持ち出さないことを保証するためのものだった。

彼女が私に求めたものは基本的に二つのことだった。一つは聖域を見出すことであり，もう一つは意味を見出すことだった。彼女は私の家に入るとすぐに聖域を見出した。彼女はいつも早くやって来たが，いったん待合室に入ると，彼女の言うこころの中の雑音から自由になれると感じた。セッションに入るやいなや，「それはどういう意味，それはどういう意味ですか」と繰り返し私に意味を求めるのだった。

聖域とはある安全な場所にいるという感覚のようだった。それは何かよいものの内部にいるという考えを表現していた。ウィニコットはこれを**抱えられる** ***being held***感覚と呼んだ（Winnicott 1960a）。エスター・ビック Esther Bick はそれを，周囲の皮膚が自分を守り包んでくれるような，包み込む感覚と同じものとした

(Bick 1968)。ビオン自身，コンテインメントについての早期の記述の中で心的皮膚に言及した。私の患者は，彼女が私のこころの中にいると感じたとき聖域を見出した。彼女は，ベルを鳴らして待合室に入る許可を得ると，私が彼女のことを考えていると確信した。私が彼女をこころに留めていることを確信して去ることができれば，彼女は安心だった。もう一つ彼女が私に求めたものは意味と知識だった。彼女はこれが自分の考えに内的な一貫性をもたらすと信じた。そして，考えのまとまりのなさが彼女を苦しめた。思考がさらに障害されると，彼女はあるゆるものや人の名前を尋ねなければならなかった。それは，そうしないとコンテインされない洪水のような「知らない」感覚を阻止するための，絶望的な努力だった。

聖域，つまり何か安全なものの内部にいるという感覚が失われると，個人は永遠に落ちていくと感じる。意味が失われると，苦痛なまでの当惑が感じられる。私の患者のAさんにはこれが耐えられない苦悩だった。私が患者に聖域をもたらすと記述したもの，すなわち確かに境界の定まった空間にいるという感覚はコンテインメントの機能の一つである。そして，もう一つの機能は意味をもたらすことである。これは「コンテイナー」と「コンテインド」の二つの構成要素の関係に由来する。名前が，例えば愛のような心的特性を納めるならば，言葉は情緒体験のためのコンテイナーをもたらし，その周囲に意味の境界を設定する。これに加えて言葉はまた，人間の愛の営為の中の場所や存在する言語の中の言葉の場所によってもたらされた，意味の既成の文脈に情緒体験を置く。同時に，情緒の体験が言葉にその個人にとっての意味を与える。このようにして，コンテイナーとしての体験が「コンテイナー」という言葉に意味を与える（Bion 1962b, 1970)。分析状況とは，境界の定まった世界と意味を見出せる場所の双方をもたらすよう努力することと言うことができよう。

「コンテイナー」と「コンテインド」はビオンが1962年に『経験から学ぶこと』(Bion 1962b）という本の中で使用した用語であるが，この概念はより早期の一連の3編の論文において発展した。すなわち，それらは「傲慢さについて」(1957)，「連結することへの攻撃」(1959)，「考えることについての理論」(1962a）である。これらのうちの最後の論文で，彼は思考の性質と考える能力についての自分の理論を詳述した。私はこれが主要なメタサイコロジーの一つで，精神分析への卓越した寄与だと確信している。それは，精神病理学に新たな光を放っただけでなく，精神分析の有効性に対する新たな理論的根拠を提供した。それはすなわち，コンテインメントの過程を通して経験が変形 transform されるという彼の考えである。

ビオンは『経験から学ぶこと』の中で次のように彼の用語を定義している：

> メラニー・クラインは，乳幼児の恐怖の部分的な修正に関わる投影同一化の一側面を述べたことがある。それは，乳幼児が精神の一部，すなわちさまざまな悪い感情を良い乳房の中に投影することである。それらはやがて取り除かれ，再び取り入れられる。それらは良い乳房の中に留まっている間に部分修正され，その結果，再び取り入れられる対象は乳幼児の精神にとって耐えられるものとなる。
> 一つのモデルとして使うために，対象がその中に投影されるコンテイナーとコンテイナーの中に投影されうる対象，という概念を上記の理論から抽出しよう。そして，後者をコンテインドと呼ぼう。双方の用語とも満足のゆくものではないので，さらに抽象化される必要があろう。
>
> (Bion 1962b: 90)

ビオンがメラニー・クラインの投影同一化の説明に追加したものはまず，投影同一化がしばしば，彼女が述べたように，単に万能的な空想であるだけではなく，患者は自分の空想を実現するための方策を講じるという観察であった。例えば，恐れ，怒り，困り，絶望し，無力なのは患者ではない。患者の言語的・非言語的ふるまいの結果として，このような気持ちを体験しているのは分析家である。ビオンが追加した第2の要点は，これが母子間の正常な発達段階の繰り返しだということである。そして，これがコミュニケーションの原始的な方法をもたらすし，考えることの前駆体でもある。もし母親が乳幼児のこころの状態に受容的でそれを自分の中に喚起させておくことができるならば，彼女は自分の中のこころの状態をうまく処理することができ，その結果，母親は同一化しうる形で乳幼児の中のこころの状態に対応することができる。このようにして母親によって，乳幼児の中の感覚に近くて身体的なものが，思考のために使用したり記憶として蓄えることができるような，より精神的なものに変形される。このほとんど感覚的・身体的な特性をベータ要素 β elements とビオンは呼び，より精神的になったものをアルファ要素 α elements と呼んだ。ベータがアルファに変形される過程を彼が機能 function と呼んだのは，その本質が知られていないからである。彼はそれに名前を与えることで，この過程がただ推定されたものではなくはっきり同定されたものだという印象を与えるのを望まなかった。

もともとの母子関係では，乳幼児のために機能したり機能不全になったりするのは母親のアルファ過程である。やがてこの母親の能力は乳幼児によって取り入れられる。この過程の発動にひどい失敗があると，Aさんのこころの状態のような結果に終わりかねない。私が理論的に述べていることを実例を通して示すために，Aさんの例に戻りたい。もし潜在的な経験の要素が処理されない，つまりベータ要素のままならば，それらの要素は普通の考えや情緒，あるいは物質世界の普通の知覚として取り扱われない。すなわち，それらは身体と精神の境界に存在する。Aさんは意識的にそれらに気づいていた。そして彼女は，心的なものとみなしてはいても身体的にしか体験できないもの，心的な地位をもってはいても身体的にしか取り除けないものを説明しようとした。彼女は私に「気が狂ったように聞こえることはわかっていますが，こころの中のこの恐ろしいものを切り離さないといけないと本当に感じるのです。誰かが私のこころにX線をかけて手術をしてくれたらいいのに」とよく言ったものだった。

彼女がすでに頼っていた除去のさまざまな方法の中には，私が先に引き合いに出したトイレの水を流すことがあった。この他には，何度も髪を洗うこと，強迫的な入浴，繰り返しゴミを捨てることがあった。彼女は，心理的問題の長い歴史の中で，これらの要素を始末するためにさまざまな経路と場所を使っていた。彼女はそれらを心的なものとすることができなかったので，人が考えを意識，前意識，あるいは無意識として保持するという意味で，考えをこころの中に保持することができなかった。

基本的に，考えのこのような前駆体，すなわちベータ要素がこころの中から出ていく領域が3つある。1つは身体。2つ目は知覚領域。そして3つ目は行為の領域である。言い換えれば，心身の機能不全，幻覚，そして症状行為である。Aさんは時を違えてこれらの3つを全て使った。彼女は心身の病に相当苦しんだことがあった。これらの未処理の要素が，身体経路を通して彼女の身体に放出されたように思われる。別のときには，これらの要素が知覚領域に投影された結果，彼女は現実ではないとわかっているものを「見たり」「聞いたり」した。このようなエピソードは彼女をおびやかし，彼女は目を覚ましているのに「悪夢をみているよう」だと言った。そして，彼女の生活はさまざまな症状行為に支配されていた。

Aさんの機能はまるで，こころの中に保持できる形でものごとを生み出す過程を欠いているかのようだった。そして，彼女はものごとを保持することのできるこころを欠いているようにも見えた。ビオンは**考えること** ***thinking*** が，2つの主要な心的発達の成功の結果に依存しているという考えを系統的に述べた。それは考えthoughtsの発達とそれらの考えを取り扱うのに必要な装置の発達である。彼は後者を「心的装置」と呼んだり，あるときは単に「考えること」と呼んだ。よって，考えることは考えを取り扱うために起こってくる，と彼は論じた。この2つの発達のどちらかがうまくいかないことがある。これらの能力は，知識が発達する場所である母子間の結びつきlinkに起源がある。ビオンはこの知識をKリンクと呼んで，彼が言及した他の2つの対象間の結びつきと区別した。すなわちそれらは，彼がLリンクと呼んだ愛とHリンクと呼んだ憎しみである。Kリンクの起源は，乳幼児の投影同一化の使用と母親のそれを受け取り部分修正する能力に基づく母子間の過程にある。続いて起こるこの能力をもつ母親対象の取り入れが，ものごとを知ったり知らせることのできる内的対象を子どもにもたらす。言い換えれば，このような対象を内在化している人たちは，自己を知ることや自分の異なる側面どうしのコミュニケーションが可能である。

母親が乳幼児の投影同一化を吸収することに失敗し，母親のこころを知ろうとするその子の試みをことごとく阻むと，母親はその子のことを知りたくないしその子に知られたくもないという世界のイメージを与えることになる。このような内的状況が分析の中でどのように現れるかは，ビオンの論文「傲慢さについて」で初めて記述された。ここで彼は**傲慢さ，愚かさ，好奇心の3徴候**の存在を述べたが，これらは彼の言う「原始的な心の破局」(Bion 1957: 89) の結果である精神病的思考の存在を示している。「愚かさ」は，コミュニケーションの基礎となる「ものごとを取り入れる」過程を妨げるものの現れであった。この働きがよく知られているということは，明らかにこの問題が障害の重い患者の主要な特徴としてだけではなく，多くの分析の中でもち上がるものだということである。この妨げはときにより，分析家の中，患者の中，または全く他の場所にあるように感じられる。そして，これらの場所から理解を妨げる邪魔がはいる。患者が分析家の中にそれがあると感じると，分析家に自分の現実が通じないと考える。もしそれが患者の中で活発ならば，患者は分析家が言っていることを「取り入れる」ことができず愚かに見える。もしそれが第3の位置にあると，侵入的な考え，破壊的なコメント，ときには脅しという形でそれは現れる。

Aさんよりもずいぶん障害の軽い，ある患者が私に言った：「私が話し続けているのは，私がどう感じているかをあなたに知らせなければならないからです。言うだけでそれがあなたに通じるという気がしません。それをあなたに感じさせなければならないのです。私はあなたがそれを取り入れるとは思いません」

どのようにこの妨げる力がセッション内で動き回るかを，別の患者から例示してみよう。その患者は「片方の耳が聞こえません」と言ってセッションを始めた。それから彼はしばらく黙ったままだったが，次に「自分がばかみたいに感じます」と言った。彼は「今日は全然よくならないでしょう，何も考えられないでしょうから。頭が混乱しているみたいです」と元気なく続けた。セッションが進むにつれて，私は患者の中のひそかな絶望を感じとり，彼は自分が考えていることや感じていることを私が知りたがっていないと確信していると思い至った。それで私はこのことを彼に告げた。彼は即座に「そうです」と言って続けた：「あなたは苛々しながら私が分析を続けるのを待っているに違いありません。でも私は全てに混乱していてはっきりしないのです。行き詰まった感じです」。彼は，彼自身とは対照的に，私がすでに彼がすべきこと，彼のこころの中にあるもの，そしてその全て意味するものを知っていると信じていた。しかしながら実際に私がわかっているのは，患者が私に自分のことを知らせることができないと感じているということだけだった。ようやく彼が話し始めたとき，その話しぶりはいつもと違っていた。その結果，私は彼が言ったことを思い出せず，全く理解できなかった。私は混乱し，愚かだと感じ，自分に苛立った。私は自分を責めた。私はこの自分に苛立つ感じについて考えてみた。それで，私が能力をうらやむ他の同僚たちだったら話されたことの意味がとてもはっきりとわかるだろうに，と自分が密かに想像していることに気がついた。そのときになって初めて，これは患者が持ってきた内的状況であるという考えが私のこころに浮かんだ。彼は話すためにやって来たのだが，彼は無知であることがどんな感じであるかが分析家にはわかっていないと思い，分析家と較べて自分が無知だと感じていた。言い換えれば，いったんセッションの予備作業がなされると，彼は自分のこころの状態を言葉ではなく投影同一化によって私にコミュニケートし始めたのである。それで，起こっていることをいつも知っていると彼が思う想像上の優秀な人物とは対照的に，混乱し起こっていることに自信がないと感じることがどんな感じであるかを今日の彼の言葉は私に伝えた，と私は言った。彼は繰り返し，彼が知っているべきなのに知らないことで，彼なら当然知っていると私が思っているものがあるように感じると言った。そのときになって初めて私は，このセッションのすぐ前に，数週間後のある日に私が休むことを彼に不意に伝えてしまったことを思い出した。彼が私のセッション外の活動について無知だと感じていると私はふと思った。これはいつも，患者が私のあらゆる活動について感じている潜在的な劣等感を賦活した。私の活動は，彼が小さい子どもの頃の両親の性生活全体のように，彼の理解の範囲を超えていた。彼はそれを，恥ずべき劣等感に自分をさらす一種の閉め出しとして体験しているようだった。

揺るがぬ優越感で被われていて何も通じない対象を相手にしているという信念は，ある種のパーソナリティを暴力に駆り立てる。これは，精神医学やソーシャル・ワーク，教育や精神分析などの専門職領域で増え続けているたくさんの暴力沙汰の根本部分となる。患者，クライアント，子ども，あるいは誰であれ，話しかけている人に自分を「通じ」させることができず，その人に何のインパクトも印象も与えていないと感じるならば，専門的な受け手の中に感情を投影し押し込もうとする彼らの努力は激しくなるだろう。これはしばしば悪循環を生み出す。というのは，私たちは皆，このような患者からの圧力に自分の内部を「硬化させる」ことで反応しやすいからである。私たちは，言葉の選び方，表情，声の調子でこの硬化をコミュニケートすることがある。そしてこれは次に，強制的に侵入する努力をもっと刺激する。人によっては，通じない対象に直面している感覚は黙従的な絶望を引き起こす。これが，先程述べた患者で起こった。

コンテインする対象に対する恐れは，近づき，入り，受け入れられることを拒否される恐れという形を取るだけではない。もう一つの恐れは，投影された自己が取り入れられ，その後に破壊されるという空想に由来する。すなわち，自分の特質が他者の貪るような好奇心によって取り入れられ，その過程で食い尽くされるという空想，自分自身が包含され，その過程で無にされるという空想である。分析が人の個性を剥奪する，あるいは特殊な才能を失わせるという恐れは稀ではない。しかし，重症型では，私の患者のAさんのように，このような考えが精神病的で深刻な恐れとなることがある。彼女は生きながらにして埋葬されるのを恐れた。このひとつのバージョンは，彼女が柩に閉じ込められ，喋ることも動くこともできず，生きながら埋められるという恐れだった。これは，彼女に絶えず付きまとった心的配置 configuration のいくつかのバージョンの一つだった。それらのすべてにおいて，彼女は取り囲まれ，閉じ込められ，生命を奪われるのだった。これが，彼女が小さい子どものときにとった，一つの形は，母親の内部の「管 tube」の中に閉じ込められるという空想だった。彼女の母親は実際「卵管 tubal」（子宮外）妊娠をした。彼女はこの件についての会話をたくさん聞いており，母親が入院したのはこのためだった。このイメージは，以前からあった母親との早期乳幼児期由来の空想に形を与えた。幼い少女であった彼女は，この「卵管」妊娠が二人のうちどちらかの人，つまり母親か赤ん坊にとっての死を意味すると理解した。彼女は私との治療で象徴的にこの恐れを繰り返した。私が彼女の言うことに耳を傾け，それを取り入れた後，それは無，つまり文字通りの無を意味すると言うのではないか，あるいは，結局それは無ということになって何の意味もなさないと言うのではないかと彼女が恐れたときがあった。これは，彼女が気が狂っているという意味だった。これに関連した恐れは，私が彼女の言うことを取り入れ，次には忘れることだった。これがひどいパニックの原因だった。なぜなら，彼女はいったん私にものごとを話してしまうともはや思い出すことができないので，それでそれらが完全に失われると恐れたからである。

もう一人の患者の分析はかなり違っていた。一つの重要な違いは，Aさんの父親が精神病で，彼女の母親との関係に敵意をもっていることだった。B氏の父親はもっと正常で助けになる人だった。問題の起源が主に母親のコンテインメントの困難さにある場合，患者は私が述べてきたような種類の分析的アプローチにしばしばとてもよく反応することに私は気がついた。しかしながら，このような患者は分析過程そのものにきわめて依存していて，休暇で起こるような中断にとても傷つきやすく，休暇中特に実用的な能力を失いがちであると私は思う。

Aさんの症例では，父親の気違いじみた破壊性は，彼女自身の著しく羨望的で虚無的な傾向に外界での場所を提供した。この結果，投影同一化によって，彼女の敵意をもった側面と父親の敵意として知覚されたものとの融合が起こった。これは彼女のパーソナリティに，私が「異質な対象 Alien Object」(Britton 1986) と呼んだものをもたらした。そして，彼女はそれを自分の一部とも，自分の一部でないとも感じた。実際彼女は「それは私に違いありませんが，私ではないみたいです」とよく言った。この異質な対象によって，彼女は敵意に満ちた特性から母親を解放することができた。というのは，彼女はこの特性を，母親から切り離し，父親についての彼女の考えに付着させ，さらに投影した自分の敵意で塗り固めたからである。その結果，彼女の母親は，不適切でひどく制限された，彼女がその中に埋葬されたと感じる生命のない対象として内的に表象されていた。彼女の父親は，抑制を欠いていて全く自由で，危険だと感じられた。すなわち，それはコンテインされない暴力のイメージであり，ちょうど患者が幼少期の家庭のこころの平和を彼が破壊するのを思い描いたように，彼は自分のあらゆる関係を破壊する人だと感じられた。防空壕の記憶は，夢のイメージがもつような圧縮の機能をもち，次のような二者択一の表象としてみることができよう。すなわち，保護し閉じ込める母親と，その関係の外で爆弾のようなののしりと怒りの言葉で攻撃し空襲する父親の二者択一である。彼女はそのような言葉を自分のこころに入らないようにしておけなかった。

ビオンは，私がこの章の初めに述べたように，コンテインドに対するコンテイナーのこの基本的な関係を一般的に個人や集団の関係に適用した。彼はそれを，母子関係に最初の表現が求められる前もって決められた形式，つまり**前概念** ***pre-conception*** とみなした。そういう早期の出会いでその関係が生み出すいかなる空想も，個人にとってその後の全ての状況についての予期を基本的に形作るし，また，私たちが自分で自分をコンテインすることをこころに描くように，個人内部の関係についての予期も形作る。このような自分のこころを落ち着かせるイメージにおいて，私たちはあるときは自分が生命に必須な器官やその他の構成要素といった生命に欠かせないものをコンテインしているとみなすし，またあるときは自分を自分の身体の中の住人とみなす。昔ならば，私たちは自分をあるときは魂を容れている肉体とみなし，またあるときは肉体の中に閉じ込められた魂とみなす，という言い方をしたかもしれない。

コンテイナーとコンテインドの多少の非難の仕合いは避けられないようである。つまるところ，ある程度の軋轢は人生の一部である。このことは，17世紀の形而上派詩人で最も感覚的な清教徒詩人のアンドルー・マーヴェル Andrew Marvell によって，雄弁に表現されていると思う。私が述べている関係の彼の詩による記述は，17 世紀後期の肉体と魂のあいだの文学的討論の様式に従っている。すなわち，「マーヴェルの方法はいくぶん変わっていて，論議において，一方に賛同したり，双方が相容れないのを解決することを避けている」(Wilcher 1986: 219)。彼の公平な魂と肉体の対話には，軽度の相互迫害や人間の状態に対する一種の憤慨が見られる。魂が死すべき枠組みに閉じ込められていることに不満を言うことから始まる：

あぁ，誰がこの地下牢から解き放つだろう，
これほど奴隷と化した魂を。
骨の釘で，足かせをされ，
手錠をかけられている。
この目で見えなくされ，
あの鼓膜の音で聞こえなくされている。

(Marvell; Wilcher 1986: 17 での引用)

肉体は，彼に生命を吹き込み「死なせるために私を生かした」(前掲書：19) 魂の暴虐に不平を言って応じる。魂は肉体からの苦痛の感覚を訴えてしっぺ返しをする。彼は「感じることができない私なのに，痛みを感じる」(前掲書：18) と言う。しかしながら，肉体は最後の言葉をもっていて，おそらく私たち皆のために，精神生活のいろいろな特性に悩まされることがどういうことであるかを述べ，抑うつポジションの苦しみの経験者にはなじみの項目一覧を私たちにもたらす。肉体は，魂を容れているおかげで，望み，恐れ，愛，憎しみ，喜び，悲しみ，知識，記憶に苦しんでいると不満を言う：

……まずは望みの痙攣が私を引き裂き，
それから恐れの麻痺が私を揺さぶる。
愛の疫病が私を熱くし，
憎しみの隠れた病弊が私を食らう。
喜びの陽気な狂気が私を戸惑わせ，
他方の悲しみの狂気が私を苛立たせる。
知識は私たちにこれら全てを知ることを強い，
記憶はこれらから立ち去ろうとしない。

(Marvell; Wilcher 1986: 18 での引用)

ビオンは，「破局的変化」と題する未刊の論文の「コンテイナー」の記述の中で，「パーソナリティのある側面は安定し一定である。これが，自己や世界の現実の新

たな認識を表現するような新生の考えをコンテインする，唯一の力として維持される」(Bion 1966) と述べた。もしこの連続的な自己と変化する新生の自己の関係がお互いに増強し合うものであれば，発達が起こる。彼はこの関係を**共生的** *symbiotic* と呼んだ。しかしながら，もし彼がコンテイナーと呼んだ連続的なアイデンティティが新たな自己発達や自己発見によって分断されるならば，心的変化は破局として体験されるだろう。というのは，変化は自己が連続している感覚を崩壊させるからである。こういうことが起こると，主観的には断片化として体験される。このような状況では，存在の連続性の感覚を保つために，**すべての**変化は阻止され，新たな体験は何も現れることを許されないだろう。このようなコンテイナーとコンテインドの相互に破壊的な関係を，ビオンは**寄生的** *parasitic* と呼んだ。私はこれを**悪性のコンテインメント** *malignant containment* と呼びたい。私が述べたように，このような幽閉か断片化かの二つに一つの破局に直面すると，私の患者Aさんのように出入口の境界で麻痺したままになる人もいる。もし彼女が防空壕や自分自身や母親についての既存の考えの限られた領域――これはいかなる成長ももたらすことができないのだが――から離れれば，世界は粉々になり連続的な自己は壊滅すると彼女は思った。しかしながら，もし彼女が母親や自分自身についての窮屈で頑なな見方に閉じ込もったままでいれば，それは考えを窒息させることを意味した。私は，私との関係という文脈内での新たな考えを含ませることによって彼女のものの見方を広くしようとするにつれて，このパターンが何度も繰り返されるのを見ることとなり，これが変化するのに何年もかかった。これは，コンテインメントについての迫害的な見方とでも呼べそうなものを表している。もちろん，これに相対する正反対の信念が存在する。すなわち，コンテイナーとコンテインドが完全に合致するような，理想的コンテインメントである。そこでは完璧な理解が至上命令となり，それに失敗すると迫害感が後に続くことになる。パーソナリティによっては，理解，言葉と意味，意図と実行，解釈と体験，あるいは理想と現実の小さな不一致に耐えられないものもいる。この現象は第４章（「主観性，客観性，および三角空間」）で詳しく論じられている。

3

抑うつポジションにおけるエディプス

これぞしるし，これぞエディプス，
これぞ私が死すべきものに幸せなぞないと言う理由《わけ》だ。
(Sophocles,『エディプス王』; Watling 1947: 59 中)

この章の最も早期のバージョンは私がウィーンで発表した論文 (Britton 1985) で，それはその後一部修正され「エディプス状況と抑うつポジション」(Britton 1991) として公にされた。そこで私が述べたのは，私たちはエディプス・コンプレックスを抑うつポジションのワーク・スルーによって解決するし，抑うつポジションをエディプス・コンプレックスのワーク・スルーによって解決する。つまり，双方ともに終わりがなく，人生の新しい状況ごとに取り組み直されなければならない，ということだった。

エディプス・コンプレックスは最初から精神分析理論の中心的位置を占めてきており，多くのことが変わった現在でもそれはそのままである。これに関する私たちの知識に，フロイト以来，実質的に何が付け加えられただろうか。これについての私たちの見解に最も重要なものを新たに付け加えたのはメラニー・クラインだと私は考える。それは，とても小さな子どもにおけるエディプス的なものの現れについての臨床観察，エディプス・コンプレックスについての論文 (Klein 1928, 1845)，および間接的ではあるが抑うつポジションの概念 (Klein 1935, 1940) を通じてである。ドナルド・ウィニコットは，精神分析に対する彼女の最も重要な貢献は抑うつポジションの概念であると考え，それは「フロイトのエディプス・コンプレックスの概念に匹敵する」(Winnicott 1962: 176) と書いている。

この章で私が述べるのは，クラインがエディプス状況の理解に付け加えたもの，抑うつポジションの意味するもの，および私の考えではこの概念の導入がどのように私たちのエディプス・コンプレックス理解を変えたか，といったことである。私の見るところ，この2つの状況は，一方なしでは他方が解決されないほどに，不可分に相互に絡み合っている。すなわち，私たちはエディプス・コンプレックスを抑うつポジションのワーク・スルーによって解決するし，抑うつポジションをエディプス・コンプレックスのワーク・スルーによって解決する。

フロイトがこのコンプレックスを述べるために初めて筆を執って以来一世紀が過ぎた。彼は，1897年5月の友人ウィルヘルム・フリース Wilhelm Fliess への手紙に，「神経症の不可欠な要素」(Freud 1987a: 255) は両親に対する敵意に満ちた衝動だと考えていると書いている。「この死の願望は息子であれば父親に向けられ，娘であれば母親に向けられる」(前掲書)。彼はさらに，「家政婦はこれから転移を形成し，女主人が死んで主人と結婚できるように願う（リスル Lisl のマルタ Martha と私についての夢を参照)」(前掲書) と簡潔に記している。リスルはフロイト家の子守家政婦で，彼女の女主人が死んで教授が自分と結婚する夢を報告していた。

フロイトは5カ月後の手紙のなかでさらに，自己分析の過程で自分自身の中に同様の心的配置があることを発見したと述べている。これを通して彼は，このような願望が遍在するものかもしれないと強く思うようになった。そしてフロイトは，ギリシア劇の『エディプス王』の普遍的な観衆をこころに呼び起こした。そこでは「ほんのささやかな形にしろ空想の中にしろ，観衆の誰もがかつてはそのようなエディプスだった」(Freud 1897b: 265)。フロイトは，「ここで現実に移された夢の充足」(前掲書) ゆえに観衆の中に起こった戦慄に言及している。すなわちそれは，エディプスが自分の父親を殺して母親と結婚し，その結果母親のイオカステは自殺してエディプスは自らを盲目にすることとなることへの恐怖の戦慄である。しかしながら，それがテーバイの王家であろうと子ども部屋のリスルであろうと，私たちは二つの異なる性の中に同じ要素を認める。つまりそれらは，(リスルの場合，象徴的な) 親カップル，同性の親に対する死の願望，および一方の親にとって代わって他方の親と結婚するという願望充足的な夢あるいは神話である。

フロイトは1897年の手紙で『エディプス王』に言及し，『夢判断』(Freud 1900a: 261-4) でこの神話をもっと詳しく述べているが，1910年に「男性によってなされる特別なタイプの対象選択」が書かれるまで，論文の中で**エディプス・コンプレックス**という用語を使わなかった。この論文で彼は次のように述べている。すなわち，自分の母親をもう一度欲し父親をライバルとして憎むようになる男の子は，「いわゆるエディプス・コンプレックスの領域に足を踏み入れる。彼は母親が自分にではなく父親に性交の情愛を与えたことを許さず，それを不義の行為と見なす」(Freud 1910b: 171)。両親の性関係はこの論述では中心舞台であり，子どもの母親との独占的関係と対立する。それはこの時期のフロイトの他のエディプス・コンプレックスの論述においても同様で，ついには「狼男 Wolf Man」(Freud 1918) としてよく知られている症例研究の主眼である「原光景 primal scene」の論述に至る。

この分析の間（1910～14年），フロイトは「原空想 primal phantasies」，すなわち古代より受け継がれた生得的な考えについて考察し始め，それらのうちの一つが原光景のある種の原始的前駆体であろうと考えた（『人間モーセと一神教』での編者の脚注，Freud 1939: 102)。そのような生得的な考えが普遍的なものであるのなら，私たちみんなが両親の性交のあるバージョンをこころに組み立てる傾向をあらかじめもち，それを経験や想像で肉付けすることになるだろう。『精神分析入門（正)』の中で彼は，「私はこれらの**原空想**は……系統発生的に賦与されたものであると信じている」(Freud 1916b: 370-1）と述べている。しかしフロイトは決して，原光景とそれに関連した空想をエディプス・コンプレックス自体の中に組み入れなかった。メラニー・クラインはこれを行なったばかりでなく，彼女がエディプス状況と呼ぶものを述べていくとき，原光景を中心に据えた（Klein 1928, 1945)。

クラインは幼い子どもの分析の中で，フロイトの原空想の確証を豊富に見い出すこととなった。彼女はまた，このような空想がきわめて早期に生じ，ごく幼い子どもではそれらはときには牧歌的なものであり，またときには暴力的で恐ろしく奇怪なものであることを見い出した。両親の性交やまだ生まれてこない赤ん坊を容れている母親の体に対する子どもの攻撃的な空想との関連で，空想の中でなされた損傷に対する罪悪感や絶望，およびそれを償いたいという願望があることも彼女は見い出した。この償いの願望が果たされないとき，損傷は否認され，万能的な躁的償い manic reparation によって魔術的に修復された。この償えるとの信念が次第に薄らいでいくと，強迫的な方法が頼りとされ，想像の中でなされたことを必死に打ち消すために，象徴的な意味をもつ強迫的な行為が実行に移された。

クラインの見解では，エディプス状況は乳幼児期に始まり，数年にわたる複雑な発達を経て，4歳でその頂点に達する。これは，フロイトが述べたような，古典的エディプス・**コンプレックス**と呼ばれるようになったものの年齢である。クラインはまた，好知衝動，つまり知りたいという衝動の発達はエディプス状況のこれらの早期の諸体験に著しく影響を受けることを強調した。子どもが両親の性の単純化できない謎を目の当たりにして自分が無知だと感じることで途方もない憎しみが引き起こされ，その結果，子どもによっては学びたいという欲望の全てが抑制されることがあるというそのさまを彼女は記述した。1926年の最も早期の論文の一つに彼女は次のように書いている：

> 子どもたちはごく幼い時期に，現実が彼らに強いる諸々の剥奪を通じて現実を知るようなる。彼らは現実を拒否することでそれから身を守る。しかしながら，基本的なことで，その後のあらゆる現実適応能力を診断する基準は，エディプス

> 状況に起因する剥奪に彼らがどれだけ耐えられるかということである。
>
> (Klein 1926: 128-9)

これらの剥奪とは何であろうか。それらはなぜ，私たちの現実の保持と，その結果の正気の保持に影響を及ぼすほど重要なのだろうか。私たちが恵まれているのは，抑うつポジションの考え，すなわちクラインが10年後に初めて系統的に論じた概念（Klein 1935, 1940）の観点からこれらの疑問を考察できることである。クラインの見解では，生後3カ月から6カ月の間に始まりその後も続く抑うつポジションの現象は，心的統合への主要な諸段階を含んでいる。原初対象の解剖学的で機能的な構成要素からなる部分対象 part-objects が，ひとつのもの，つまり全体対象 whole object の一部であり，それぞれが独立した完全な対象ではないことが認識される。以前は別々の対象と思われていたものに結びついていた愛と憎しみが，同一の対象に向けられていることが実感される。乳幼児は自分が良い対象に対して行なった攻撃に罪悪感を感じ始め，良い対象が傷つき失われることを恐れるようになる。そして，自分が傷つけたと信じる対象を修復したいという強い願望をもつ。

クラインは，抑うつポジションが発達する時期と早期エディプス・コンプレックスが密接に関連していることを指摘した。すなわち，「エディプス・コンプレックスの早期段階と抑うつポジションは明らかにつながりがあり，同時に発達する」(Klein 1952c: 110)。論文「羨望と感謝」で彼女は次のように信じていることを繰り返した：

> 嫉妬は父親への疑惑と競争心に基づいており，父親は母親の乳房や母親を奪い去ったと非難される。この競争心は，直接のエディプス・コンプレックスおよび逆転したエディプス・コンプレックスの早期段階を特徴づける。そして，このようなエディプス・コンプレックスは普通，生後4カ月から6カ月の間に抑うつポジションと同時に生じてくる。
>
> (Klein 1957: 196)

抑うつポジションの統合に失敗すると，個人は象徴形成や合理的思考の能力を発達させる方向へうまく進めなくなる。その結果起こる異常にはいくつかあろうが，その一つは，個人が想像上の損傷を治そうと強迫行為に訴えることである。例えば，私のある患者は自分の息子のいくつかの本を破壊し新しいものと取り替えざるをえなかった。それは，息子が事故の後に路上で死んでいるイメージを彼が突然抱いた瞬間に，机の上にそれらの本があったからである。彼は，今やそれらの本が息子の死のイメージを容れていて，そのイメージは根絶されなければならないと信じた。

これがなぜこのような具体的な形をとり物理的な行為を必要としたかを理解するためには，象徴能力の発達が十分には達成されなかったり維持されなかったりする人がいることを了解する必要がある。クラインは象徴化する能力の発達を彼女が述べた基本的な不安のワーク・スルーと関連づけた。しかし，象徴化し，その結果象徴的な償いを行う能力が抑うつポジションのワーク・スルーの帰結であることを後年示したのはハンナ・スィーガルであった（Segal 1957）。

私が強調したのは，抑うつポジションとエディプス状況には決して終わりがなく，人生の新しい状況ごとに，すなわちそれぞれの発達段階ごとに重要な経験や知識を追加しつつ，それらは取り組み直されなければならないということである。抑うつポジションは，子どもがさまざまな能力を発達させる結果として，必然的にそして自然に乳幼児期に生じる。つまりそれらは経験を知覚し，認識し，記憶し，位置づけ，そして予想する能力である。これは単に乳幼児の認識や知識を拡大するだけでなく，既存の心的世界を混乱させる。以前は，理想的な宇宙にある永遠の至福の世界と，もう一つの宇宙にある恐怖と迫害の世界とに分離していたものが，今や一つの世界に変わる。さらに，これらの至福と恐怖という正反対の体験がひとつの源から生じる。空想の中で理想的な乳房として愛された，あらゆる良いものの源泉が，結局，あらゆる悪いものの源で邪悪の本質だと以前に知覚されていた，憎むべき悪い乳房と同一の対象だということが分かる。ここで，二つの意味で純真さが失われる。すなわち，私たちはもう無知ではないし，罪悪感をもつことができるようになるという意味で私たちは無邪気さを失っている。というのは，今や私たちは自分が愛し良いと思うものを憎むことを知っているからである。私たちは良いものと邪悪なものを知る木の実を食べてしまったので，もうエデンの園には住めないのである。

抑うつポジションは対象についての増えていく知識によって引き起こされるし，またその知識を確立させる。そのような知識には，対象が時間的にも空間的にも連続した存在だという認識ばかりでなく，その結果この気づきの意味する，対象が他にも関係をもっているという認識も含まれる。エディプス状況はそのような知識の好例である。そのため，抑うつポジションは，エディプス・コンプレックスのワーク・スルーなしにはワーク・スルーすることができないし，その逆もまた同様である。フロイトは，このコンプレックスの完全な抑圧が神経症の基礎であり，健康な発達には何か他のもの――彼がその解消と呼んだもの――が必要であることを明らかにした。何かが諦められなければならなかった（Freud 1924a）。フロイトは「悲哀とメランコリー」（1917c）で，正気の維持と現実への愛着を，愛する対象を失った後にそれを永遠に所有するのを放棄することと関連づけた。しかし，彼はこれをエディプス・コンプレックスの解消には当てはめなかった。

クラインは「悲哀とメランコリー」におけるフロイトの考えに従い，例えば離乳の際に私たちがするように,外的世界で何かを諦めることを喪の過程と結びつけた。これは次のようなことをもう一度必要とする過程である。すなわち，物質世界で実現するかもしれないような理想世界を見つけようと期待することを私たちが諦めることであり，私たちがあこがれと期待の区別，つまり心的なものと物質的なものの区別を認識することである。彼女はこれを，何かを予期し，それからその何かが存在しないことを見出すことを何度も繰り返す過程として理解した。彼女はこの過程を，物質世界の対象を放棄し，それと同時にその対象を心的世界，あるいは内的世界に据え付ける手段だと考えた（Klein 1935, 1940）。ビオンの言葉では，前概念の後に負の現実化 negative realisation が起こると，それは考えをもたらすが，これは人が欲する物 thing を前概念がもたらさないという現実化の後の欲求不満に人が耐えられる場合に限ってのことである（Bion 1962b）。欲求不満に耐えられないと，負の現実化（つまり，何かの不在）は何か悪いものの存在，すなわち「**無い物** ***a no-thing***」の存在として知覚される。そしてこれは，それを取り除くことができるという考え，したがって剥奪の状態が物を消してしまうことで癒されるという信念と同調する。このために，空想の中で，表象的な特質ではなく物質的な特質をもった悪い対象が内界にいる場合，ある精神病状態や重症の強迫状態の基礎となるようなこころの状態が存在する。例えば私のある患者は実際，精神科の援助を求める前に，自分の内部の黒い悪いもの取り除いてもらおうと外科医にかかっていた。彼女は，それが自分に悪い考えをもたせると確信していた。

抑うつポジションの必須の要素は，自己と対象の区別や，現実対象と理想対象の区別の感覚が育つことである。ハンナ・スィーガルは，このような区別の失敗の結果，象徴化の失敗や「象徴等価物 symbolic equations」――つまり，本来の対象と同一のものとして体験される象徴的対象――の生産が起こることを述べている（Segal 1957）。似たような状況は，フロイトの神経症患者の論述に暗示されている。そこでは患者は，後に起こったすべての愛情関係をそれらがまるで本来のエディパルな対象との関係であるかのように取り扱っている。抑うつポジションにおいて永遠に所有するという考えが諦められなければならないのと全く同じように，両親の関係に直面したときに，望みの親を独占するという理想は放棄されなければならない。エディパルな空想はこの理想を復活させ，両親の性関係という現実を否認しようとするものとなるかもしれない。この否認が個人の現実保持を断ちかねないのであれば，エディパルな物語は，現実から防護された思考の領域の中にスプリット・オフされることによって保存されるだろう。そこでは**快感原則**が，フロイトが述べたような**保留地** *reservation* に保存されている（Freud 1924b）。この保留地は恐らく，白日夢やマスターベーション空想の領域，あるいは後に述べるような現実逃避的フィクションの基礎である。ウイリアム・ブレイクは彼の予言的な詩の中でそれをベウラ Beulah[訳注1)] と呼んでいる（Keynes 1959: 518）が，これは第 14 章で論ずる。この保留地は，人によっては人生のほとんどを過ごす場所となることがある。その場合，彼らの外的関係はこのようなドラマを実演するのに使われるが，それは彼らの空想が現実だと偽の主張をするためだけのものである。他の場合では，倒錯のように，個人の主要な生活から隔離された活動の島として保留地が保存されることがある。

私がここで区別しているのは，空想が心的現実を手に入れるのは，それが外的現実と一致することによるのではなく，真実の感覚によるということである。ビオンは，この真実の感覚が，現実感覚が外的世界との関係でもつのと似た特質を，内的世界との関係でもつと述べている（Bion 1962a: 119）。彼は，視覚，聴覚，触覚などのさまざまな感覚器から得られる情報を結合した結果，共通の感覚が得られることから現実感覚が生じる，という考えを提出している。同様に彼は，同一の対象に対するさまざまな感じ方を結合することから真実の感覚が生じると述べている。このように，私たちが愛している人と同じだと感じる人を憎んでいることを認めるとき，私たちは自分自身が真実であり，私たちの関係が実体のあるものだと感じる。例えば，一人の永久に良い親と一人の永久に悪い親をもつゆえのスプリットされた宇宙を永続させるために，エディパルな心的配置を用いることでこのアンビバレンスの認識が回避されるならば，ものごとについてのこの確かな真実の感覚は欠如してしまう。そして，私の考えでは，これはしばしば，内的確信を欠いたある現実を主張するための行動パターンを繰り返すことに通じる。例えばそれは，人生においてお決まりのエディパルな状況を繰り返し再演することである。このような一つの形態が，エディプス幻想 Oedipal illusion を投影同一化によって実現するために，子どもと近親姦を始めることであろう。

統合を達成するために，対象に対する共通の見方が確立され持ちこたえられなければならないならば，それは，授乳し愛してくれる母親と知覚されたその母親は，性的な母親——つまり，まず第一に，父親の性的パートナー——と同一人物だと知覚されなければならないことを意味する。これが多くの人に大きな困難を持ちかける。それはしばしば，堕落した女性，あるいは，私のある男性患者が述べたような，傷ものの女性というイメージによって表されるようである。この患者は最近ロマン

訳注 1：予言書の中で，破壊されたが回復されるエルサレムの地につけられた名称。

チックに理想化された女性と関係をもち始めており，彼女とした食事について情熱的に叙情詩でも語るような調子で話した。しかし，それは食事の最後に彼女が前夫に言い及んだだけで傷がついた。それから，彼にとって何かがうまく行かなくなり始め，彼は彼女の足に傷のような小さな瘢痕があることに気がついた。彼はそれからインポテンツとなり，続いて彼女に連絡をとる気になれなくなった。彼女と関係を断った後，彼は彼女がとても心配になり，彼女がひどく落ち込んでいて自殺の恐れがあるに違いないと確信した。私は患者のこのパターンをよく知っており，それは転移の中に繰り返し現れた。両親の性という考えに対する彼の嫌悪感が吐き気を催すような女性のイメージによって表され，羨望や嫉妬によって引き起こされた敵意のために彼は彼女と関係を断つようになったということが起こったようである。それは，敵意を向けた人々を切断すると彼には感じられる行為であった。続いて起こった，その女性の運命についての彼の不安は，クラインが抑うつ不安 depressive anxieties と呼んだものの典型である。

このような反応は，この患者では比較的最近起こった発達である。彼が初めて分析にやって来たときは，女性は彼にとって純粋で遠い存在か，刺激的に貶められた像としてのポルノ的な観察や倒錯的な窃視の対象だった。彼は，こころの中で投影同一化により魔術的で万能的な父親の特性を身につけるとき，密かに，壮大で高揚した状態となった。他のときには，彼は妄想性の不安に悩まされた。分析を始める前，彼は通常，躁と倒錯の特徴をもつ病理組織体にとどまる結果生ずるこころの状態にあった。そして，これが潰れるといつも彼は迫害不安に襲われた。彼を分析に向かわせたのはこういうことだったのである。私が述べたエピソードは，抑うつポジションとエディプス状況に移行した結果であった。

妄想分裂モードにあったときの患者は，認知できない自分の考えを他者，あるいは自分の行動や知覚の中に埋め込んだ。そして，そのような考えは形式においては象徴的であるが，物として扱われる。ベティ・ジョゼフが論文「異なるタイプの不安と分析状況におけるその取り扱い」で指摘したように，このような症例の分析はおそらく思考というより行動の場となるだろう（Joseph 1989b)。その場合，さもなければ行動や反応の中に撒き散らされるものを，思考のために再生利用するのが分析家の務めである。

エディプス幻想

ソフォクレスの『エディプス王』の中でイオカステは，夫が自分の息子で，その息子が自らの父親を殺害したという真実が遂にあらわになる前に，夫のエディプスを安心させる：

> イオカステ：恐れですって。恐れても人間の身にどうすることができましょう。
> ……この母上との結婚のことでも怯えるには及びません；
> 今までにそのような夢を見た男の方はたくさんおります。
> (Sophocles, Watling 1947: 52 での引用)

近親姦の夢に対するこの明らかな認可は，イェーツ W.B. Yeats[訳注2] には度が過ぎたのだろう。というのは，彼はイオカステの台詞をソポクレスの劇の彼の訳から除外したからである。あるいは，恐らく彼はそれが秘密の計略を漏らしてしまうと考えたのだろう。私が思うに，それはエディプス幻想の計略，すなわちそれが単なる夢ではなく，現実的で楽しい，あるいは危険な可能性であるという無意識の主張である。人によっては，人生は生きていくものではなく，エディプス幻想を復活させる手段となることがある。また，外界の関係は，執拗な内的ドラマの小道具としてだけ使われる。そして，そのドラマの機能は，抑うつポジションの心的現実や本当のエディプス状況の苦痛を否認することである。精神分析が始まったのは，『ヒステリー研究』(Freud 1893-5) のこのような患者たちからであった。こういった意味で，いわゆる古典的エディプス・コンプレックスは，エディプス状況に対する防衛である。

このコンプレックスの正常な発達についての私の見解を，エディプス神話という観点から述べることによって明らかにしたい。それは，両親の関係の本質とそれについての子どもの空想に始まる。エディプス神話では，これは，乳児のエディプスが父親にそそのかされた母親によって丘の中腹に捨てられるという話によって表されているだろう。すなわちそれは，自分が外に置かれて死ねば両親が一緒に寝ることができるようになるという，子どもの空想の悲劇的なバージョンである。このコンプレックスは心的にさらに進展し，子どもが一方の親を絶対的に所有しようとして，もう一方の親との競争心を発達させるようになる。神話の中ではこれは，ライオスが行く手をさえぎる十字路での出会いによって例示されていると私は思う。それはまるで，性器を通って再び母親の中に入りたいという子どもの願望に対する父親の妨害を表しているかのようである。これが，私がエディプス・コンプレックスの心的現実と見なすものであり，自己主張の結果と考えられる個人の死や親の死に対する恐れでもある。

私が**エディプス幻想**と呼んだものは，このような心的現実を閉ざすようにもくろ

訳注2：アイルランドの詩人・劇作家（1866-1937）で 1923 年にノーベル文学賞を受けた。

まれた防衛的な空想である。神話では，エディプス幻想とは，エディプスが廷臣たちに囲まれて自分の母親である妻と共に王座にいる状態であると私は考える。そこでは廷臣たちは，すでに半分知ってはいても無視することに決めたものに対して，ジョン・スタイナーが表現したように，見て見ないふりをしている turning a blind eye（Steiner 1985）。このように幻想が最高に勢力をふるっている状況では，好奇心は惨事をもたらすものと感じられる。空想されたエディプス・コンプレックスの悲劇的なバージョンにおいて，エディプス三角の発見は，カップル，つまり養育カップルや親カップルの死であると感じられる。この空想では，第三者の概念への到達はいつも二者関係を殺害する。

こういった考えは私たち誰もがときには抱くものであると私は思う。しかし，人によってはこの考えが確信として定着することがあり，そういう場合，それは精神病理に通じる。エディプス三角が関係の死ではなく，観念の死をきたすだけだということを人が実感することができるのは，この失われた独占的な関係に対する喪の過程を通じてなのである。

エディプス幻想の勢力が最大の高みにある場合，両親の関係は知られていても，その完全な意味は回避され，両親の関係と親子関係の違いを証明するその本質は認識されない。幻想が，エディプス状況についての空想から個人を守ると感じられる。そのような症例では，親の勝ち誇りに果てしなく屈辱的に晒されたり，両親の性交の悲劇的なバージョンが待ちうけているのではないかと感じられていた。後者は，ぞっとするようなサドマゾ的な性交や殺人的な性交，あるいは荒廃した世界の荒廃したカップルという抑うつ的なイメージとして知覚される。しかしながら，根底にある状況を回避するものとして，このような幻想が永続している限り，エディプス・コンプレックスが競争や放棄といった正常な過程を通じて解決されることはない。

正常の発達ではこのような幻想は一時的ながらたびたび起こり，幻想と幻滅のサイクルが生じると私は思う。これは日常生活や分析ではよく知られた特徴である。しかしながら，人によっては，組織化されたエディプス幻想の持続がエディプス・コンプレックスの解消を妨げ，分析ではその転移に相当するものが十分に発達するのを妨げる。

これらの幻想は，実際の生活状況の意識的，あるいはほぼ意識的なバージョンであることがしばしばである。例えば，私がスーパーヴィジョンで聞いた若い女性の音楽家は，自分の教師との職業上の関係にお互いに意図した恋愛関係という密かな意味を与えた。いったん分析が始まると，彼女の分析家についての考えは，同じ性愛的な意味と分析が結婚で終わるという信念でいっぱいになった。このような願望充足的な考えはしばしば分析の中では明らかにされない。そしてそれは，フロイトが論文「転移性恋愛について」(1915) で指摘しているように，患者と分析家の間に正式な関係を超える密かな理解があると患者が信じるという形をとる。幻想上の特別な関係は,私が引用した例よりずっと目立たない性的な形をとることもあるが,基本的には依然として性愛化されている。

転移性の幻想は，患者が耐えられない転移状況だと思うものから自分を守ってくれるように感じられる。それはそれで多くの技法上の問題を提起する。その幻想が続いている間は，患者は分析家のすべてのコミュニケーションを幻想の文脈から解釈する。それが放棄されるとき，患者は転移の中で迫害的な状況や苦痛な状況に晒される。

白日夢

個人が抑うつポジションのモードに移行すると，迫害感は減り，喪失のテーマがより前面に出てくる。私が先に述べたように，それには喪の過程が必要なのだが,これがエディプス幻想を作り出したり白日夢の中に避難したりすることで回避されることがある。第 12 章と第 13 章で，想像力を創造的に使ったり現実逃避的に使ったりすることに関連して，この問題を私はさらに論じ，習慣的に白日夢にふけることが確立された心の避難所となったDという男性について述べる。ここで私は，この形の回避を，私が治療したピーターという 9 歳の男の子の例で示したい。彼はある喪失に反応していたが，その喪失はエディプス状況でのもともとの喪失の復活のように彼には感じられた。ピーターが以前部屋を共有していた唯一のきょうだいのキャロルは彼より 14 歳年上で，最近結婚して親の家を出ており，今や赤ちゃんを生もうとしていた。ピーターは一日のほとんどを夢を見て過ごしていたので，学校での成績は悪かった。これらの白日夢の内容を，私は治療の過程で見出すこととなった。それらは極めて精巧な話で，彼は事細かに図で説明したり粘土で模型を作ったりした。それらの目的は「保留地」を彼にもたらすことだった。そこで彼は，身体機能に基づく万能的な自給自足の古い空想を復活させることができた。彼のお気に入りは，彼がこしらえ，「ウォーリー族」と呼んだ原始的な部族についての話だった。彼らは，多くの地下の水平坑道と中央の立て坑からなる鉱坑をもっていた。「ウォーリー酋長」は立て坑の最上部に座っていて，泥の中から掘り出されて下の方からもってこられる食物を食べていた。彼はまた鉱坑からの宝石も得ていた。ピーターは，自分の体を中に小人がいる鉱坑のように考えていることを打ち明けた。彼はその後の治療で，ウォーリー族は泥の中で見つけたのは宝石だと言うけど，本当はバイ菌なんだと言った。彼は，ちょうど今自分のこころに白日夢を食べさせて学校の先生や私の言葉を無視しようとしているように，この精巧な空想の中で，自分の糞便物を食べるという古い空想を復活させた。すなわちこれは，あらゆる依存的な関係で感じられる苦痛な葛藤に背を向け，架空の自給自足に向かうためのものだった。

この中に含まれる問題は，1年の治療を経た長期休暇後の最初のセッションで明らかにされた。私が彼から離れることに彼は前から反応し始めており，それがプレイの中で表現された。彼はウォーリー族たちを描き始めたが，彼らは自分たちの領土を侵略しようとしているウォーリー男爵に対抗する準備をしていた。ウォーリー男爵というのは，ピーターが治療を始めて以来，ウォーリー族のリーダーになろうとして現れた人物だった。しかし今やウォーリー族たちは，リーダーが自分たちに食物をくれなかったので彼を追っ払っていた。彼らはリーダーを撃退し，鉱坑を自分たちのものにした。私が男爵のようにピーターを見捨てたので彼が怒って私に背を向けている，という彼の気持ちについて私が話すと，彼はテーブルの上の二つの定規《ルーラー》で遊び始めた。それから彼は，それらは二つの船で，一つはイギリスの船でもう一つはアメリカのものだと言った。私はこれには転移性の意味合いがあると感じた。というのは，ピーターの両親に定期的に会っていた私の女性の同僚がアメリカ人で，これは彼がいつも言うことだったからである。遊びの中で，二つの定規はその端同士がぶつかり合った。そしてピーターは，二つの船が一緒になるとき，水の中で泳いでいる小さなパグ犬が船の間で押しつぶされると言った。

これは，二人の支配的《ルーリング》な親が一緒になり，それをピーターは押しつぶされるような打撃だと感じる，という彼の体験を描いていると私は思う。このような趣旨で私がおこなった解釈に，彼は動物たちの中からラクダを取り出すことで応じた。ラクダには瘤が二つあり，それぞれの瘤の先端には突き出したベルトのようなものがあった。ピーターはこれを乳首だと言い，小さな動物たちにそれからオッパイをやり始めた。それから彼は二つの瘤をじっと見て，それらの上に指を置いた。指が二つの瘤の間の空間にくると，彼は身震いをして，「うえっ。間のこれ，好きじゃない。僕を変な気持ちにさせるんだもの」と言った。私はこれを，彼がセッションとセッションの合間を好きではないことと，それが彼にオッパイとオッパイの間がどんな感じかを思い起こさせることに結びつけた。ピーターは，「僕の赤ちゃんのダニエルは，コップでお乳を飲むんだ」と言った。これは断固とした調子で言われた。そして彼は，「前はお姉ちゃんのオッパイから飲んでいたんだ。でも，それが好きじゃなくて，3週間ぐらいしてからやめたの。それで今はコップで飲むのさ」と付け加えた。彼は私を一心に見つめ，それから，「それは1週間してからだったと思うな」と言った。私の休暇はまさに3週間だったのである。

ときが経つにつれて，ピーターの反応がもはや背を向けるものではなく，もっと直接的に怒りを表すものとなったとき，家と転移の双方で，自分の怒りが親対象に及ぼす影響を彼が心配していることも明らかになった。父親の健康や母親の心配性がこの恐れにいくらかの実体を与えていた。しかし，ピーターが万能であることをあきらめ,このような抑うつ不安に向かうことを欲していないことも明らかだった。転移の中でこれをやり始めたとき，彼は，私が新しい男の子の治療を始めるだろうという新たな考えに襲われた。ピーターは自分がものごとを知らないと思うのを嫌った。それで，彼が何かを信じると，それが事実だと主張する傾向にあった。それは今や推測上の新しい男の子についてなのだった。ピーターは，その新しい子は学校で自分と同じクラスだと断言した。自分が知らないことに耐えられないということは，両親の生活のいくつかの部分から閉め出されているという彼の気持ちと関連していた。そして今や彼は，姉の結婚，妊娠，出産に関連して，同様の閉め出しに再び直面していた。

ウォーリー族の鉱坑によって表された，ピーターの身体に基づく自己授乳や自己生産のシステムは，両親の授乳能力や生殖能力と競合する組織体であった。それは，エディプス状況の本質である性や世代の相違を否認した。ピーターの鉱坑は，ウイリアム・ブレイクのベウラと心的には同じ目的にかなうものであった。しかしながら，それは愛と感謝の気持ちで和らげられていた。当初彼は，両者をお互いに並行させることで守ろうとした。すなわち，彼の自己愛的な白日夢と家族との関係は並行して存在していた。彼が心的避難の効力を信じるのを放棄すると，痛みと不安が起こった。しかしながらその結果，彼の学習困難は軽減し，学業はかなり向上した。

4

主観性，客観性，および三角空間

実在論 realism も観念論 idealism も度を越してしまう。
(Henri Bergson,『物質と記憶』； Ayer and O'Gray 1992: 51 中)

この章の最初のバージョンは，1987 年にロンドン大学で行われた「今日のエディプス・コンプレックス」についての会議で発表され，その後多少の修正を受けて「欠けている連結 The missing link」(Britton 1989) という論文として公にされた。私が述べたのは，患者によっては，エディプス状況の出現は単にそれが苦痛であるために望まれないだけでなく，破局として恐れられるということである。これは，このような患者たちが，以前にコンテインメントの過程を通じて安心感に根ざした母親対象を確立することなく，空想や事実の中で原光景に出会っているからである。その結果，誤解の体験をスプリット・オフし，それを第三の対象のせいにすることによって初めて，良い母親対象の存在が信じられる。この第三の対象とは原始的エディプス状況の父親，すなわち原光景における母親のパートナーである。そこで，このような症例では，父親は**悪意に満ちた誤解**の権化となる。次には，空想上の両親の結合が，理解してくれる対象と悪意に満ちた誤解をする対象とを合体させ，矛盾，無意味，混沌を具現する結合像を作り上げる。

正常の発達では，自分とは関係なく両親が一緒になるのを知覚することで，子どもの心的世界は統一される。このような知覚から，それぞれが独自の対象関係をもつモナド[訳注1)]的世界が連綿と続くものではない，さまざまな対象関係が生じうる一つの世界が作り上げられる。

原家族が作る三角形は，子どもに，自分とそれぞれの親とを別々に結びつける二つの連結をもたらすとともに，自分を閉め出す両親間の連結にも直面させる。この両親の連結がこころに思い描かれるのは，初め原始的な部分対象の観点からであり，それから，子ども自身の口唇的，肛門的，性器的欲望の様式から，さらには口唇的，肛門的，性器的な言葉で表現される子ども自身の憎しみの観点からである。子ども

訳注 1：空間的にも心理的にも個体化された基本的で最小限度の形而上的単位で，単子ともいう。本書の第 14 章のライプニッツのモナド論（220 ～ 221 ページ）も参照のこと。

のこころに，愛と憎しみのうちに知覚された両親間の連結が持ちこたえられると，自分が目撃者であって参加者ではないという，第三種の対象関係の原型を子どもにもたらす。それで**第三の立場**が存在するようになり，そこからさまざまな対象関係を観察できるようになる。こうなると，自分が観察されることも，こころに思い描くことができる。これは私たちに，他者と交流している自分自身を見，自分の見解を保ちながら異なった見解を楽しむ能力——すなわち，自分自身でありながら自分自身を観察する能力——をもたらす。私は以前，この過程によってもたらされる心の自由を**三角空間**と呼んだ。これは，分析において，私たちが保持し患者の中に見出したい能力である。分析によっては，相当の期間，あるいはある時々に，患者にも分析家にもこれが不可能に感じられることがある。第三の立場を欠いていることがどういうことかが分かるのは，このようなときなのである。

私の論文「欠けている連結」(Britton 1989）は，分析において第三の立場を欠いていることの結末を示した多くの患者との経験に基づいている。その中で患者たちは，原初対象としての分析家と第三の対象との関係をこころに思い描こうとしなかったが，それはこれが破局に至りそうだったからである。これはまた，患者が想像する分析家のこころの中のできごとにも当てはまった。その結果，このような患者たちは，彼らのことについて私が私自身とコミュニケートしているのを感じることに耐えられなかった。想像上の同僚，先達，精神分析理論そのものなどの，よそからのさまざまな考えと私が行う心の交流は彼らにとって破局的な結合であった。心的状況が変化するまで，通常は何年もの間，患者の主観的体験に対する私の共感的な理解とその状況に対する私の客観的な見解とを公然と結びつけ marry ようとするどのような試みも，患者には耐えられなかった。通常，どのような試みも暴力や引きこもりを引き起こした。

このような状況の結果，行きつ戻りつする間主観的な交流からこころの中の私自身を解き放ち，何が起こっているかを知ることは不可能なように感じられた。分析家と患者は一つの線だけに沿って動き，一つの点だけで出会うことになっていた。横の動きはないとされていた。空間の感覚は，私たちの間の距離を広げることによってしかもたらされなかった。これは，患者が自分で始めない限り，耐えがたい過程であった。私がどうしても必要だと感じたのは，脇にそれてそこからものごとを見ることのできる，自分のこころの中の場所であった。

患者は私がこのように自分の分析的自己と相談しようとしているのを感知しており，これを，両親の交わりに相当する，一種の私の内的交わりとして体験していることに私は気がつくようになった。これは患者の存在を脅かすものと感じられた。私は，考える場所を見出すための，破壊的にならずに役に立つ唯一の方法を発見した。その方法とは，一方では患者の見解についての私の理解を彼らに伝え，もう一方では私自身の体験を自分の中で進展させ，これを自分に向かって明確に表現することであった。このやり方によって，思考が並存する可能性が実際高められることが分かった。

この論文を書いて以来，私はこのような分析をさらに多く自分で経験し，スーパーヴァイズもしている。このような臨床状況では，患者は，分析家の心的現実が現れるなら必ず自分の心的現実が破壊されると恐れているようである。分析家の補足的逆転移 complementary counter-transference は，自分が患者の心的現実を受け入れると自分自身の心的現実が必ず壊滅するというものである。先に述べたように，このような行き詰まりから抜け出る唯一の方法は，分析家が，状況に対する患者の見解と自分の見解の両方を受け入れるように努めることであると私は信じている。さもなければ，分析家は自分の見解を患者に強要しようとし，その結果，危険な爆発やマゾヒスティックな服従が生じる。分析家が患者の見解を分かち合い，自分の分析的連結を断って患者にまったく従えば，そこに馴れ合いの状況が生じ，分析家はある種の相互分析に巻き込まれることになる。

このような症例で破局を引き起こすと思い込まれているものは，患者の主観的考え方と客観的考え方を統合しようとする試みや，分析家が共感的理解を知的理解と結びつけることであると私は思う。結末として恐れられるのは，ビオン（Bion 1962a: 116）が母子関係におけるコンテインメントの失敗の結果とみなした，**名状しがたい恐怖**の状態である。主観的体験と客観的理解とを統合するのが精神分析の目的なので，このグループの患者には，まさに分析の過程そのものが脅威に感じられる。これは独特な難しさを助長し，相当の技法上の問題を提起する。

私は「主観的」「客観的」という用語を**存在論的**に使っている。つまり，私が主観的という場合は話し手の見解を意味し，客観的という場合は第三者の見解を意味している。「私はばかみたいに感じます」は主観的であり，「彼はばかです」は客観的である。この用法では，主観が必ずしも偏見を意味するわけでもなく，客観が公平であるということでもない。これは哲学者ジョン・サール John R. Searle（1995）によるとても有用な区別である。それは，単に第三者の記述を意味するのに「客観的」という語を用いること——彼はこれを**存在論的客観性**と呼ぶ——と，感情に動かされない判断を意味するのにこの語を用いること——彼はこれを**認識論的客観性**と呼ぶ——を区別している。科学は客観的であるはずなので，精神生活についての理論が科学的であるためにはあらゆる理論が非主観的でなければならないと主張する，デネット D. C. Dennett のような唯心論者と論争するためには，「客観的」という語を使用する際にこのような決定的な区別をつけることが必要だとサールは考えている。サールはこれを「客観的という語についてのへたなしゃれ」(前掲書：61）だと考える。両方の側に強い感情のある，このような意見の衝突においても，主観性と客観性は戦いに巻き込まれている。私はこの論文において，主観性の擁護者と客観性の擁護者の間に潜在するこのような葛藤を探求しようと思うが，それはこの葛藤が分析の中に現れるからである。

私が前に述べたように，分析によっては，患者の主観的な（話し手の）経験が晒されている場所に客観的な（第三者の）見解を導入しようとする分析家のあらゆる試みが破局的なものと感じられる。分析家が患者と分析家の間主観的関係とは別個に自分のこころを働かせる限り，あらゆる分析において基本的エディプス状況が存在するということを私が十分に認識しているのは，このような分析状況で働いてきた結果である。連結は，分析家のこころの中で，内的対象との間でなされる。その対象は人であったり，精神分析理論のような抽象概念であったりする。これは乳幼児的な空想における両親の関係であり，それが今や分析家のこころのプライバシーの内に成就している。コンテインメントが存在しないためにこのような種類のプライバシーが患者に存在していないと，分析家の内的で心的な交わりは患者の心的空間に侵入するし破壊的に感じられる。両親の関係のプライバシーが耐えられないほど挑発的に感じられる症例では，分析家のプライベートな考えは患者には耐えられないものに感じられる。しかしながら，症例によっては，窃視の特徴が著しい場合，分析家の考えていることを密かに探るために分析中さまざまな策略が用いられる。

心的三角における第三者がとても重要であることは，他の学派や他の国，特にフランスの分析家によって強調されている。両親の性関係は成熟した性器的対象関係の世界であり，この現実との競争や否認は自己愛的，肛門的，倒錯的組織体において現れることがあることをジャニーヌ・シャスゲ・スミィジェル Janine Chasseguet-Smirgel は強調している（Chasseguet-Smirgel 1974, 1981)。ラカン Lacan の理論で，母親と共有された世界である**想像** ***l'imaginaire*** と対照をなす，媒体としての言語をもつ父親の世界である**象徴** ***le sympolique*** は，私が述べた第三の立場と三角空間の概念に類似している。個人は母親と共有する世界から出て，すでに存在している父親の象徴的秩序の中に入れられる，とラカンは述べている（Lacan 1979)。原理主義と偶像崇拝についての論文（'Fundamentalismus und Idolbildung', 1993）で私が述べたことは，患者によっては転移の中で，母親の存在を偶像化し父親の言葉を嫌悪するものもいれば，父親の言葉を崇拝し母親の肉体を呪うものもいるということであった。そして，私はこれを繰り返し起こる宗教の分裂に関連づけた(Britton 1993)。私は，フランス学派とは関係なく，主にフロイト，クライン，ビオン，ローゼンフェルド，およびスィーガルの理論的背景によって啓発された臨床経験から，このような考えや三角空間の理論にたどり着いた。フロイトは別として，共通の源があるとすれば，それはラカンに馴染のあったクラインの著作であろう。私の強調点は，母親のコンテインメントの失敗が意味の問題や抑うつポジションとエディプス状況をうまく通り抜ける際の障害を引き起こすことにあった。そして，これが今度は象徴化の能力を制限し，父親や言語という父親の世界との困難を作り出すのである（Britton 1989）。そういう訳で，私が頼りとした象徴の概念は，レヴィ・ストロース Lévi-Strauss の構造主義とソシュール de Saussure の言語学的理論に基づくラカンの象徴の概念（Lacan 1979）とは異なる。しかしながら，臨床理論としては両者は類似している。英国クライン学派の思考に基づく精神分析の実践から得られた考えが，異なった伝統をもつフランス学派の理論体系と類似し通じるということに勇気づけられて，私はこのような理論が臨床の現実と一致しているのだろうと考える。

私は，「欠けている連結」で三角空間とその原光景との関係について書いた後，ジャン・ポール・サルトル Jean-Paul Sartre が『存在と無』（1943）の中で，観察する対象を自己意識の源として述べており，これに対する彼の想像上の設定が原光景の目撃であることを発見，あるいは再発見した：

> 私が，嫉妬，好奇心，悪徳によって突き動かされて，ドアに耳をつけ鍵穴から覗いたと想像してみよう。私は一人であり，非断定的な自己意識のレベルにある。これはまず……私がものごとの純粋な意識である……とのことである。しかしながら，私は突然廊下に足音を聞く。誰かが私を見ているのだ！　これはどういう意味だ？
>
> ……私は今や思慮のない意識のための自分として存在している。最もよく述べられるのが自己のこのような侵入である。すなわち，私が自分を見るのは，誰かが私を見るからである。
>
> （Sartre 1943; Ayer and O'Grady 1992: 404 での引用）

ここでの討論において私の関心の的である患者たちのグループのように，サルトルはこの状況が自己に不可欠のアイデンティティにとって迫害的で破壊的であると見なした。彼は「他者 the other が私を見つめ，そうやって彼は私の存在の秘密をにぎり，私が何者かを知る。こうして私の存在の深い意味は私の外にあり，不在の中に閉じ込められる」と書いている。サルトルは「私の客観性の必要条件としての他者の眼差しは，私の全ての客観性を破壊する」（前掲書）と感じた。私の述べる患者たちは，自分についての客観的な記述が自分の主観性の破壊になることを恐れる。フランスの分析の同僚たちが思い出させてくれるように，「他者」という語

（主観的自己と弁証法的に対立するものを表す語）はクラインやその他の人々が使う「対象 the object」と同義ではない。それでも，**他者性** *otherness* は対象であるかないかの特性にもなりうると私は思う。私の考えている患者たちのグループにおいて，問題なのは観察する対象の**他者性**である。この**他者性**は，体内化されてはいるが同化されていない内的対象にも当てはまることがある。これが悪い対象だと感じられると，それは自己の中に埋め込まれた異物として体験される（Heimann 1942）。これが崇拝されると，それは自己感覚を貧しくする。「同化されていない理想化された対象と一緒にいると，自我はそれ自身生命も価値もないように感じられる」（Klein 1946: 9）。私ならこれに，「自我」はそれ自体の信念を持たないことや異質な考えの宿主としてふるまわざるを得なくなることを恐れる，とつけ加えるだろう。

この過剰な主観性が顕著な患者のグループをどう呼ぶかは難しい。彼らを解説したり臨床上認識したりするのは難しくないが，皆の意見が一致する名称を見つけるのは難しい。私は彼らを**ボーダーライン症候群**と呼ぶが，他の人々はこの用語をさまざまに異なる性質の多くの患者に適用している。ハーバート・ローゼンフェルド（1987）は最終的に，彼が**自己愛患者**と呼ぶ人々を**薄皮** *thin-skinned* と**厚皮** *thick-skinned* とに分類した。彼なら，私が述べている分析家の客観性に耐えられない患者を薄皮と呼んだだろう。これは，解釈というコメントに免疫があるように見える厚皮の自己愛患者とは対照的である。彼は次のように書いている：

> 自己愛構造が「厚皮」をもたらし，それで深い感情に対して無感覚になっている人たちがいる。このような患者たちとの行き詰まりを避けるためには，分析はきわめて断固としたものでなければならない。……解釈がついに彼らに触れることができたとき，たとえその解釈が苦痛なものであっても，彼らはほっとする。それに反して……薄皮の患者たちは過敏であり，日常生活や分析において容易に傷つく。そのうえ，敏感な自己愛患者が分析において厚皮の患者のように扱われると，患者はひどい外傷を受けてしまう。
>
> （Rosenfeld 1987: 274）

私が自分の仕事を通して見出したことは，どんな厚皮の患者の中にも外に出ないようにしている薄皮の患者がいることである。また，どんな薄皮の患者の中にも厚皮の患者がいて，たいてい患者自身を困らせ，折にふれて分析家を困らせる。分析によっては，厚皮と薄皮がセッションのたびに入れ替わるものがあれば，この二つの特性が患者と分析家の間で相補的に入れ替わるものもある。

私が提案したいのは，薄皮と厚皮という二つの臨床状態が，内的エディプス状況の中での**主観的自己**と**第三の対象**との二つの異なる関係の結果だということである。どちらの状況でも，第三の対象は，主観的で敏感な自己にとって異質である。薄皮のモードでは,自己は第三の対象の客観性を避け主観性にしがみつこうとする。厚皮の状況では，自己は第三の対象と同一化し，その客観性のモードを採用してそれ自身の主観性を捨てる。人によっては，一方のモードや他方のモードで生きているものがいるが，二つのモードの間で揺れ動くものもいる。最初の薄皮のモードが優勢の場合，私はその患者をボーダーラインと呼ぶが，後者の厚皮のモードが優勢の場合，スキゾイドという用語を使う。過剰に主観的なモードでは，患者は分析家を自分の主観的世界に呑み込もうとする。そうするためには，患者の分析家像と分析家その人の違いが全て除去されなければならない。過剰に客観的なモードでは，分析家との同盟は，主観的に体験された関係の否認に基づく論理的な理解の世界に求められる。

薄皮症候群

この症例のグループを臨床的に特徴づけるものは，その**難しさ**である。彼らには，他の人々との生活が難しい。自分自身に耐えることが難しい。分析を受けることが難しい。そして特徴的なことに，分析家にとっても彼らと仕事をするのが難しい。分析家がこのような症例を相談に来る場合，初めにほとんど決まって「私の難しい患者のことを話したい」とか「私にはこの症例が特に難しいみたいです」と言う。これにはしばしば分析家の恥辱感が伴っている。彼らは，自分が患者を失望させてしまったとか，同僚には認めたくないやり方で患者と関わってしまったと感じている。最近，ある分析家が次のように言いながら相談を始めた：「私の一番難しい患者について相談します。初めから難しいものでした。と言うのは，患者は最初の1年間私が喋るのを全く望まなかったからです。彼女は私の言葉が自分の皮を剥ぎ取ると言いました。今でも彼女は，私が何を言うだろうかと時に恐れています」

分析患者の多くは相当の技法や逆転移上の問題を提起するものであるが，分析家に**難しい**という言葉を使わせる問題は特殊なものである。分析の方法自体がこの種の患者に脅威と感じられるのはそのやり方，すなわちその構造，方法，境界である。それに付随して分析家の中に起こるのは，自分が分析の設定をきちんと確立したことが一度もないという感覚である。分析家によっては，このような分析の設定をきちんと確立しないやり方を，より優れた方法としての代替戦略を促進するために，使ってきた。ところが患者は，これを自分に必要な条件として本当に命じてきたのである。これは，自分の非定型的な成長の仕方がより本物であり，普通の子どもや従順な分析患者は抑圧の犠牲者か協力者であるという患者の信念——密やかなものであれ，そうでないものであれ——と一致するようである。

この症候群の分かりやすい典型例は，いくらか人生を見失っていた若い女性で，私がスーパーヴァイズした分析の初期にあった。彼女は自分がかかわっている関係にとどまるべきかどうか，はっきり分からなかったし，このようなことが果たしてどうやって決められるのかを知らなかった。彼女は職場では抑圧されていると感じていた。それは，彼女がいろんなことが自分に期待されていると思い，それを理不尽だと感じていたからであるが，そのように感じることが正しいのかどうかも不確かだった。彼女は，両親や男きょうだいと一緒の家にいて，父親はいつも間違っていると思ったが，それは，自分が喧嘩好きで，父親の言うこと全てに反対するからではないかとも思った。彼女はまた，思春期の頃父親が自分を好み過ぎ，自分の体をよく知っていると思った。しかし，父親は彼女のことを冷た過ぎると言い，多分それは正しいのだろうと彼女は思った。

分析家は，私に相談したとき，二つの問題を感じていた。患者はカウチを使うことができなかったし，分析家は自分がセッション中に自由に考えることが全くできず，自分自身の考えを大してつけ加えることなくただ患者の言うことに従い，それにコメントしているだけだということに気がついていた。彼女が最初カウチに上がることを考えたとき，自分がカウチの上にいて分析家が話せばそれはまるで神が話しているようだ，と言いながら，急いでその考えから逃れた。つまり，起き上がっていれば，そんなに恐ろしくはなかったのである。分析家は，彼女がこの状況をどう考えていると彼が思うかを最善を尽くして言い表しながら，その状況に辛抱強く細やかに取り組んだ。彼はときとして，彼女の家族についての連想を与えられることで報われた。それらの連想は，彼女の過去，内的世界，および転移の無意識的側面への洞察をいくらかもたらした。例えば，分析家は，患者が自分の言動全てを事細かに彼に説明し正当化しなければならないと感じていることを解釈した。彼女はこれに同意して，自ら次のように言った：

> 母は本当には存在しないのです；母は父の面倒を見るためだけにいるのです。父は私に提案し，私が意見を違えると，私のことを冷たいと言うのです。私のサインを巡っておかしなことがありました。父は，父がそうあるべきだと思うサインのしかたでサインすることを私に望んだのです。それで私は以前，彼が望むようなサインをする練習をしていました。

私がこのように一つの分析の始まりを簡単に描写しているのは，それが，分析家がとても難しいと感じて私に相談してきた，他の多くの例にとてもよく似ているからである。この患者は，私が難しいと思った私自身の患者にも似ている。すなわち，彼らは普通の分析をとても難しく感じ，ときとして第三の立場にいる分析家に耐えられない。この患者が示した家族描写の断片の中に，よくある心的配置が見てとれると私は思う。分析家が患者に共感的に働きかけ，患者が役に立つと感じるようなやり方で彼女の主観的体験を確認している間，分析家は自分が，彼女のために本当には存在していない母親のようであることに気がつく。患者はこの機能，およびこの受容的人物像としての分析家をとても頼りに思うが，分析家は分析的アイデンティティを失ってしまうことを恐れる。しかしながら，分析家が自己主張して客観に基づく解釈を提示すれば，彼女は迫害されたと感じ，マゾヒスティックに服従するか感情を爆発させるだろう。彼女はさまざまな方法で分析家の言うことを除去したり，その中の違いの要素を根こそぎ絶やしたりする。彼女は心的に引きこもることで分析家の前から自分のこころを取り除く必要を感じるかもしれないし，患者によっては，自分のこころを取り除くのに身体を取り除く必要を感じ，分析をやめてしまうものもいる。このような患者は分析家の元を離れたり，分析家と袋小路に入ったりしがちである。その危険性は分析の頓挫，あるいは終わりのない分析である。主観的現実と客観的現実が単に相容れないどころか，実際は相互に破壊的であると信じられているところにこういうことが起こると私は考える。客観性は凝視 gaze と関連しているようである。描写されることへの恐れがあるのと同じように，見られることへの恐れがある。メルロ・ポンティ Merleau-Ponty は，「他者の凝視が私を物体に変え私を否定し，私は彼を物体に変え彼を否定する」（メルロ・ポンティによるサルトルの言い換え；Ayer and O'Grady 1992: 300 での引用）というサルトルの主張に異議を唱えた。彼は「知覚の現象学」で次のように書いている：

> 実際他者の凝視が私を物体に変え，私の凝視が彼を物体に変えるのは，私たち双方が思考の性質の中核に引きこもる場合だけである。それはまた，私たち双方が自分自身を非人間的な凝視に変える場合であり，それぞれが自分の行動が興味をもたれず理解もされず，まるで虫のように観察されると感じる場合である。
> (Merleau-Ponty；Ayer and O'Grady 1992: 300 での引用)

私は，メルロ・ポンティの正常生活の現象学の力強い擁護と，サルトルの客観性に関する主張への反証に賛成である。しかしながらサルトルの記述は，特に分析での過剰に主観的な人の体験とまさに一致する。ある子どもは同様の問題で治療を受けていたが，精神療法家とのやり取りが直接的なので，良い例となろう。

私がスーパーヴァイズした症例である7歳の女の子は，治療者の部屋にいるだけでとても迫害を感じ，治療者が喋ろうとするたびに叫び声を上げげた。彼女は，どうにか治療者の助けを借りて，次のようなことを明らかにすることができた。すなわち，治療者に目隠しをし猿轡をかませて，彼が見ることも喋ることもできず，ただ聞くことしかできなければ，自分は彼に話すだろうと。治療者が，彼女は彼の言葉が自分の考えを損ない台無しにすると思っていることを伝えることができたとき，彼女は「そうよ，そうよ！　だから，黙ってよ！」と絶叫した。

このような状況の大人のバージョンは分析家に実存の不安を引き起こすことがあるが，それは，分析家の患者との共感的同一化が，自分のその状況についての客観的臨床的見解や必要なものについての考えと相容れないように思えるからである。それで分析家は，自分を同僚と結びつけ，専門家としてのアイデンティティを自分にもたらす理論から切り離されたように感じる。これはまた，分析家が自分の一般的な体験や一般的な考えを使うのが難しいという形で現れるが，それは，これが患者との出会いの特異性や患者の心理の特殊性を侵害するように感じられるからである。特殊性が一般性と対立するように見えるのは，主観性と客観性の関係と全く同じである。エディプス三角の像の観点から見ると，分析家が患者の新たな考えを追いそれを豊かにできる間は，分析家は理解ある母親対象と見なされる。分析家が一般的な体験や分析理論から得た自分自身の考えを導入すると，分析家は，患者の最も奥の自己に侵入する父親，あるいは，患者をその主観的な心的文脈から引っ張り出し分析家自身の文脈の中に押し入れる父親と見なされる。

こうして私たちは防衛的に組織化されたエディプス状況を得る。それは，全く共感的で受身的に理解する母親対象と，意味を押しつけようとするものとして体現された客観的実在である攻撃的な父親像という空想を伴う。この心的配置は，理解する対象と誤解する対象の再統合は決して起こらないということへの保証として働くが，それは，この結果として，理解の壊滅が起こると信じられているからである。このスプリットが保たれている限り，主観性と客観性はお互いに相容れないと感じられる。

このことをさらに考えてみるために，前述した薄皮と厚皮の二つの臨床症候群をまず要約しよう。これらのエディプス状況は，二つの異なる特徴的な転移を生み出すよう，防衛的に分割されている。薄皮の症例では，間主観的（母親）転移が主で，転移は共感的で受容的なモードでだけ求められる。このスプリットされた状況のもう一方の組織体が厚皮症候群の基礎となる。すなわち，共感的な原初対象との間主観的関係は避けられ，客観的知識を体現する第三の対象が理解の源として求められる。転移では主観性は回避され，客観性が追い求められる。

薄皮の過剰に主観的なモードでは，陽性転移は貫通ではなく敷衍によってその力を表す。その強さは拡張によって表される。それは対象を包み込み，それが含む全てのものに強められた意義を与える。分析家の人物としての身体と分析の背景の詳細は，拡長によって重要な意味をもつ。例えばそれは，セッションの細かい点，部屋とそのありさまなどである。患者が請求書，ティッシュ・ペーパーなどの分析の遺物を収集することもあるが，これは宗教的遺物と同様の機能を果たす。陰性転移は貫通する対象とともにある。客観的知識は見通しや認識と同等とみなされ，第三の観察する／貫通する対象に帰せられる。一方，理解されたという気持ちは原初対象に帰せられる。

抱きしめ包み込む転移像は陽性と見なされ，貫くような理解力をもつ像は陰性転移の対象である。陽性転移と陰性転移の双方が働いている。すなわち，一方は渇望され，求められ，他方は恐れられ，避けられる。望まれる転移は皮だけで包むものである。その認識論的モードは共感であり，その身体的表現は触れることであり，その情緒的特性は性的であったり審美的であったりする。私が述べていることは，エスター・ビックの**付着同一化** *adhesive identification*（Bick 1968: 187-91）の記述と共通するところが多い。触れることや心的にそれに相当するものが肥大しており，フロイトが述べた皮膚の性的興奮に似ている。それは性的，あるいは審美的理想化転移に通じる。分析家の言葉が価値を持つのはその口調のためであって，内容のためではない。これに並存する貫通する陰性転移は第三の対象に向けられ，それは分析における侵入者と感じられる。空想された第三の対象の感情的特性は，ビオンの用語でいうと，ＬとＨを奪われた純粋なＫである。そこでは詮索する対象が思い描かれる。それは好奇心を体現し，共感を伴わない知識，欲望を伴わない貫通，愛情を伴わない所有を追い求める。最も恐れられるものは，貫通する転移と包み込む転移の結合，つまり客観性と主観性の結合である。

厚皮のナルシシズム：過剰な客観性

これから厚皮の過剰な客観性症候群に取りかかろう。この種類の分析では，啓発はできても，欲望や嫌悪を直接経験することはできない。私の言っていることを説明するために，私がスーパーヴァイズした，私自身の症例に似ている症例を提示しよう。分析家が私に相談してきたのは，患者との作業が行き詰まっていると感じたからである。患者は協力的で分析家の言うことを進んで聞くにもかかわらず，分析家の方には自分の作業が不毛で，説得力がなく，役に立たないという感覚が残った。患者はヨーロッパのある国の30代後半の未婚の女性で，数学の教授だった。彼女の安定した状態が破綻し，分析を求めるようになったのは，家を共有していた男きょうだいが最近結婚し，家を出て行ったためだった。彼女の以前の秘やかな理性は今や不安によって中断され，彼女のいつもの楽天性は，「見通しが真っ暗で，果てしのない恐ろしい空虚さ」のために，繰り返し粉々に打ち砕かれた。そこでは，彼女はもはや論理的に考えられず，ただ恐れおののくばかりだった。彼女はこれらのできごとを「魂の闇夜」と呼び，自分のいるところを「虚空」と呼んだ。彼女は，このような状態から逃れるために眠ることを切望し，死んだ方がいいとさえ思った。

分析を始めたとき両親はすでに亡くなっていたが，この女性がそれまでずっと，母親を憎み父親を愛しているということを知ることによって，自分を方向づけてきたことがすぐに明らかとなった。特に，彼女は母親を身体的に嫌っており，彼女に触れることを考えただけで吐き気がした。母親との関係にかかわるものが少しでも秩序の世界に入って来ようものなら混沌が生じるのではないか，と彼女は恐れていた。この秩序の世界は，数学者であった父親と彼女が同一化していた，彼女自身の系統的思考によってもたらされていた。最初のうち彼女は，分析との関係を系統的な道筋に沿って組織化した。彼女の分析家との関係は，論理や経験的観察によるものであった。すなわち，考えは抽象的で，知覚は客観的であり，共通感覚が優勢であった。「難しい」カテゴリーに入るもう一方の患者とは対照的に，この患者は分析の外的形式や慣習をいともたやすく受け入れ，分析が言葉だけの接触に限られていることを心地よく感じた。彼女の自分自身への言及は全く客観的で，客観的で説明的な解釈を期待した。情緒的な難しさは逆転移にあった。分析家は自分が孤立し，無意味だと感じた。そして，彼は共感的な触れ合いを奪われていたので，自分の作業での情緒的確信を欠いていた。私は，分析家が何を言おうと，それは患者によって自分自身についての客観的発言へと変換されること，そして，彼女が転移の中で何をどう感じるかは重要ではなく，それは指導を求めるものでしかないことを分析家に指摘した。自分が肉体を持った存在として彼女にとって情緒的に重要であること伝えようと分析家が努力すると，それは丁寧にはねつけられた。分析家が固執すると，それは脅しとなった。そういう場合彼女は，彼が自分の母親のようになると言った。すなわち彼女が信じて疑わなかったのは，彼女がどう感じているかを分析家が言い張ったり，彼女が本当は彼を愛しており，それを彼女に否定させるのは彼女の悪意だけであることがわかっていると分析家が主張するだろう，ということだった。これは常に転移の一つの可能性であったと言わねばなるまい。というのは，分析家が，分析への熱意と自己の転移上の重要性を主張しなければならないという基本的な信念のあまり，これに相当する解釈を俄かに始めるのは無理もなかったからである。分析家がこのような母親の特性を身につけ，情緒的に親しくなることを主張するならば，患者には彼の元を去ることしか選択の余地がないのは明らかだった。分析の早期には，分析家の身体的存在や患者の身体的存在に注目させるものは何であっても彼女を混乱させた。彼女は通常，彼に分析的匿名性を与えることによって，その存在を受け入れることができた。彼女は「でももちろん私は，分析家としてのあなたが何も感じていないのを知っています」と言うのだった。患者と分析家の関係は，主題である患者を観察する，二人の客観的な共同観察者の関係であった。セッションの素材には，患者の最近の情緒体験についての患者自身による客観的説明は含まれる。すなわち，欠けているのは，今ある感情や衝動を言い表す患者の主観的な声であった。分析家の個人的，主観的体験は離人症のそれであり，患者がセッション外で断続的に離人症状に苦しんでいたことは興味深い。

感覚モードにおいて男性とも女性とも言葉なくお互いに触り合うという形でこの女性の対人関係は実際存在したし，彼女は異性関係を楽しんだ。分析を始めたときから，彼女はさまざまな身体療法を並行して受けていた。それらはヨガ，マッサージ，整骨療法，動作のクラスであり，全てが彼女には大切であったが，相互に交換が可能であった。これらを行う人は匿名で，どちらかと言えば黙っていなければならなかった。一人の熱心な身体治療家が治療中に心理的解釈をもたらしたとき，彼女はすぐさま彼の元を去った。

この症候群は性別に関連したものではない。私は，分析内の精神的，神託的かつ非身体的転移に並行して，分析外で非言語的で感覚的な性生活をもつ男性にも何人か出会ったことがある。同様に，厚皮の患者にも薄皮の患者にも，分析家の性別は重要な因子ではない。私は一つのことを主張するためにこの女性数学者の例を用いたい。彼女は分析で説明的な体験を求め，それにつながる情緒体験を避けたがった。すなわち，彼女は転移の中で，言葉による指導や指示を伴う知的依存関係を求める一方，情緒的依存の感覚を避けていた。生育史的には，子どもの彼女は母親を忌避し，比較的遠い存在の父親を英雄視していた。これは見かけ上，単に父親の愛を巡る母親との競争に基づく古典的陽性エディプス・コンプレックスであるという誤解を与えた。転移は異なる物語を語った。すなわち，後日男きょうだいとの関係で繰り返される父親への愛は，知的興味を共有することにおいて表現され，母親の愛からの避難所をもたらした。身体的快楽や性的欲望は非人格化された。陽性エディプス・コンプレックスのよくあるスプリットされた心的配置は，通常愛と憎しみを分離するのに使われるが，この場合，主観的理解や愛へのあらゆる欲望を客観的知識や共有された知的アイデンティティへの願望から分離する構造をもたらすために使われた。

これらの厚皮，あるいはスキゾイドの患者の恐れは，現れれば，他の点ではとても違って見える薄皮の患者の恐れと共通するところがある。彼らが共有しているのは，混乱と無限という二つの特徴をもつ，原始的混沌の神話的，文学的記述に類似する心的状態への恐れである。二つのグループの恐怖状態に違いがあるとすれば，それは強調点の違いである。**客観性を求める**グループ，つまり厚皮の患者では，恐れは主に混沌の全くの空虚さ，底無し，暗さへの恐れのようである。幾人かの患者がそれを**虚空**，真っ暗で終わりの無いところと呼んだ。**客観性を避ける**グループ，つまり薄皮の患者は，混沌という意味の破壊や不可解さに余計に脅かされるようである。しかしながら，時を違えてこれらのこころの状態のどちらも恐れる患者もいる。

これらの恐れとその源をさらに調べるために，ローゼンフェルドが薄皮のナルシシズムと述べた臨床症候群に戻りたい。これらは，私が述べたように，客観的解釈による虐待を恐れる人たちである。私は，「欠けている連結」（Britton 1989）の中でこの臨床状況を理解しようと，ビオンのコンテイナーとコンテインドの概念を使った。ビオン（1959）は，母親が乳幼児の投影を受け入れることができないと，子どもにとってそれは単に失敗ではなく，良い対象としての母親との連結やコミュニケーションに対する母親の破壊的な攻撃として経験されることを明らかにした。このような状況でも母親が子どものこころの中に良い対象として保持されることがあるが，それは子どもが母親に通じない体験を否認し，理解への妨害を他の対象のせいにするときだけである。これは，子どもの母親とのコミュニケーションの連結を攻撃するぞといつも脅す，敵意に満ちた対象，あるいは第三の力についての空想を創り出す。エディプス状況では，敵意に満ちた力は父親と同等とみなされる。このような状況では，両親をつなぐ連結が知覚されたり想像されると，それは母親を非受容的で悪意に満ちた誤解をする母親対象に組み立てなおすことと感じられる。原光景を想像することは空想の中で起こっているできごとに等しいので，こころの中で両親を結びつけることは心的破局を起こすと感じられる。親カップルや両親が体現した異なる心的機能を分離することに心的組織体が深く関わっていた，ある患者の夢がこの論点を例証するだろう。夢の中で彼は一方の手には花瓶を，もう一方の手には燭台を持っていた。もし二つの手が一緒になれば，何か恐ろしいことが起こりそうだった。二つの対象が触れ合い，それぞれが粉っぱみじんに壊れた。彼の花瓶についての連想は，それは母親の家の先祖伝来の家財だということであり，燭台については，通常それは父親のオルガンの上にあるということだった。彼の父親はプロの音楽家だった。この夢は，彼の左手は右手がしていることを知らされないままでいなければならないという，前日のセッションでの私のコメントに関係しているようであった。

悪意に満ちた誤解と混沌への恐れ

愛と理解の原初対象が組み立てなおされる場合に予期される，心的破局をさらに探求してみたい。転移から見ると，基本的な恐れは悪意に満ちた誤解に対するもののようである。これはつまり，あまりにも根本的かつ強力に**誤解される**ため，人の自分自身についての体験が抹消され，そのため自己を確立させるであろう意味が壊滅させられてしまう体験である。それは原始的混沌への回帰に対する恐れであり，ビオンの名状しがたい恐怖の概念に相当すると私は思う。

ユダヤ教やキリスト教は古代宗教から天地創造の物語を作り出したが，そこで信じられていたのは世界が存在する前に混沌があったということである。それは，あらゆるものが二つずつ存在する前の，永遠に矛盾し，形が無く，暗く，終わりのない状態である（Cohn 1993)。フロイトは原始的混沌をイドに位置づけた。彼は次のように書いている：「イドを喩えて言うならば，混沌，煮えたぎる興奮でいっぱいの大釜と呼べよう。…………思考の論理の諸法則はイドにおいては当てはまらない。これはとりわけ矛盾の法則においてそうである」(Freud 1933a: 75)。フロイトは**イドへの恐れ**について書いているが，その記述は仮説的である。彼は「私たちは恐れが，圧倒される，あるいは壊滅させられることへの恐れであることは知っているが，それを分析的に把握することはできない」（前掲書：57）と書いている。今では，ビオンの名状しがたい恐怖の概念（Bion 1962a: 117）の助けを借りれば，これを分析的に，病因論的に理解することがより可能であると私は思う。それは，コンテインされず，変形されていない心的要素によって圧倒されること，あるいはそれらによる壊滅のなごりの中に生存することへの恐れである。

あらゆる古代の宇宙論において，秩序，真実，意味の原理は詳細に叙述され，さまざまな名の下に表されている。エジプトの場合，それらは**マアト** *Ma'at* [訳注2] と呼ばれた。**マアト**は，世界に理解，秩序，意味を与えると乳幼児が知覚する，原初対象の機能に一致するように私は思う。そのため，その消滅は世界を混沌に帰す。その他の古代文化も同様の原理を持っている。例えば，インドのベーダ人はそれを**リタ** *Rita* [訳注3] と呼んだ。それは，星，一日のサイクル，川の流れ，および牛の乳の出方を統制する力だった。それは，**マアト**と同じように，反対の力によって常に脅かされた。この反対の力は，**マアト**の場合**イスフェト** *Isfet* と呼ばれ，**リタ**の場合

訳注2：エジプト宗教の法と正義の女神。
訳注3：バラモン教の根本聖典ベーダの宇宙・社会秩序観。

アンリタ *Anrita* と呼ばれた。**マアト**は女神として体現されるようになり，**イスフェト**は，**アポフィス** *Apophis* のような混沌の怪物たちによって体現された。それは世界の正義に逆らうと言われた。「アポフィスは原始的混沌の化身であった。それは感覚器官をもたなかった。だから聞くことも見ることもできず，ただ叫ぶだけだった。そして，いつも暗闇で活動した」(Cohn 1993: 21)。

ここにビオンのＫと－Ｋに一致する神話的叙述があると思う。このエジプト人の説明では，名づけることが秩序を生み出し，世界が拠って立つことのできる何かをもたらす。名のない状態の回帰は，秩序ある分化された世界への混沌の進入であろう。それで私たちは，昔の宇宙論の中に，－Ｋの体現である混沌の怪物によって表象される，ビオンの名状しがたい恐怖の概念を見出すようである。もし**マアト**が**イスフェト**に追い払われ，神の御座が混沌の怪物によって占められるようなことが起これば，境界のある空間は虚空に，意味は無意味に取って代わられるだろう。精神内界の観点から言うと，第三の立場を占めるもの，つまり超自我は，混沌の怪物であろう。この怪物は，ビオンが「自我を破壊する超自我」(Bion 1959: 107) と呼んだものに似ていると私は思う。エディプス・コンプレックスの観点から言うと，心的アナーキストの父親がいて，意味を持つ母親は死んでいる。

メラニー・クラインは，彼女の最後の論文の一つである「心的機能の発達について」(1958) において，彼女の後－抑うつポジションの体系の中に深い無意識の原始の怪物たちを再び導入した。この論文で彼女は，どれほど抑うつポジションをワーク・スルーしても「恐ろしい像」が「無意識の深層」に残る，という彼女の以前の考えを復活させた：

> しかしながら，このような良好な状態にあっても，内的，外的圧力が極まれば，無意識の深層にある恐ろしい像の存在は感じられるようになると私は思う。おおむね安定した人たちは，自我の中への深い無意識のこの侵入に打ち勝ち，安定を取り戻すことができる。神経症者，そして精神病者ではなおさらのこと，無意識の深層から脅かしてくるこのような危険との戦いはある程度，日常のことであり，彼らの不安定さや病気の一部である。
>
> (Klein 1958: 243)

ビオンは，乳幼児期の母親のコンテインメントの失敗による名状しがたい恐怖の生成について，２度記述している (Bion 1962a, 1962b)。どちらにおいても，乳幼児のまだ系統化されていない死の恐れが，コンテインメントの失敗によって，名状しがたい恐怖に変形されている。言い換えれば，それは，同定できるような程度の軽い恐れに変形されるのではなく，いっそうひどいものに変形される。理解されていないものが理解できないものになってしまう。ビオンは，最初の「考えることについての理論」(Bion 1962a) の中で，死の恐れが名状しがたい恐怖に変形されることについて述べている。彼は次のように書いている：「投影が母親に受け入れられないと，乳幼児は，自分が死にかかっているという恐れの持つ意味が剥ぎ取られると感じる。それで子どもは，耐えられるようにされた死の恐れではなく，名状しがたい恐怖を再び取り入れる」(前掲書：116)。私はこの考えを拡張し，次に述べるような母親の中への，乳幼児による，定義を与えられていない状態の**あらゆる**投影を含ませたい。すなわちそれは，自分自身の空想にこころを奪われ，子どもの投影を歪曲したりその進入を許さなかったりして，子どもの体験を無効にする母親である。このような状況において，理解されていないものが，乳幼児にとって理解できないものに変形される。そこにはあらゆるものに名がないことへの恐れが存在すると言えよう。妄想分裂モードでこの誤解が欠陥ではなく攻撃として乳幼児に体験されれば，自己認識の可能性や意味を見出す可能性を破壊する力が存在すると感じられる。これが転移の中で繰り返されることが分かるのは，分析家が患者を正確に理解しそこなうと，それが患者には単に分析家の欠陥としてではなく，患者の心的無欠性に対する攻撃として体験されるときである。

この悪意に満ちた誤解の傾向が原初の（母親）対象に残っていたり戻って来たりすると，母親は欲望の対象であると同時に，個人の完全性に対する脅威の対象の原型となる。そうなれば，愛自体が実存の不安の前兆と感じられる。詩人リルケの場合がそうであった。リルケは10年かかった大作『ドゥイノの悲歌』を完成させるために，1921年から1922年の冬の間，犬をも含めてあらゆる情緒的接触から遠ざからなければならなかったと述べている。この状況は第12章で述べよう。

しかしながら，私が「薄皮のナルシシズム」あるいは「ボーダーライン障害」という用語を用いた症例では，スプリッティングによって欲望の原初対象は共感的理解に徹する対象として保持される。その結果，客観的評価を免れている限り，愛は可能となる。しかしながら，これは空想の中で，自己と原初対象の間の相互の共感的理解を永遠に脅かす，悪意に満ちた誤解の源としての第三の対象を創り出す。この第三の対象は，スプリッティングに基づいているので，たとえそれを転移－逆転移の実演に支えられた否認によって二者の間主観的相互作用から締め出すことができても，常に潜在的侵入者であり，脅威として残る。ある時点でこの否認が崩れると，患者は客観的に知覚されていると感じると同時に，主観的に自分自身を体験しているとも感じる。それで恐れられるのは分析家の凝視である。これは，露出，恥，屈辱，孤立の感情を生じさせる。あるいは，それから服従へと逃避し，分析家の隷属者になることがある。サルトルが述べたように，「私の客観性の必要条件としての**他者の**眼差しは，私の全ての客観性を破壊する」（Sartre; Ayer and O'Grady 1992: 404 での引用）。このような場合，患者によっては分析家から見られるのに耐えられない者もいる。両親が分析家という人の中に存在するとみなされ，分析家の患者に対する客観的な見方が今や，怪物のような結合した対象の中で，主観的理解や共感的理解とつがいになっている。

意見の一致の欲求

誤解を恐れつつも原初対象からの理解を求める欲望がある場合，分析において，意見の一致を求め不一致の壊滅を求める執拗で死に物狂いの欲求――もっと強く言えば，意見の不一致の壊滅――がある。私は，誤解に対する不安から起こる，全ての分析に当てはまる一般法則があると思うようになった。すなわち，**意見の一致の欲求は理解への期待に反比例する**ということである。理解への期待が高い場合，意見の違いは耐えられる。理解への期待がかなり高い場合，違いはかなり耐えられる。理解への期待が全くない場合，意見の一致の欲求は絶対的である。分析において，意見の一致の欲求が絶対的で最高に感じられる場合，その一致は服従か暴虐でしか達成できない。その場合，理解ではなく屈服が要求される。これは患者が奴隷のように服従するか，暴君のように支配するかによって達成される。患者によっては両方の方法を使う者もいる。すなわち，あるときは暴虐を，そしてあるときは服従を実践する。先にこの章（64 ページ）で述べた若い女性の症例では，状況にはこの2つの選択肢しかないと感じていることが理解できる。分析家は，従順に彼女の主観的体験を言葉で言い表しつつ後をついて行きながらも，他のどんなコメントもできないように縛られていると感じる。あるいは，彼女が自分自身の主観的体験を犠牲にし，代わりに自分についての分析家の描写を呑み込まざるをえないと感じる。それで彼女はこれを自分の魂に植えつけられた異物のように取り入れる。そうすると，彼女のサインは，彼女のサインがどうでなければならないかという父親の考えの複製となる。

ハーバート・ローゼンフェルドはこのような薄皮の自己愛患者における心的外傷の歴史を強調した（Rosenfeld 1989: 294）し，私も重症例では必ず外傷が背景にあることを見出している。私はこの症候群の軽症例も経験しているが，そのような症例では重症の心的外傷ははっきりしなかった。それで私は，乳幼児期や小児期の逆境が必ずしもこのような結果を生み出すとは限らないと思う。ということは，個人によっては，その**気質**の中に，このような特別な発達，あるいは心的外傷への反応**を起こしやすくする**何かがあるのだろうか。個人の資質の中に，独立して存在する対象は自分を破壊的なまでに誤解する，とその個人に信じさせるものがあるのだろうか。乳幼児の中に，**母親がコンテインメントに失敗する**危険性を増す**生来の要因**があるのだろうか。もしそうならば，それは何だろうか。私はあると思うし，それは**心的アトピー**——心的相違に対する過敏性，あるいは他者のこころが生み出すものに対するアレルギー——のようなものだと思うようになった。

私の喩えは身体の免疫システムに拠っている。認識と反応が私たちの生理機能にとって重要であるのと同じように，私たちの心的機能にとっても重要であろう。**私でないもの**，あるいは**私らしくないもの**の認識とそれへの反応は，身体において行なわれるものに似た心的機能を果たすと考えられる。また，免疫システムが身体においてアレルギー反応や自己免疫反応さえ起こすことがあるように，心的にそれに相当するものがあるだろう。あるものは過敏であり，あるものはいわば心的アトピーに罹っているといえる。分析でのこの敏感性は，分析家のわずかな変化ばかりでなく，理解の近似性にも当てはまる。この敏感性が著しい場合，理解の方法として要求されるものは完全な理解である。そのため，**完全な理解**に及ばないものは**誤解**と見なされる。

私は，ビオンの名状しがたい恐怖の最初の記述について述べた。そこで彼は，その起源が乳幼児の体験を取り入れることに母親が失敗することにあることを強調した。『経験から学ぶこと』（Bion 1962b）での，このコンテインメントの失敗についての第二の記述においてビオンは，－Kと呼ぶ乳幼児の要因——母親の理解によるコンテインメントに対する生来の反抗——を強調した。これを彼はクラインの**羨望**の概念と同等のものと見なした。羨望が，子どもや大人において，個々人で異なるパーソナリティの要因として発達し臨床上の意義をもつことは，私にとって十分納得のいくものである。しかしながら，乳幼児期において，羨望がそれ以上に単純化できない要素として記述されていることには満足がいかない。私は羨望をたくさんの要因の結果，いわば原子ではなくむしろ分子であると考える。そのため，－Kをビオンのように羨望と同等に見なすより，他の要因と一緒になって羨望を生み出す変数要因と見なす方が役に立つと私は思う。これは些細なことにこだわっているように感じられるかもしれないが，私には－Kが何であるかについて一つの提案がある。すなわち，それは私が心的アトピー——異なるもの全てを知ることに対する嫌悪——と呼んだものの基本となるものである。個人の素質におけるこの変数——身体の免疫システムの耐性や不耐性に相当する心的なもの——は，乳幼児のコンテインメントの困難性に寄与すると私は信じている。

これで恐らく私たちは，コンテインメントと理解への期待を確立するという相互の問題における，母子の相互作用の両側の要因を仮定することができる。すなわち，その要因とは，母親側では乳幼児の投影を内在化し正確に取り扱うには不適切な能力であり，乳幼児側では母親の理解の近似性に対する不適切な耐性である。分析において私たちは概して一連の近似性によって進むので，近似性を外傷や攻撃として体験する患者を持てば，難しい分析に関わることになる。

5

信じることの保留と「アズイフ」症候群

> 彼女はこの静かで動かない門が通りに開かれているのを知っていた。……しかし，彼女は外を見たいとは全く思わなかった。そうすれば，向こう側に見知らぬところがあるという持論が妨げられてしまうから。
>
> (James 1981: 23)

フロイトは『ヒステリー研究』の脚注で，「あることを知っていながら知らない」という「見えている目の盲目」(Freud 1893-5: 117) と呼ぶこころの状態に注目した。その後彼は，この非精神病型の否認を述べるのに *Verleugnung* という名詞を使うことになる (Freud 1924b, 1927b, 1938) が，ストレイチーはこれを「否認 disavowal」と訳した。1938 年にフロイトはこのことを「中途半端な手段」と書いている。そこでは，「否認にはいつも承認が補足される。つまり，二つの相反する独立した態度が生じ，その結果，自我のスプリッティング……が起こる」(Freud 1938: 204)。精神病的な否認 denial とは異なり，否認 disavowal が消し去るのはものごとの意義だけで，その知覚までではないとバッシュ Basch (1983) は述べている。スタイナー (1985) はこの防衛に対し，特にエディプス・コンプレックスと関連づけて，「見て見ぬふりをすること」という言い方をした。第 1 章で私はこれを「信じることを進んで保留すること」として述べた。その結果，事実は知られていても，信じられてはいない。

フロイトは二つの臨床状況，すなわち倒錯と強迫神経症において否認 disavowal を述べている (Freud 1927b)。しかしながら，否認が部分的ではなく全面的な症候群がある。それは，ヘレネ・ドイチュ Helene Deutsch (1942) が「アズイフ」パーソナリティと呼んだものである。この病理組織体において，否認は個人の精神生活の中心に位置し，その人の世界との全関係を特徴づける。ドイチュは，このような人の世界や自分自身との関係の広く行き渡る非現実感，葛藤の全くの欠如，さらには鋭敏で明らかな情緒能力と内的体験の明らかな欠如の対照を強調している。「アズイフ」パーソナリティの人々は，フェレンツィ (1926) が述べた二者択一の防衛戦略である，自分のこころを離れて外的現実に逃れることも，外界の恐ろしさを避けて内的世界に引きこもることもしないとドイチュは言う。このような人たちは，内的現実と外的現実の双方を恐れているため，このような防衛手段のどちらとも取ることができないのだと私は思う。それで彼らは非現実の状態に避難し，これが彼らのあらゆる関係を特徴づける。「盲目だが見えている目」は外にばかりでなく内にも向いている。そのため，知られていて知られていないのはこの世界のものごとばかりでなく，あらゆる考えや気持ちも同様である。すなわち，彼らの外的知覚は意義を欠き，内的体験は実質を欠く。

「アズイフ」という用語は特にこの防衛組織体の名前にふさわしい。というのは，これが結果としてドイチュが記述したような臨床表現をもたらすばかりでなく，彼女が名を借りたファイヒンガー（1912）の「アズイフ」哲学を集約的に示すからである。私が第1章で述べたように，私たちは，ある宗教的信念を支持できなくしてしまう科学的事実に直面しているが，それでもこれらの信念を保持しなければならない，とこの哲学は提唱した。すなわち，「それらは理論的真実として滅びるだけであり，私たちはそれらを実用的フィクションとして全く無傷にしておく」（Vaihinger 1912; Freud 1927a: 29 脚注にて引用）と。このような患者たちは，日常生活の受け入れがたい事実を「単なる理論的真実」と見なし，自分の保持したい明らかに支持できない信念を「実用的フィクション」として扱う。

通常，外的世界に**意義**があるという感覚は，投影によってそれに**心的現実**が与えられることから来ると私は思う。相補的に，内的**実質**の感覚は，外的対象の「真実の」特性が取り入れられることに由来する。投影と再取り入れは，人生の絶え間のない循環過程を構成し，患者と分析家の相互作用において明らかである。私がこの章で述べようとしている患者たちでは，内界と外界の交通の流れがとまり，他の何かがその代わりをしている。その際，分析においては，正常の投影同一化と再取り入れはもっと唯我論的なもので置き換えられる。そこでは，分析家との相互作用は結局ソーン（1985）が「アイデンティフィケート Identificate」と呼んだものとなる。それは分析家のある側面と患者のある側面が結び合わさったものからなる合成パーソナリティである。投影と再取り入れを模倣するこの過程は交互反復の特徴をもつが，静的であり動的ではない。つまり，それは一つの地点で走っているようなものである。私はそれを「振動 oscillation」と呼ぶ。これはビオンが「反転可能な見方 reversible perspective」と名づけたもの（Bion 1963: 58）に一致する。前景と背景が反転可能なため，花瓶と二つの横顔の二つの異なるイメージが二者択一の可能性として見える絵から，ビオンはこの用語を採用した。彼は，これがある分析で得られるものだと考えた。うわべは同じ絵を見ているのに，分析家がどちらを前景に選ぼうと，患者はそれを逆に見た。このようにして患者は，基本的には同じ状況にいるのに，立場を交替させることができた。一方の見方は他方の見方の単なる逆相補である（前掲書）。患者が見方を反転させるのは，患者の考えの中に現れるエディプス状況ゆえにであるとビオンは考えた。この現象を説明するのに用いる症例において，これから明らかとなる理由で，私はこれを「負の，あるいは逆の対称 negative, or inverse, symmetry」と呼びたい。最終的に辿り着くものがないので，結果がない。すぐには反転できないような確固とした信念は確立されない。**二者択一**ではなく**二者のうち一者でも両者でもある**のがそのモードであり，無脈絡がその結果である。先に私が述べたように，信じることを保留することで脈絡のないものを維持しているのが組織体全体の特徴だとすることができよう。

私がこれから主に述べる患者は，典型的な「アズイフ」患者であった。彼の無意識の確信は，**真の**結果はどれも恐ろしいものとなり，結末は**どれも**破局的となるというものだった。「アズイフ」患者は，修復できないほど傷ついた内的対象だと思い込んでいるものについて学ぶことを避けるために，分析では心的変化を避ける，とルース・リーゼンバーグ・マルコム Ruth Riesenberg Malcolm は示唆している（Riesenberg Malcolm 1992）。彼らは，荒廃した恐ろしいものではないかと思う外的対象の現実を知ることができないとも信じている，と私は思う。それで彼らは，自分のこころの中で恐れるものと外の世界で恐れるものの間で，宙ぶらりんのままでいる。その結果，彼らは真の投影と真の取り入れの双方を恐れたままである。彼らは外的世界と内的世界からの避難民である。彼らの避難所は，フロイトが神経症者や倒錯症者の中に隠された密かな信念によってもたらされると述べたような「領域」，すなわち「一種の保留地のように，生活の諸要件を免除されたままの領域」（Freud 1924b: 187）である。これはウィニコットが**移行空間**と呼んだものであると私は思う。訳者への手紙の中でウィニコットはそれを「錯覚 illusion の休息所」，すなわち「事実と空想，外的現実と心的現実を識別する絶え間のない努力」（Rodman 1987: 123）からの休息と述べている。私の述べているパーソナリティの人たちは，この休息所や保留地を永久のすみかにしようとする。

クラインは「不安と罪悪感の理論」についての論文において，通常「不安を起こす外的体験は精神内界の源に由来する不安を活性化する」（Klein 1948: 40）ことを指摘した。彼女は「内的源から起こる不安と外的源から起こる不安の相互作用は，心的現実と外的現実の相互作用に相当する」（前掲書）ことをコメントしている。その他の文脈と同様に，適度の不安は学ぶことに拍車をかけたり促進するものとして作用するが，過剰だとそれを中断させてしまうと彼女はほのめかしている。この中断がどのようにして一時的にでも日常生活と空想生活のやりとりの休止を引き起こすかという例は，トレイシーとの分析の素材から得られる。

トレイシーは治療中の４歳の女の子であるが，前の夜家庭内で起こった外傷的なエピソードの後，あるクリニックでのいつものセッションにやって来た。そのエピソードは彼女をいつもクリニックに連れてくる「エスコート」によって述べられた。トレイシーは両親の激しい喧嘩の間，年下のきょうだいと一緒だった。彼女の父親が母親に暴力を振った後，母親は自殺を図り救急車で病院に運ばれた。

この女の子は黙ったままセッションを始めた。彼女は動物のおもちゃを取り出し，それらを注意深く二つのグループに分けた。家畜が一つのグループで，野生の動物がもう一つのグループだった。それから，彼女はそれらの間に仕切りを作り，その片側にブタの家族を並べた。その家族は，彼女自身の家族のように，父ブタ，母ブタ，および二匹のきょうだいブタから成っていた。それからブタの家族は，報告された前夜のシーンを演じた。母ブタが赤ちゃんブタにオッパイをあげているときに，父ブタは母ブタを襲い，もう一匹の小ブタはそれを見ていた。救急車がそのシーンに持ち込まれ，母ブタは連れ去られた。この間，トレイシーは野生《ワイルド》の動物とブタの間の仕切りをどんどん高くしていき，ちょっとクロコダイルをいじった。こうした完全な分離は次のような解釈の後変化した。それは，トレイシーが，自分の悪い夢や乱暴《ワイルド》な考えが家で起こったこととごっちゃになることや，セッションでプレイしたいことが家族に起こったこととこころの中でごっちゃになることを恐れているというものだった。彼女はクロコダイルを手に取り，それを這わせて仕切りを越えさせた。それは母ブタとオッパイを飲んでいた子ブタを襲った。次のセッションでトレイシーはこの分割された世界を復元したが，小さな人間が仕切りをよじ登り野生の動物に加わった。

野生の動物と家畜に認められる傾向としてよくあるように，野生の動物がトレイシーの内的空想世界を表し，ブタの家族が日常生活の人物像を表すとすれば，彼女のプレイは，外傷的なエピソードが彼女の内的生活と外的生活のやりとりの連続性を一時的に止めたことを示唆する。

この新しい外傷の影響の片鱗は，心的生活における同化されていない体験の隔離された特性に関する興味深い推論を生み出す。しかしながら私は今，外的外傷の後に起こることのある投影と取り入れの流れの中断を明らかにするためにこれに言及している。このような位置のずれが慢性になると，正常なサイクルの代わりが形成され，振動が起こり，偽投影や偽取り入れといった形で内界と外界の自然な混流を見せかけてしまうようになると私は思う。

まさにこのような防衛組織体についての議論を，ある患者，Ｂ氏の分析からの夢で始めたい。彼の素材は，投影によって生み出された外的世界や取り入れの結果生ずる内的世界から避難している人の心的構えについてのイメージをもたらすので，詳しく論じよう。彼は乳幼児期に餓えを経験した。これは，彼自身の攻撃性と一緒になって，夢の中でしばしばトラとして表された，猛々しい噛みつく内的対象を彼にもたらしたようだった。彼は両親の厳しさを経験し，ときに彼らを恐れた。さらに，彼は子どものとき夜驚に罹り，怪物などの投影された恐怖に怯えることがあった。その夢は，彼が内的対象と外的対象を融合すれば生み出されることになる恐ろしくて逃れようのない外的世界のために，彼が投影を恐れていることを示している。彼の取り入れに対する恐れも同様に大きかったが，それは，取り入れが空想上の獰猛に食い尽くす内的対象に実質的な現実性をあたえることになるためだった。

彼の夢はロンドンのハイド・パークでのことである。誰かがトラたちを檻から放していた。彼はハイド・パークでとても恐がっていた。トラたちが人々を襲い食っていたからである。彼はひどい苦痛とある種の責任を感じた。彼は隣の公園のケンジントン・ガーデンに逃れたが，トラたちはそこにも移っていた。今や彼はトラたちが自分を襲い食べるのではないかと恐れた。それで彼は，二つの公園を仕切る柵の下にもぐりこんだ。そこでは誰も彼を見ることができず，危害を加えることができなかった。

B氏は私にこの夢を告げた後，考え込んだ。彼は，その二つの公園の境界近くにあると思われる，ある有名な銅像を今懸命に思い出そうとしていると言った。彼は「妖精か何か」と言い，それから驚いて，「ピーター・パン」と叫んだ。彼はもう一度黙った後，「ネバー・ネバー・ランド」訳注1）とつぶやいた。私の患者はまた，人生の「控えの間」に永久に住むという無意識の考えに避難した。そこでは，彼のこころを占める事柄には非現実の二重の保証が与えられた。すなわち，それらは決して本当にはこれまで起こらなかったし，これから起こることもない。

「柵の下」でB氏は，一方のパラノイアから，さらには他方のメランコリーから避難しているようだった。「柵の上に座る」という曖昧な表現のまたがる straddling 姿勢であったものが，「柵の下」という永久の避難の態度――無期延期という幻想としてもたらされた，一種の持続的な内的言い逃れ prevarication 訳注2）――になっていた。

B氏はドイチュの記述に一致する。すなわち，私が最初に彼と持ったのは非現実の体験だったし，私が分析で行うあらゆる事に非現実の感覚もあった。彼のふるまいは好感がもて，彼の世の中の体験は漠然と好意的だという印象を与えたが，全てが良くないというかすかな感覚を伴っていた。彼の服は，柔らかい素材でできた，彼の体形に密着するデザインの普段着だった。彼は現在時制で能動形の話法を決し

訳注1：ピーター・パンの住む所。架空の理想郷。
訳注2：prevaricate の語源は prae＋varicare で，varicare はまたがる straddle という意味。

て使わなかった。そのため彼がコミュニケーションにおいて「私は〜と考える」，「私は〜と思う」，「私はこれから〜する」，あるいは「私は〜が欲しい」と言うことは決してなかった。怒りや葛藤は存在しなかったが，彼に情緒が欠けている訳ではなかった。欠けていたのは，情緒の状態とそれを誘発した考えの間のあらゆる連結だった。彼の分析での目標は私との合意を見出すことだけだった。そのやり方は，自分の既存の考えに一致する解釈を刺激して出させる方法を見出すか，自分の連想で説明できる解釈を私が行うまで曖昧でだらだらとした素材で時間をつぶすことだった。私たちは，二人の人間が一枚の皮を被ったパントマイムの馬のようだった。彼はこの関係を明らかにする夢のイメージを持っていた。例えば，それぞれの袖から一本ずつ腕を出している，一つのシャツを着た二人の人間。別の夢では，彼と母親のそれぞれが片手でハンドルの片側ずつを握って車を運転していた。これと交替している全く同じ配置の別の車があったが，この車では彼は父親と一緒だった。

B氏は三人きょうだいの一番上で，二人の妹たちの誕生は彼にはひどくショックだった。二番目の妹が生まれたとき彼は8歳だった。母親の妊娠中，彼は珍しい症状を患った。間欠性の小視症になったのである。彼が目を覚ますと，部屋のもの全てが小さくなってしまっているのだった。彼はこれにひどく怯えたが，誰にもそのことを打ち明けなかった。

最初に彼が分析にやって来たとき，子ども時代の記憶がほとんどなく，過去について固定されたいくつかの発言を行なった。それらは変化しなかった。すなわち，それらについての話はいつも全く同じフレーズで言い表された。そのような発言の一つは，彼の子ども時代を通じて，両親は同じ家に住んでいたが階を異にしていたということだった。両親の関係の現実がこの話にいくらかの実体を与えてはいるものの，それはカリカチュアであることがその後明らかとなった。それは，彼がそれぞれの親と別々に関わっているという彼の空想を構造化するのに役立っていた。彼のあらゆる空想の中で，エディプス・コンプレックスの陽性のバージョンと陰性のバージョンが，決して収束することのない，互いに反転可能な逆の並列物として扱われた。これは彼の内的対象世界の組織体の原型を形づくっているようだった。それらは，全ての特性や傾向が単に反対の，二者択一の宇宙のように存在した。二人の親は，彼に交互に方向を示す正反対の二つの磁極のようだった。このようにしてアンビバレンスは回避される一方，これらの二者択一が存在し，収束は負の対称に取って代わられた。

ひとつの夢が私の意味していることを明らかにするだろう。その夢の中でB氏は男性の歯医者の所に行った。彼は診療所で魅力的な受付の女性に出会い，歯科医には会わずに彼女と関係を持った。彼の夢の連想から，その女性が私の妻を表していることが明らかとなった。夢ではシーンが変わり，彼は分析のカウチの上でその女性と私の間に横たわっていた。その配置は，女性の頭が私の足元のカウチの端にあるというものだった。それでＢ氏は，それぞれの相手と並んで横たわるために，カウチの一方の端から他方の端へと体位を変えなければならなかった。彼はその夢の間，二人の間を一方の位置からもう他方の位置へと絶えず振り子のように動いていた。そして，この動きにはどこか性的なものがあった。

これはＢ氏が原光景の中に入り込むことを表し，その結果彼は両親の間を振り子のように動くことによって彼らのセックスの動きを引き受け，原光景を二つの逆の関係に解体したと言えよう。それでこれらは「自我の裂け目」――二つの正反対の同一化――の基礎を形づくった。このやり方で彼は，一つの対象との投影同一化において半分のアイデンティティを形成し，もう一つの対象と負のもう半分のアイデンティティを形成した。この配置によって彼は，対象に対する根本的な反感を表現する一方で，内的結合力を維持しながら，対象との愛着を確実にすることもできた。これが彼の防衛組織体，あるいは病理組織体の基礎だと思える。それにより彼は抑うつポジションの自然な収束を回避したいと思っていた。彼は，負の連結を用いることによってあらゆる連結に対抗することに耽りながらも，自分の内的対象関係を結びつけ，そうやって自我を結びつける方法を見出した。「否定 Negation」についての論文でフロイトは，「結合の代理としての肯定はエロスに属し，排除に取って代わるものである否定は破壊の本能に属する」（Freud 1925: 239）とコメントしている。

このような患者は連結を形成する際に，否定を用いることによって**死の本能**を結びつける方法を見出すようである。このように，あらゆる合意に対して常に暗黙の対抗がある。そしてこの暗黙の対抗は，合意されたものについての言い表されない裏面である。この逆の対称は**バランス**をもたらすが，これは統合の代わりに求められるものである。

私の患者は豊富に夢を見，そのせいでさまざまなことが極めて明らかとなった。これらの夢は私に多くの知的理解をもたらしたが，Ｂ氏には違ったふうに役立っていた。私はしばらくして，彼が次のようにして洞察から免れていることに気がついた。すなわち，夢は知識を排出する方法であり，その結果，彼の自己認識は私の夢の解釈を通じて自分の内からではなく外から来ていた。そのため，彼は洞察を得る代わりに，分析家に同意していると感じていた。私たちの二つのこころは理解の「心の皮膚」をただ一つだけ持っていた。彼のもたらす素材から彼が自分をうまくはめ込むことのできる性格の形を私が創り出すので彼が満足していることに，私は気がついた。「心の皮膚」といった私がこの論文でメタファーとして使っている絵のようなイメージは，すべて彼の夢の表象によってもたらされた。

このような状況で，本当の触れ合いを確立できるようにコミュニケートするにはどうしたらよいだろうか。この患者に手が届かないことは何度もあったが，この問題に対する劇的な解決策はなかった。これまで述べてきた現象と解釈への反応に彼の注意を向けることを私はあくまでも貫いた。これは患者を不快にすることが多かった。彼は自分を新しい解釈に合わせることでこの不快感を軽くしようとした。そうするために彼は通常，新しい解釈を連想で説明した。そうした後，彼は私たちが再び合意していると感じたのだった。しかしながら，かなりの期間の後，分析での状況は実際変わり始めた。全面的な対称を伴った強固な組織体は，もっと一時的な防衛やさまざまの情緒的な対象関係に道を譲り始めた。分析がより正常に感じられる一方，患者はよりかき乱されたと感じると言うことができよう。

それで逆転移は，通常の分析で感じられる，揺れ動くこころの状態を含み始めた。私は，無関心やとらわれといった持続的な非現実感の代わりに，不安，欲求不満，喜び，罪悪感，敵意，悲しみ，無力などのもっと生き生きとして変化に富む感情を持つようになった。それらは人が分析作業の経過で出会うことを期待する感情だった。これは，患者が分析の中で正常の投影同一化と取り入れ同一化を使いだし，そのため自然な転移と逆転移の流れが増したしるしであると私は思う。

この改善とともに，それまでこの組織体によって抑えられていた非常な恐怖がよりはっきりと見えるようになった。すなわちそれは，組織体に抑えられていた潜在的誇大性であり，同様に隠されていた自己愛的な自尊心と対象への渇望の葛藤であった。私はまた，この患者の子ども時代の不幸と両親の心の障害の程度についてももっと多くのことを知るようにもなった。彼の防衛組織体が崩壊したときに分析に現れたものは，メラニー・クライン（1946）が述べたような「精神病性不安 psychotic anxiety」だった。これは，私がこれまで出会ったこの種の患者全てに当てはまった。

この症候群の臨床特徴の部を終えるにあたり，この防衛組織体がまだ優勢なときに得られる転移と逆転移について要約し，少しだけ詳述もしよう。患者は感情が欠けたりせずにさまざまな考えを生み出すが，分析は実質性と真の発展に欠ける。患者と分析家の相互作用，および患者の内的相互作用における葛藤が全く存在しない。分析内でのやりとりやコミュニケーションには，患者のさまざまな考えと同様，結果がない。そのため，全体的に非現実と無脈絡の感覚がある。

もっと詳細に吟味してみれば，信じることに関わるあらゆる発言には矛盾の響きがあるし，はっきりとした矛盾が明らかでない場合は言葉にされない否定が感知される。「否定」が明白な場合でも，それまでのものに微妙に矛盾するものは「後奏曲」の形をとる。

最も重要な臨床特徴は逆転移であると私は考える。分析家の最も特徴的な体験は，分析全体に行き渡る，投影同一化と取り入れ同一化の正常な流れの欠落の結果であると思う。患者は分析家を，投影される感情のコンテイナーとして普通のようには使わない。そのため患者は投影された意味ある情緒を分析家から奪う。欠けているのは患者に対する正常な逆転移性の反響である。分析家は内なる患者の感覚に欠け，いつもの感情移入的で共感的な反応を奪われていると感じる。良心的であることが自発的であることの代わりとならなければならない。結果として分析家は確信を失い，極まれば，自分の分析のアイデンティティを剥奪されていると感じることがある。防衛組織体が破綻すると，逆転移は反対にとても強烈に感じられることがある。

知っていて知らないという「否認 disavowal」は，あるパーソナリティの人たちが持つ，物質的現実と心的現実双方との特徴的関係の中心となるものである。人によってはこれは，外的世界に対して抱く空想や内的世界に対して抱く空想から自分を守ることが目的の「防衛組織体」の基礎を形成する。そのような人たちは人生の事実を知っているように見えるが，同時に何も知らない。同様に，彼らは自分自身についてかなり知っているように見えるのと同時に何も知らない。患者を，知ることの情緒的な帰結から守る，知っていて知らないという防衛的な状態は，これらの二者択一を単なる逆の対称の一対であるかのように扱うことによって達成される。このようにして，知られているものは信じられないが，それは信じることには持続的に忠実であることが必要だからである。信じることだけが結果を生み出すゆえに，こころをかき乱す知識との出会いにもかかわらず，脈絡のない状態は保存される，というのが私の主張である。

実際には**非対称**の非常に重要な区別が，**対称の**反対物であるかのように扱われる。本当の／偽りの，愛／憎しみ，子ども／おとな，心の／物質の，は全て対立物である。それらは対称的ではなく非対称的である。これらは，対称の反対物である上／下，右／左，前／後，時計回り／反時計回り，とは異なる。

患者のＢ氏は，この対称の対立物と非対称の対立物の区別を無視する好例であった。素材が蓄積するにつれて，彼が自分には二つの表面があるという空想を抱きつつ，この逆の対称のモードを補強していることに私は気がついた。彼は二つの皮膚の間に生きているかのように，一方の表面は外界を向き，もう一方は内界を向いていた。自らの内と外を翻転することができて「内の皮膚」が「外の皮膚」となる対象や，反転可能な状況の夢を彼は見た。これらの二つの世界が，鏡の二つの側面のように，単にお互いの対立物であるというのが，彼の心的組織体の構造であった。

反転可能な，あるいは逆転可能な対をなす状態が増殖した結果，あらゆる状況が二元性と対称性に帰された。物質と心の間に存在する非対称の反転可能でない区別は，外と内という逆の反転可能な対称として扱われた。同様に，正しいと間違いというような事柄の分類上の区別は，右と左，上と下，あるいは北と南というような一対の反対物に変形された。事実とフィクションは同じように逆の対称物として扱われた。彼の知覚はしばしば，それと矛盾する考えと反転して交換できるものとして扱われた。それらの考えは，知覚と全く同じように信念を要求する資格をもっているかのようだった。彼の夢では，一番上が一番下に，右が左に，北が南に，バスがソプラノに，白いノートが黒いノートに，後ろが前になることがあった。

私が使っている**対称**と**非対称**の考えは，マテ・ブランコ Matte-Blanco（1988）の考えと一致する。彼は対称の論理（それは大まかに言ってフロイトの快感原則に従う）と非対称の，あるいは古典的論理（それはおよそフロイトの現実原則に従う）を区別した。対称の論理に基づく表現において，ある関係の一方の側面についての表現は全て逆にも当てはまる。『不思議の国のアリス』からの例がこれを明らかにするだろう。すなわち，気の狂った帽子屋はアリスに，「それだったら……自分の手に入るものを好きということは自分の好きなものを手に入れるということと同じ，とも言える」（Gardner 1960: 95）と言う。

対称の論理では，主体と対象が交換可能である。主体と対象の交換は状況を逆にする。それは特殊な形の投影同一化に基づいていると私は思う。この投影同一化は，力動的には絶えず振動しており，イメージ的には半主体／半対象の像で表されよう。一種の結合力がこのような方法で，抑うつポジションの真の統合もなく，もたらされる。真の統合は災難をきたすと考えられるため回避される。この病理組織体では，並列関係がエディプス状況における三角性や他のあらゆる状況の代わりとなっていた。これに基づくすべての関係が本質的に全く同じと見なされる。そして，それらの部分性は，両親の関係のような他の知覚された関係の統合ではなく，それぞれの親との部分的同一化や両親間の振動を伴う，主観的自己におけるスプリッティングだけによる。そのため，達成されるのは自己の主観的体験や客観的体験についての真の能力ではなく，むしろ，安定性の代わりにバランス――変化というより，ベティ・ジョゼフが述べるような平衡 equilibrium（Joseph 1989）――をもたらす機械的で交代する主観主義である。

この「バランス」においては，客観的立場と主観的立場の内的区別が正しくはなされない。その代わり，一つの半客観的／半主観的モードが，もう一つの半客観的／半主観的モードと交代する。これは一種の普遍的相対主義として知的に合理化されるかもしれないが，よく調べてみると次のことが分かる。すなわち，全ての信念を結びつけるものは，それらが全て半信念だということである。私が述べている組織体は代替コンテイナーとして機能することになっているが，それは投影と再取り入れの繰り返しを伴うコンテインメントという正常な方法の使用が抑制されているからである。それは対立する二つの考えを和解させることなく適合させなければならない。つまり，対立を伴わない対立する二つの衝動，および崩壊を伴わない分裂傾向の表現である。その解決策は，否定の形で連結を形成するために負の衝動そのものを用いること，および逆の対称を通じて「現実原則」に半分反対することのようである。『鏡の国のアリス』の登場人物たちはどうもこのようなことを知っているようである：「『彼女は，何かを否認したい，ただ何を否認したらいいか，それがわからないといった気持ちなのよ』と白の女王は言った」(Gardner 1960: 319)。

6

抑うつポジションの前と後：Ps(n) → D(n) → Ps(n+1)

わたしの希望はもうその名を変えてはならない，
わたしは永久《とわ》に変わらぬ安らぎに焦がれている。

(Wordsworth 1984: 296)

私たちは，ビオンがメラニー・クラインの投影同一化の概念を受け入れて拡張し，**コンテインメント**の理論を生み出したという事実をよく知っている。彼は正常な投影同一化という考えを発達に必須のものとして導入し，これを病的投影同一化と区別した。しかしながら私たちは，ビオンがクラインの妄想分裂ポジションと抑うつポジションの理論に対しても同様なことをした事実にそれほどはっきりとは馴染んでいない。私たちがビオンの交互に入れ替わる Ps ⟷ D に含まれた意味に従い，そして Ps と D をこれらのポジションと同等と見なせば，抑うつポジション**から**妄想分裂ポジション**への**動きと，その逆の動きは発達の正常な過程の一部と見なされることになる。未知の事柄に関連した素材が現れるところでは，「知られているものにしがみつこうとするどのような試みも，妄想分裂ポジションに似たこころの状態を達成するためには，控えられなければならない」(Bion 1970: 124) と彼は書いている。この Ps 状態は「あるパターンが発展するまで」持ちこたえられなければならないことを彼は強調している。この「発展した状態」を彼は D，すなわち「抑うつポジションに似たもの」と呼び，「一方から他方への道のりは……とても短いこともあれば，長いこともある」(前掲書) とつけ加えている。彼は，クラインが述べた病的妄想分裂ポジションと自分の Ps とを区別することに関心があった。彼はこの終わりの方に，Ps を忍耐と呼び，D を安全と呼ぶことを提案しているが，このどちらの用語も広まっていない。

この章はこの区別をつける一つのモデルを生み出す試みである。それは，ビオンの定式を修正したものに基づいており，ジョン・スタイナーの病理組織体 (Steiner 1987) の概念を利用している。私のモデルは，それぞれのポジションを交互に通過する動きを，生涯にわたる絶え間のない周期的発達の一部として記述しており，「退行」という語を病理組織体への退避を表すことに限っている。

メラニー・クラインの著作をよく読んでみると，彼女は妄想分裂ポジションを場合によっては防衛，退行，あるいは発達の一部として述べていることが分かる。

私たちが心的秩序の感覚を伴う抑うつポジションから無秩序の特性を伴う妄想分裂ポジションへの**あらゆる**動きを退行と呼ぶ**ならば**，ビオンのD→Psは発達に必要な退行の一形式と見なすことができよう。そこには，幾人かの著者によって唱えられている，分析には役に立つ退行があるという考えと共通するものがあるということであろう。**自我のもとでの退行**というクリス Kris（1935）の概念がこれらの中で最初のものだろう。バリント Balint（1968）の**認識のための退行**はこれに似た考えのようであるし，ローゼンフェルド（1964）の「どの分析にも必要な一部」としての**部分的行動化**も似たところがある。1950年代と1960年代のウィニコットは，彼が**組織化された退行**（Winnicott 1954）と呼ぶものの治療的使用を最も強調した分析家であっただろう。彼が最初にこれを導入した文脈において，それは複雑な問いであり，そして物議をかもす問題となった。「退行」という用語がさまざまに異なって使われたことが，多くの分析家がそれを臨床用語として使わなくなった一因ではないかと私は思う。このモデルにおいて退行という用語を使う前に，その概念の歴史を簡単に論じる必要がある。

退　　　行

フロイトは，あらゆる精神障害が早期の固着点へのある程度の，そしてある形式の退行を伴うという見解をとった。彼は局所論的退行，時間的退行，形式的退行を区別した。言い換えれば，彼は退行を，対象関係の早期のパターン——より原始的な情緒表現や，思考よりも知覚に近い思考様式——への回帰と見なした（Freud 1900b: 548）。

1943年に「A・フロイト－クライン論争 Controversial Discussions」の一部として，スーザン・アイザックスとポーラ・ハイマン Paula Heimann は，メラニー・クラインの仕事に照らして見た退行理論の変化についての論文を書いている（Heimann and Issacs 1952）。そこではリビドーの退行に並行して破壊本能の退行があり，これが精神病理を生み出す上でより重要であることを指摘している。この指摘は退行をより危険で良性ではないように見せた。1946年に妄想分裂ポジションの概念がメラニー・クラインによって発表され，抑うつポジションと共に，後に「心理発達とその病理に関する首尾一貫した包括的理論」（Segal 1980: 125）と見なされるものを形成した。これ以後，クライン派は通常退行を，抑うつポジションから妄想分裂ポジションへと後退する動きを意味するものにとった。「固着」や「退行」という言葉はメラニー・クラインやハーバート・ローゼンフェルドの精神分析用語の一部であり続けたが，クライン派の他の著者たちはどちらもめったに使っていない。ベティ・ジョゼフは稀にこの用語を使って，「……患者が以前に増して抑うつの痛みに直面でき，今や，過去の長期休暇や特に分析の終結を計画する不安に直面して一時的に退行していることが分かる。**彼女は早期の防衛システムに退行し，**スプリッティング，投影同一化などのより妄想分裂ポジションに属する機制を使っている」(Joseph 1989: 125; ゴチック体は著者の強調) と書いている。ベティ・ジョゼフが患者が早期の段階にではなく，**早期の防衛システムに退行している**と述べていることに注目して欲しいし，彼女は，この防衛システムがより妄想分裂ポジションに属する機制を使うことをつけ加えている。この節で彼女は，この頃にはクライン派の考えではありふれたものになっていた，もう一つの概念を使っている。それはすなわち，ジョアン・リビエール (1936) によって最初に導入された，**防衛システム**の概念である。この節でベティ・ジョゼフが，妄想分裂ポジションに特徴的な機制を使うある防衛システムへの抑うつポジションからの退避を退行と同等にみなしていることは明らかである。これが，1952 年以後のクライン派の著作において，「退行」という用語が通常意味するものである。

その間，私が先に述べたように，ウィニコットやバリントといった他の人々は分析での退行が望ましいことを述べていた。しかしながら，ウィニコットは広範囲で長引く退行を肯定的に書いているけれども，バリントは一種の悪性の大規模な退行に対して警告を発している (Balint 1968: 141)。ビオンは，1952 年以後の他のクライン派分析家と同様に，著作において「退行」という用語を使わなかった。しかしながら，分析での退行のテーマが英国協会において論争の的であった 1960 年に，「患者は退行する**必要がある**とウィニコットは言う：患者は退行しては**ならない**とメラニー・クラインは言う：患者は退行して**いる**と私は言う」と彼はノートに書いている (Bion 1992: 166)。

私はこの章でその論争に立ち入りたくないが，私自身の目的のために，ウィニコットが「精神分析的設定内での退行のメタサイコロジカルな側面と臨床的側面」(1954) についての論文の中で行なった区別を少し強調したい。彼はその論文で組織化された退行を主張している。「組織化された退行はときに，病的な引きこもりやさまざまな防衛的スプリッティングと混同される。後者の状態は，それらが防衛組織体であるという意味において，退行と関係がある」(前掲書) と彼は書いている。防衛組織体へのこの引きこもりとは対照的に，「凍結された状況を溶かす新たな機会」(前掲書) をもたらすような種類の退行に彼は言及している。私の理解では，「凍結された状況」は病理組織体であるし，そのため，ビオンが述べたように，その中にいる患者はすでに退行している。私なら，このような状況——たとえそれがもっと明らかな障害や依存を伴っていても——から新たな機会への発達的な動きを記述するのにいかなる場合も「退行」という語を使わないだろう。

良い退行や悪い退行について述べる言葉の罠から免れるために，私はこの用語を，過去を繰り返し未来を回避する病理組織体への退避のためにとっておきたい。たとえそれがより重篤な行動や原始的な表現を含んでいても，分析での前への動きを記述するのに**いかなる場合も**「退行」という語を使わない方を私は好む。本当にそれが進歩するための手段ならば，私はそれを必要な発達段階とみなす。分析ではしばしばそれは，それまで除外されていたり抑圧されていた心の素材が含まれていることを表す。そして，その素材は以前達成された心的組織体の喪失やまとまった機能の喪失に必然的に通じる。私ならこれを，例えば陰性治療反応で起こる退行とは明らかに異なるものとして理解する。大混乱を生む前向きの心的発達を病的退行と臨床的に，そしてメタサイコロジカルに区別する問題は，未解決のまま私たちに残されている。

こういった意味での病的退行はありふれており，たいてい良性で一時的である。すなわち，それは日焼けやかぜのようなものであるが，これらと変わらず病的でもある。退行は，分析内での一時的で避けられないちょっとした後退であったり，ある種の陰性治療反応で起こるように重症で繰り返されることもある。あるいはそれは慢性的で能力を妨げ，精神障害を引き起こすこともある。

私がこの章で強調したいことが二つある。一つは，抑うつポジションから後－抑うつ妄想分裂ポジションへの動き（D → Ps）の正常性である。もう一つは，正常の後－抑うつ Ps ポジションから擬似抑うつポジション，つまり私が D（病理）と呼ぶ病理組織体への退行が起こることがあるということである。

心的発達と退行のモデルに向けて

抑うつポジションから妄想分裂モードへの退行は，クライン派の文献ではとてもよく知られている。私が述べているモデルでは，このような退行の病理組織体を，発達ライン上の正常な妄想分裂ポジションと区別するために，Ps（病理）と呼ぶ。

私が強調したいのは，新たな妄想分裂ポジション Ps(n+1) から抑うつポジションモードの防衛組織体，D（病理）への退行である。すなわちそれは，不確かでまとまりのない新生のポジション，Ps(n+1) から，既成の以前信奉していたまとまりのある信念体系，D（病理）への動きであり，不確かさを終わらせたいという願いと断片化に関連する恐れによって誘発された動きである。この防衛状態は，まとまりのある自己認識モードや道徳的正しさの点では抑うつポジションに似ているが，苦悩や喪失感を伴わない。ときに隠されてはいても，D（病理）には常にある程度の全知という特性がある。

私はこのモデルにおいて，正常な妄想分裂ポジションを，D(n) に先行する場合を Ps(n) と呼び，D(n) の後に続く場合を Ps(n+1) と呼ぶ。臨床上の決定的な違いは，**前一抑うつポジション**，Ps(n) における危機は抑うつポジションの接近であるのに対し，**後一抑うつポジション**，Ps(n+1) における危機は，まとまりのなさや不確かさと交換に認知や道徳上の自信を放棄することである。ドグマ，あるいは妄想に基づくまとまりをもたらす病理組織体への避難へと導くのは，この二番目の危機である。私の新たな図式では，私はこれをD（病理）（91 ページ参照）と呼ぶ。これを特徴づけるものは全知の信念体系である。この心的配置とその関連の気分は躁的，あるいはメランコリックであろう。

メラニー・クラインが記述し，ハンナ・スィーガルが探索して発展させた抑うつポジションは，臨床理解の宝庫である。それは，対象関係，現実との関係，および内的なものと外的なものを区別する能力の発達を含み，認知や道徳の領域での非常に重要な発達を描写する。そのため，抑うつポジションに到達しこれをワーク・スルーすることが心的達成とみなされ，しばしば分析の目標，そしてかなりの割合で人生自体の目標と考えられることは驚くにはあたらない。妄想分裂ポジションの道徳律から抑うつポジションの思考への動き，つまり**同害復讐法** *lex talionis* から愛を通じての償いへの動きに内在する発達の解明によって，道徳的価値が抑うつポジションに与えられた。さらにハンナ・スィーガルは，Ps から D への動きが象徴的思考を可能にすることを示した。これは，抑うつポジションに償う力と審美的価値を与える（Segal 1952, 1957）。

しかしながら，1960 年代から発達してきたクライン派の認知理論は，抑うつポジションが最後の休息地では決してなく，安全なまとまりのある抑うつポジションを去り，迫害的で断片化された不確かなものへの新たなラウンドに向かうことが発達には必要であることを暗示している。連続的な発達に唯一代わるものは退行である。すなわち，流動する世界において静止しようとする試みは退避を生み出す。昨日の抑うつポジションは明日の防衛組織体となる。

道徳的感性や正気を失うことへのためらいが抑うつポジションを放棄する問題を大きくする。一度放棄されると，三角空間が失われ，そのため内省的思考が失われる。これらは新たな抑うつポジションでしか取り戻されないが，この時点では新たな抑うつポジションの形式は知られていないばかりか想像もできない。Ps(n+1) においては，さまざまな考えを客観的に捕らえる能力，つまり，それらに宿られ埋没させられるのではなく，それらをありのままに見る能力はなくなっている。これが分析内の前への動きである。すなわち，それは統合から崩壊への動きであり，これに再統合が続く。

私が今発展させているモデルを明らかにするために，先ず二つのポジションについてのクラインとビオンの理論をPsとDという用語で表そう。

PsとDとして表された心的ポジションについてのクラインの理論

初めに乳幼児期妄想分裂ポジションがあり，これはじきに乳幼児期抑うつポジションに発展する。この過程はPs(1) → D(1)と表すことができる。これらはまた，その日の心の流れがどうであろうともその中で人生を通じて繰り返し起こる，特徴的な心的状態や対象関係のモードも表すことをクラインは明らかにした。私は今日のあるときのバージョンをPs(n) → D(n)と表す。そして，未来のある時点で生じることになるバージョンをPs(n+1) → D(n+1)のように示す。nは，現時点に至るまでのPs → D継起の未知数を表す数学的記号である。nが知ることができて小さい数の場合，それは個体がとても幼いか，精神に欠陥があるか，あるいは情緒的に未熟であることを示す。

[Ps(1) → D(1) →]	→ Ps(n) → D(n) →	[Ps(n+1) → D(n+1)]
過去	現在	未来

クラインのモデルでは，前に進む動きは，それぞれ新たな状況におけるPsからDへの動きである。そして，その先のPsとDは未来に存在し，その日の個人の対象関係において実現されるのを待っている。

ビオンのPs ⟷ Dモデル

ビオンは，考えが生まれてくるためにはコンテインすること，名づけること，統合することが必要であることを提案した。彼はDを形を生み出すものと見なし，**コンテインメント**の過程をこの形に意味を与えるものと見なした。これが起こるためには，十分な期間Psポジションに留まり，**選ばれた事実**が現れ，Dに通じる心的配置が結晶化するのを待つ必要がある。彼はこれをPs ⟷ Dと表した。

ビオンの定式は，二つの変わらない物質間の振動の含みを持つ，動的平衡の化学式を示唆していると私は思う。これは，心理学的アナロジーとして，心的発達というよりも反転可能な見方を示しているので，私は次のように書く方が良いと思う：

Ps(n) → D(n) → Ps(n+1) → . . . D(n+1)

Ps(n+1) として示される後ー抑うつ妄想分裂ポジションは，新たな知識，あるいは以前は分離されていた新たな心的素材が現れた結果である。それは抑うつポジション D(n) のように到着点ではなく，出発点である。Ps(n+1) を荒野とするならば，D(n+1) はまだ知られていない約束の地である。

Ps(n) → D(n) → Ps(n+1) → . . . D(n+1) の サイクルを通しての心的成長

私が提唱しているこの図式において，Ps(n)，D(n)，Ps(n+1) は実際のこころの状態を表すが，D(n+1) は未来の可能性のみを表す。それは信念に基づく希望としてのみ存在する。ビオンの言葉では，D(n+1) は前概念であるが，実現すればそれはその日の D(n) となる。すなわち，それまではそれは一つの信念に過ぎない。新たな D(n) が実現可能になるにつれて，抑うつ後状態の Ps(n+1) が前ー抑うつ妄想分裂ポジション，つまり Ps(n) となる。新たな解決が想像できるようになると，それは性質が変わり，先ず理想的解決への期待と迫害的失望の予感とが交互に現れるようになる。そこでの危機は統合と，文献でもとてもよく述べられている抑うつポジションへの接近である。

これは新たな D ポジションに向かうこころの状態である。すなわち，サイクルが一つ先に進み，前概念の D(n+1) が概念の D(n) となる。言い換えれば，私たちは，分析を記述するために，動いているものを止まっているものとして扱わなければならない。下の図式は動画の**静止写真**のようなものである。つまり，それは静物の写真ではない。

Ps(1) → D(1)　　　→ Ps(n) → D(n) → Ps(n+1) →　　　D(n+1) →
└─過去─┘　　　└──────現在──────┘　　　└─未来─┘

私がこれを強調するのは，分析での見かけ上の防衛的静止状態は，臨床において見られるように，たとえそれが振動に過ぎなくても，絶え間のない動きが維持されるのを必要としているからである。

発達と心的退避の概念を用いた退行

対象と関係することや現実の代わりとなるものをもたらすパーソナリティ内の**自己愛組織体**に関するハーバート・ローゼンフェルドやその他の人々の記述に引き続き，ジョン・スタイナーは**病理組織体**（Steiner 1987）という概念を生み出した。彼はさらにこれを発展させ，組織体が現実からの避難所をもたらすことを**心的退避**（Steiner 1993）として記述した。退行が起こっていると私がみなすのは，このような避難所においてである。以下に示すモデルは，人生や分析における心的発達の前への動きと，擬似妄想分裂ポジションか擬似抑うつポジションのどちらかとして組織化された心的退避への退行を抽象的に記述しようとする試みである。

私が Ps(n+1) と呼んでいる後－抑うつポジションは心的発達であり，必然的に不快感や自己愛的喪失を伴う。これはパニックや混沌への強烈な恐れを生み出すことがあるし，場合によっては，プライドや羨望が退行を誘発することもある。

下の図式は Ps(n) から，D(n) や Ps(n+1) を経て，D(n+1) に向かう発達を構成する動きを示している。退行は病理組織体である D（病理）や Ps（病理）への後ろへの動きを表している。

発達→
...　　Ps(n) → D(n) → Ps(n+1) → ... D(n+1)
退行 ↓　　↓
Ps(病理 2)← D(病理 2)← Ps(病理)← D(病理)
回復 ↓　　↓
Ps(n) → D(n) → Ps(n+1) → ... D(n+1)

この図式は退行と回復のラインも示している。それはこのように，回復が，新たな正常の妄想分裂ポジションや抑うつポジションへの移動による，発達ラインへの復帰を伴うことを強調するよう描かれている。

臨床実践での発達と退行

私がこれらの二つのポジションをどのように考えているかということと，これらの間で実際起こりうる動きを示すために，これから二つの異なる分析状況を手短に説明しよう。一つ目の状況での患者は，普通の分析で考えられるような短い退行のエピソードとかなり早い回復を伴う分析を経過する。二つ目の状況では，程度と期間の双方の観点から重症の退行の可能性が常にある。

最初の症例では，一週間も満たない分析のセッション内でのこのような小規模な動きが短い引用の中に示されている。

普通の分析における発達と退行のサイクル

私がこれから示そうとしている例では，よく知られて記述されている構造化された妄想性の防衛から，もっと流動性のある妄想分裂ポジションを経て，抑うつポジションに至る動きがかなり早く進む。この分析での最初のひっかかり，あるいは退行点は，抑うつポジションから後一抑うつポジションへ――統合された理解から不確かでまとまりのない新たな状況へ，つまり D → Ps(n+1) ――の発達の地点にあるようだった。

患者は若い女性のソーシャル・ワーカーで，前日のセッションを終えたときかなり洞察的であり，内省的で悲しい雰囲気だった。彼女は次の日５分遅れてやって来た。怒っており，迫害的だったが話はできた。「どうして遅れたか分かりません」と彼女は憤慨して言った。それから彼女は，同じ部署の部屋を共有している新しい女性の同僚のことを怒りながら話し始めた。この女性は人の言うことを聞かない，と彼女は言った。すなわち彼女は，同意なしに部屋のその場所に自分のものを置かないようにとその人に言っていた。しかし，その女性はお構いなしにそれをやり，部屋を私の患者にとって耐えられないものにした。「この女性《ひと》のものにはぞっとします」と彼女は言い，自分自身のものが感じが良くてきちんとしていることを仄めかした。しばらくの間彼女は，その同僚がどうしようもないことを訴え，その人がどういうつもりで混乱を起すのかを思案した。[この一晩での患者の動きは，抑うつポジション，D(n) から妄想性のライン上に組織化された病理組織体，Ps（病理）への動きと記述されよう。]

私は「好みに違いがあって，馴染のないものが他の人によって持ち込まれた場合，物理的空間だけでなく，共有された心的空間ででも問題が起こります。ともかくそれは誰の心的空間なのでしょうか」とコメントした。

「そうです！　私は彼女のものを見なければならない！　それで私のこころがいっぱいになるのです！」と患者は言った。そして，同僚の異質なもの alien objects や違ったやり方がその部屋に以前からある素朴な調和を乱すことを訴え続けた。彼女には，その女性を追い払う以外，どうすればそのような状況を解決できるかが分からなかった。彼女の状態は今や，侵入される感覚やあるものから免れたいという欲望に関連した迫害感に満ちていたが，疑り深いというより苦しんでおり，組織化されているというより断片的であった。これは，正常の前－抑うつ妄想分裂ポジション，Ps(n) への動きと記述されよう。

それから私はこの状況を転移に結びつけた。私は分析の共有された心的空間の問題について話した。さらに，そこへ私が彼女の同意なしに新たなものを持ち込み，それが彼女のものの見方に調和しないと，私が彼女の見方を台無しにしてしまったかのように感じられていることを私は述べた。

短い沈黙があり，それから「そのとおりです！」と彼女は言った。長めの沈黙の後，静かな声で「ブリトン先生，私はどうすれば変わるのでしょうか」と患者は言った。それから短く間をおいて，「私のことをお分かりですね。それは本当です。かわいそうに私はこの女性《ひと》を苦しめているのです。私は狭量で，たいていあなたの言う事を聴きたくありません。望みがありませんね。だって，そんな人間が，どうして他の人を助けることを考えることのできるような人になれるでしょう」と続けた。[これは抑うつポジション，D(n) への動きと記述されよう。]

私は「あなたはどうにかして変わる必要があると分かっていても，そうするのをあきらめるのですね。あなたはすぐにそれで自分を責めますが，それがまた，分析があなたに何かをできるとはあなたが全く信じていないことを示しているのにも，あなたは気づいていないと思います」とコメントした。

長い間があった。

それから彼女は「それは本当ですね。……確かに。……それには気がつきませんでしたが，考えてみると，あなたが何か変化をもたらすなんて全く考えもしません。だって，誰も私を助けられないのはみんな私のせいだと本当に思いますから」

さらに間があった。

「驚きです。……今まで一度も気がつきませんでした。どうしてあなたは私がそう思っていることが分かったのですか。知りませんでした。……人はどうやっているのですか。全然思いつきませんでした。よくは分かりませんが，それは本当です」と彼女は言い，それから考えを見失ったかのように間をおいた。[これは，私が Ps(n+1) と名づけた後－抑うつ妄想分裂ポジションへの動きと記述されよう。この前進の迫害的側面が，セッションでの次の変化ですぐに明らかとなった。]

短い沈黙の後，もっと決然とした声で彼女は話に戻った：「もうすっかりくじけてしまって。……私はこれからもずっとできません！……ずっとどうすればいいか分からないままです！」それからこれは，劣等感，将来への悲観，自分の能力の過少評価と私の能力の過大評価といった馴染のある主張への新たな出発点となった。これらは全て，全知のモードにあった。[これはお馴染の，いくらかマゾヒスティックな心的退避，D（病理）と見なされよう。]

私は次のように言った：「あなたは私を信じていないことに気がついて，自分の疑いが私の自信に影響を及ぼすことに不安になりました。それで今あなたは，自分が持ちたいと思うあらゆる能力を私が永遠に持っていると言うことで，それを元に戻そうと懸命なのです。このことは，人より劣っていると自分を責める一方で私を理想化するという，惨めだけれどホッとする馴染の場所にあなたを連れていきます」

患者は「なぜ遅れたか今思い出しました。本当は来たくなかったのです。私は今日来る前，あなたのことをとても憎んでいました」と言って私に応じた。

患者は最終的に，母親のことを悲しげに話してセッションを終えた。彼女は，母親が侵入的で何も通じないことをしばしば訴えており，子どもの頃は憎んでいた。しかし，彼女は今，母親の長年のうつ病のことを考えると罪悪感を覚えると言った。患者は考え込み，悲しげなままであったが，穏やかな自信があるように見えた。セッションを終えたとき，彼女はD(n)――すなわち，本来の抑うつポジション――にあったと言えるだろう。

新たなセッションにやって来たとき，彼女は洞察に満ちた夢を見ていたのだった。それは彼女を慣れない考えとそのためのPs(n+1)への動きに直面させ，それで患者は退行した。彼女は自責の念でいっぱいで，自分が嫌われていることを信じて疑わず，セッションに遅れてやって来た。彼女は，私があらゆる面で彼女より優れており非の打ちどころがないと言い張った。すなわち，彼女は劣っており，ばかで，何も学ぶことができないということだった。気分はメランコリックで，心は全知の状態にあった。これはD（病理），擬似抑うつの心的退避と言えよう。この退避は，彼女には居心地は悪くてもホッとするほど馴染のあるこころの平衡状態であったが，分析家には苛立たしく，患者に通じそうにもない状態だった。患者はそのセッションの間この場所に留まり，次のセッションでもう一度正常な抑うつポジションへ移った。彼女は，羨望，焦燥，自分が人より知らないことへの憎しみ，および私が人より知っていることへの憎しみを生き生きと表現した後，悲しみ，あきらめ，罪悪感の状態へと移った。そのセッションが終わる頃には，穏やかな希望の感覚が現れていたが，これは抑うつポジション，D(n)と呼べよう。

さらに発達するためには，分析において患者と分析家が新たに不確かなものに直面し，まとまりのないPs(n+1)に向かってまとまりのあるD(n)をもう一度放棄する必要があった。これがまた難しいことが分かるのであった。このようにして発達と退行のサイクルがさらに続くのであるが，これは古い用語ではワーキング・スルーと呼べるだろう。

長引く重症の退行

私が引用したい二つ目の分析はとても異なっていた。患者はローゼンフェルド

(1987) が**薄皮の自己愛患者**と述べたグループ，つまり私が**過剰に敏感な主観主義**に耽る人たちとみなす患者のグループに属すると言える。

このエピソードはかなり以前に行われた長い分析からのものなので，私は過去を振り返る立場から語ることができる。私の短い描写が始まる時点では，その男性患者は抑うつポジション，D(n) として特徴づけられるこころの状態にあった。彼は，ものすごい猛々しさと相当の苦痛を含む長年の分析の後，罪悪感，哀惜，および悲しみのこころの状態にあった。このこころの状態には，私に対する好奇心や意識的な愛と憎しみも含まれていた。それから彼はふと新たな発見をした。つまり，私のある患者の素性を知ったのだった。それが特に意味のある発見だったのは，その患者仲間が彼自身と同じ美術の領域にいたからである。この新たに発見された分析でのきょうだいが疑いもなく才能に恵まれ，彼よりも世の中に認められていることが彼を余計に挑発した。この新たな発見は新たなきょうだいの誕生のようであった。彼の反応は，彼がやっと手に入れた人生と分析に対する受容，つまり彼の抑うつポジションが，自分が私の患者の中で唯一無二であるという信念に基づいているという事実をあらわにした。これは子どものときの彼の家族内での立場についての信念，すなわち弟が生まれる前の唯一の男の子としての信念に似ていた。最初のうちこれは彼の思考や感情をばらばらにした。それは彼を新たな妄想分裂ポジション，つまり Ps(n+1) へと運んだ。

これは必ず誰にでも当てはまると私は思う。本当に重要なのは次に起こることである。私が D(n+1) と呼んだもの，つまりある未来の抑うつポジションにおける新たな事実を組み入れながら，新しいけれどもまだ想像できない解決へと進むことができるようになるだろうか。あるいは，病理組織体への退行が起きてしまうことが予想されるだろうか。もしそうなら，それはどのくらい長く続くだろうか。さらにもう一つの可能性がこの症例によって示された。すなわち，最初の心的退避への退行は長持ちせず，より原始的な病理組織体への退行が起こることである。これはマイケル・バリント (1968) が悪性の退行と言い表したような流れであると私は思う。

この分析の問題の時点に戻ろう。患者は新たな発見によって粉々に打ち砕かれた。分析家との関係における，それまでの特別で唯一無二の立場は取り消された。彼は自分自身のこころの中でさえも，たった一人ではなかった。もしそうならば，私との関係において，彼は一体誰で，何者で，どこにいるのだろうか。短い間，彼は以前の想定全てが粉々になった新たな心的状況，Ps(n+1) にいた。彼はここでの断片化の感覚とそれに関連した混沌の恐れに耐えきれず，急速に病理組織体，D（病理）に退行した。これはメランコリーの形をとった。すなわち患者は，自分には望みがなく，誰からもさげすまれる存在であると主張した。彼は，自分が認められないのけ者であるばかりか，それにふさわしいと言った。彼のこころの中では，私が彼を軽蔑していることに何の疑いもなかった。

患者によってはこの時点で，メランコリックな全知を放棄することによって苦心してここから抜け出し，絶対的無価値の感覚からもっと現実的な劣等感や嫉妬と羨望を伴う感情へと戻る道を見出す――言いかえれば，本当の抑うつポジションへ移る――ことがある。また患者によっては，変わらぬ道徳的マゾヒズムの状態を維持することによってこの場所，D（病理）にとどまったり，慢性のうつ病になることがある。あるいは，躁的な役割逆転を起こしながら同じ道徳領域にとどまり，投影同一化によって，この新たな分析のきょうだいの仕事を賞賛するほどにばかな者たちというように，すべての劣った人たちをさげすむ優れた人間になる患者もいる。

しかしながら，このどれもが起こらなかった。メランコリックな態度と躁的態度が素早く入れ替ったが，どちらも維持されなかった。その代わり，患者は自責感に耐えきれず，躁的優越感も達成できずに，構造化された妄想性の組織体，Ps（病理）へと退行した。今や彼は憤慨していた。単に怒っているばかりでなく，何かに晒されたと確信していた。その何かから，彼は，自分の分析家である私によって守られるべきであった。この何かとは知ることで，彼はそれから守られなければならなかったのである。彼はそれが自分を辱めるための陰謀だと仄めかした。すなわち，彼にあらかじめ知らせておかないでこころの準備をさせず，それから彼をそれに晒したのだと。私が述べるとそうは聞こえないが，そのときこれは説得力があり，セッションには分析家と分析が審判を受けている裁判の雰囲気があった。

マイケル・フェルドマン Michael Feldman（1995）が防衛組織体として記述している，自分だけが正しいと思う慢性の強い不満の状態は長い間続いた。明らかにそれは憎しみを向ける手段として機能する一方，患者の思考をまとめる心的オルガナイザーとして機能する中軸の役割を果たした。このようにして，その状態は彼に心的コンテイナーをもたらし，彼を断片化への恐れから守った。

彼がこの裁判のモードから抜け出るといつも，まずはより全般的な迫害的な状態となり，それから分析家への気遣いと自分自身の再評価へと向かった。この抑うつポジションへ向かう動きは，分析患者としての自分と私や他の想像上の患者たちとを敵意を抱きつつ比較するとき，たいていだめになり，それから恥と屈辱感が罪悪感と自責の念に取って代わるのだった。さらに，プライドの回復が和解に優先した。これが彼を妄想性の組織体，Ps（病理）へと引き戻し，強い憤りがもうひと巡りした。

抑うつポジションに接近するときの問題やこれを維持する問題はこれまでよく述

べられてきている。ここで私はそれらに追加したり，病因や精神病理を推測するつもりはない。私は，慢性化の著しい傾向のある症例の分析における動きをこのモデルの枠組みの中で述べたかっただけである。

先に引用したように，ビオンはPsからDへの動きについて次のように述べている：「一方から他方への道のりは，分析の最終段階でのようにとても短いこともあれば，長いこともある」。この症例の場合，その道のりはとても長いばかりでなく，多くの退行やときには複合の退行によって複雑になり，発達ラインから外れる病理組織体に入った。

この章で述べたことを要約したい。私はビオンの定式を解いて，Ps(n) → D(n) → Ps(n+1) → . . . D(n+1) と読むことを提案した。私は，統合の不安が特徴的なよく知られている前－抑うつポジションの状態，Ps(n) に加えて，断片化の恐怖が特徴的不安の後－抑うつポジションについて述べ，これを Ps(n+1) と呼んだ。Ps(n+1) においては抑うつポジションに関連したいくつかの機能が一時的に失われているが，私はこれを退行ではなく移行と見なす。私は「退行」という用語を病理組織体への退避を表すためにとっておいた。これは妄想分裂モードや抑うつモード，つまりPs（病理）やD（病理）にある。

Ps(n)，D(n)，およびPs(n+1) はすべて，私たちが自分自身の内に経験し，臨床の実践で出会うこころの状態である。他のポジションとは異なり，D(n+1) は実現するこころの状態ではなく，将来の発達がまとまりと意味をもたらすだろうという信念に基づく希望である。それは，ビオンの言葉で言うと，前概念である。ウィルフレッド・ビオンのお気に入りの表現に合わせてこれを神話の用語で表すと，Ps(n+1) は荒野であり，D(n+1) は約束の地である。このポジションに到着する頃には，D(n+1) はD(n)，つまり馴染のある抑うつポジションになっている。すなわち，約束の地はイスラエルとなり，新たな苦闘が始まっている。

7

分析と日常生活における自己満足

いつの日かすべてが良くなる，それは私たちの希望である：
今日すべてが良い，それは私たちの幻想である。
(Voltaire,『リスボンの災害についての詩』，1756)

上の詩は1756年のリスボンの悲惨な地震と関連しているが，この地震の結果広大な破壊と多数の死者が生じた。すなわち，地震の後異端審問が開かれ多くの人々が焼き殺されたが，そうなったのはコインブラ大学がこれを地震予防の確かな方法だと知っていたからである。双方のできごとがヴォルテールの作品『カンディード，あるいは楽天主義者』(Voltaire 1759)[訳注1]で重要な役割を演ずる。その話の中でこれらは，何事も最高の状態で最善の結果に終わるというパングロス博士の不滅の信念にさらなる試金石をもたらした。この信念はその後のパングロス博士の絞首刑——この後，死刑執行人の不手際で，彼がまだ生きているのに解剖が始まる——によっても変わらない。カンディードとパングロスは，従順な患者と自己満足している分析家の文学上の先例である。カンディード，つまり従順な者は進んで師の断言を受け入れ，ずっと最も好ましい弟子のままである。そしてパングロス，つまり自己満足している者は，このような受容的な者に自分の形而上学的・神学的・宇宙論的哲学を教え続けることができると同時に，あらゆる逆境を経た上でも，これが最高の状態であると確信したままである。「よく見たまえ。例えば，鼻は眼鏡のために作られている，それで我々は眼鏡をかける。脚は明らかに長靴下のためにできている，よって我々は長靴下を履く」(前掲書：108) と彼は言う。しかしながら，パングロス博士はものごとが正しいとか良いとかは言わず，「ものごとがそれ以外にはありえない」ので「何事も正しいと主張する人たちは自分の考えを正しく言い表していない。すなわち，彼らは何事も最善だと言うべきなのである」(前掲書) とだけ言っていることに私たちは注目しなければならない。言い換えれば，それは

訳注1：ヴォルテールの哲学小説で，ライプニッツらの楽天的世界観を風刺したもの。主人公カンディードは世界の善性を信ずる純真なcandide青年であり，戦争，大地震，異端審問などに遭遇するが，哲学的無関心によりあらゆる災厄に耐える。

道徳的理想主義ではなく，現実主義的神学，つまり一種の理想的プラグマティズムあるいは適応の理想化である。分析の変遷を考えると，この共有された楽天的禁欲主義は魅力的であり，私たち分析家が善意の患者からもたらされたパングロス博士の役を知らないうちに引き受けてしまっているとしても，それは驚くにあたらない。この論文で私が論じたいのは，このような分析の転移／逆転移状況なのである。それは，抑うつポジションの苦難が個人によって耐えられ認識されている**ように見える**状況である。しかし苦難は実際，現実と折り合えない人たちよりは自分の方が幸運だという信念によって和らげられている。すなわち，分析は是認してくれる親の像と一緒に道徳的優越性を追求する場となり，観念上の「抑うつポジション」は，発達の一段階ではなく休息所となる。

パングロスのように極端に楽天的なアプローチとは対照的に，ベティ・ジョゼフのアプローチは絶えず外観を問う必要性を強調するものである。このアプローチは，内容からだけでなく分析自体のモードや発展から「対象関係，不安，および防衛の特異なコンステレーション」（Joseph 1989c: 126）を見出すためには，どのように作業するかを学ぶ際に非常に重要である。ベティ・ジョゼフは「精神分析過程における防衛機制と空想」についての論文で次のように述べている：

> 分析状況で絶えず起こっている過程として，ある特定の役割に分析家を押し込めるかのようにさまざまな空想が分析家に付与されるのを，私たちは観察することができる。その結果，さまざまな不安が起こり，防衛が動員されるし，分析家は患者のこころの中でこの過程に引きずり込まれ，絶えず患者の防衛システムの一部として使われる。
>
> （Joseph 1989c: 126）

この章はジョゼフの二つの中心的な考えに基づいている。すなわち，分析の最も情報豊かな側面としての全体的転移状況に関する見解と，心的平衡と心的変化の関係についての考えである。私はこれらの観点からある特定のグループの患者を論じたい。彼らは，ある意味ではベティ・ジョゼフの論文「手の届きがたい患者」（1989a: 75-87）で言及されている人たちに似ているが，ジョゼフの述べている人たちよりも分析に参加できる。一回一回のセッション単位で彼らを「手が届きがたい」と呼ぶのは正しくないだろうが，しばらくたって全体として分析をよく考えてみれば，分析家が彼女の述べた立場にいるのは必至である。ベティ・ジョゼフから引用すれば，すなわち：

> 理解，明らかな触れ合い，感謝，そして改善の報告さえある，前進している分

> 析に酷似した状況に自分がいることに気がつく。だが……。自分の逆転移を考慮に入れると，すべてがちょっと楽で心地よく葛藤がなさ過ぎるように思える。
> (Joseph 1989a: 76)

私が考察したいグループの患者は異なるところも多いが，その特徴は逆転移にある。そこでは，分析家のこころを絶えず苦しめる他の患者とは対照的に，これらの患者は心配しなくてよいという自己満足を含んだ無意識の想定が分析家の中に生ずる。

このような分析では苦悩，自己吟味，自責などが起こらないということではないが，ことは秩序正しくあるのであって「これらは私たちを試すために与えられている」という言葉にされない信念がここにあることを私は強調したい。このような症例の分析での本当の変化のしるしとして私が見出したのは，憤りの噴出である。それは単なる怒りではなく，激怒である。以前から存在していた，言葉にされず要求もされない権利の感覚が破られたと感じられると，それは起こる。いかに短くともその瞬間は，そもそも従順だった患者が，まるで見えない難しい双子の片割れになったように，理不尽で要求がましくなる。

すでに述べたように，このような患者において分析は特権的状態と通常みなされているし，道徳的探求のような感覚がある。この道徳的探求は分析の苦難を徒弟奉公の一部のように見せ，患者が秘伝を授けられた人たちに加わるのを助ける石工の親方のように分析家は想定される。先に引用したように，ベティ・ジョゼフは「分析家は患者のこころの中でこの過程に引きずり込まれ，絶えず患者の防衛システムの一部として使われる」(Joseph 1989c: 126) と述べている。彼女が私たちに教えるように，これは患者のこころの中だけでなく，臨床での分析家のふとした逆転移からの行為や態度においても起こる。そのため，分析のセッションを考える際になされるべき問いは，患者の言葉の中に無意識の何が見出せるかだけでなく，**何が起こっているか**，なのである。すなわち，私の述べている症例においては，分析家によって実演されてしまいそうな，分析家に割り振られた役は何だろうか，という問いである。

別の寓話を例にとり，患者をカンディードではなく，バニヤン Bunyan の『天路歴程』(1684) のクリスチャン Christian と見なせば，分析家は初めはクリスチャンの連れのフェイスフル Faithful であろう。それから，かわいそうなフェイスフルの処刑の後，分析家は第二の道連れのホープフル Hopeful となる。バニヤンの物語では，クリスチャンとフェイスフルの間にあった良い関係を「視ること」によって登場人物はホープフルにされる。すなわち，「このようにして，一人が死んで真理に証《あかし》を立てると，もう一人がその灰の中から立ち上がる」（前掲書：109)。ホープフルとなったクリスチャンの楽天的な連れは，絶望巨人に閉じ込められた疑いの城を逃れて，次の冒険へと巡礼の旅を一緒に続けた。裁判，処刑，フェイスフルの喪失はこの冒険に取って代わられ，後で思い出されることはなかった。しかしながら，どのようにしてフェイスフルが処刑されるに至ったかは，私たちがフェイスフルを分析家の表れとするならば，無視できない。それは次のようにして起こった。すなわち，虚栄の市という町に着き，何を買うかと聞かれたとき，二人は「真実を買う」と答えた。これが「大騒ぎ」を起こし，それで彼らは逮捕された（前掲書：102)。二人は告発され，虚栄の市の信条に反したため有罪となった。そして，フェイスフルは打たれ，槍で突かれ，石を投げられ，焼き殺された。判事の名は憎善卿であった。彼の裁判の告発者は羨望氏であり，陪審員は盲目氏，役立たず氏，悪意氏，愛欲氏，自堕落氏，性急氏，高慢氏，敵意氏，嘘つき氏，残酷氏，憎光氏，無慈悲氏からなっていた（前掲書：108)。

これらは，たいていの分析家なら見覚えのある告発者，判事，弁護人および陪審員であろう。私自身，フェイスフルのように，数多くの分析のセッションにおいてこのような裁判にかけられていると感じたことがあるが，私が今述べている患者たちとのセッションでではない。これはとても関連していると思うのだが，実際彼らは，分析家にそのような気持ちを引き起こすような患者とはまさに正反対である。彼らはそのような患者に似ていないばかりか，そのような性格とはまさに逆である。しかしながら，従順な患者の人生には，ほとんどいつもこのような特徴を持つ重要人物がいる。それは，親，きょうだい，配偶者，恋人，同僚，あるいは子どもでさえあったりする。このような好ましいパーソナリティの人たちはしばしば分析家や精神療法家になるので，恐れられる正反対の双子の片割れは，ときには彼らの患者たちのうちに見出されることになる。また彼ら自身が分析を受けていれば，ちょうどその患者たちが彼らのこころに取り憑ついているように，彼ら自身の分析のセッションを占領することになる。ここでの要点をさらに探求するために，詳しい臨床素材を示してみたい。

先に述べたように，私自身の臨床やそれにも増してスーパーヴィジョンにおいて，患者に過剰な分別の傾向があり，それに呼応して分析家にはある程度の自己満足がある症例をたくさん見出した。患者の性格や分析は異なり，彼らの気質には似ているところもあるが，その転移と逆転移はある意味ではまったく同じである。患者たちの家族歴は細かな点では異なるが，共通の要因を含んでいる。すなわち，彼らが家族の中で最も健康なメンバーである。彼らは比較的むらのない気質で，人生と分析の双方においておおらかである。彼らは職業上の理由でやって来ることがしばしばであるが，もっと自己愛的な患者とは異なり，自分には分析が必要だと思っているし，分析や分析家を尊重する。彼らは，他のあらゆる人をより良く助けるために，向上する必要があると考える。

言い換えれば私が述べているのは，このような患者たちは自己満足しているというより，むしろ非現実的なほど不満がないのである。彼らはいつも難しい関係を改善しそこなっては自己批判する。そして，他者に対して無意識に敵意や競争心があり，あるいは愛情がないことが示唆されれば，彼らはいつもそれに同意する。関わっている難しい人物や嫌な人物が本当はその人自身の否認され投影された側面だという解釈がなされれば，その人はいそいそと同意し少しホッとするだろう。分析は，このような人たちにとても良く合う静かなやり方で，自分を責める絶好の機会をもたらすことになる。私が静かなやり方でと言うのは，このような症例では非難や罪悪感の認識は，分析や分析家との関係の穏やかな表面にせいぜいさざ波を立てるだけだからである。彼らは無神経ではないし，不安や抑うつがないわけでもない。しかし，彼らは比較的少ないもので我慢する傾向があり，わずかなものでご馳走を作ることができる。これが彼らをうわべはとても謙虚に見せるので，彼らが何に貪欲なのかを正確に突きとめることが最初は難しい。彼らは美徳に貪欲であり，純真をひどく欲すると私は思う。私が先にヴォルテールを引用したのは，これらの患者が私に，修正不能の楽天的純真さを体現するカンディードを思い出させるし，彼らの分析家としてパングロス博士――彼のライプニッツ哲学への忠誠は経験を超越する――となるように誘われるからである。

このような患者たちは自分自身が多くのケアを必要としているとは思わず，しばしば私生活において搾取から身を守るのに失敗する。分析において彼らは，たいていの分析のきょうだいたちとは違って，めったに分析家を責めないし，何が起ころうともそれを受け入れる。ある意味ではこのような症例の分析の雰囲気を伝えるのは難しいところがある。それは，私が今しているように患者の従順さを述べることは，問題としてそれに注目しているからである。ところが臨床では，分析家が自己満足するのは，まさしく問題となるものが何もないように見えるからである。一日の他のほとんどのセッションで体験される荒波の後に，目につく進展に喜び穏やかな海面をありがたく受け入れることをやめ，何かを行なうためには，分析家の努力が必要である。

このため，教育的な理由以外には，これらの患者たちがスーパーヴィジョンにもってこられることはあまりない。彼らは，おびただしく持ち込まれる「難しい」症例と見なされる人たちとは異なる。しかしながら，私は幸運にも海外で数年にわたってポスト・グラジュエイト・セミナーを開いており，そこには分析の症例が定期的に持ち込まれる。また，他の似たような場面で「難しくない」分析のことを聞いてきた。つい先ごろ，私がスーパーヴァイザーとしてある国を訪れたとき，ある分析家はこれに似た症例をもってきた。彼女がその症例を選んだのは，ただスーパーヴィジョンを全く受けたことのない患者をもってきたかったからである。しかし，彼女がその症例を提示する準備をしたとき，何年もの間続いている分析を初めて心配し出した。彼女は私に会って，次のように話し始めた：

> この人は私が以前に一度も心配したことのない患者です。分析はうまくいっているように見え，私たちは二人ともとてもうまくやっていると思っていました。でもよく見ると，ほとんど何も変わっていないことに気がついたのです。彼女は訴えませんが，分析がしてくれると望んでいたことは，彼女の人生では実際何も起こっていないのです。彼女が最初にやって来たとき，一つには，分析は彼女が結婚し子どもを持てるようにするはずでした。彼女は長年分析を受けているのですが，私たちは二人とも時が過ぎていること，あるいは生物学的時計のためにこれが全く急を要すべきものだということに気がつきませんでした。

その患者は精神療法家で，分析のかなりの時間を自分の困った患者や厄介な患者について話すことに費やしていた。このため彼女は分析が自分の逆転移の取り扱いを助けてくれるととても感謝していた。分析家は容易にこれらの仕事上の問題を，患者の家族の起源や転移関係の適切な側面と結びつけることができた。彼らは分析家と患者として一緒に気持ち良く作業をしたが，それはその患者が難しい症例とともにいる状況とは著しく対照的だった。

私がこの症例を聞きながら気がついたことは，この患者――彼女はとても問題のある家族の出であり，ある意味ではそこから自分自身を救出していた――が仕事と分析以外には自分の人生を持っているようには見えないことだった。これと釣り合うように，分析家は休暇や週末に対する患者の反応をしばしば解釈し，患者は明らかに分析家がいないのを淋しがったが，患者が本当に非難し返したり，分析家を不快にさせるようなことはなかった。また，患者の素材には，休暇中分析家がセッションにいないという以外に何かをしていることを示唆するものは全くなかった。これには患者は「盲目」を相当に使わねばならなかった。なぜなら，彼女は比較的小さなコミュニティーにいて，自分の分析家の社交の場に出入りできたからである。分析家は患者より２，３歳年上の魅力的な女性で，成功した夫と元気のいい子どもたちがおり，高価な家を持っていた。当然，分析では羨望について語られ，それが認識された。また，患者のエディプス・コンプレックスが明白にされるに十分なほど夢の中ではっきりしている場合には，それは解釈された。私は分析家の素材の理解力と分析的思考力に感心した。それでは，欠けていたと私が思うものは何だろうか。欠けていたものは，持続的な不満であった。もう一つは憎悪であり，全くなかったのは悪意であった。羨望や嫉妬が解釈されても，それらの存在は分析関係の表面を波立たせるだけだということは，どのように感じられ認識されたのだろうか。この答えは，特権を得るために払う価値のある代償のように，羨望や嫉妬が分析で起こるべき感情であるという共有された想定にあると私は思う。

私はこれ以上この分析を詳述しないが，後で触れることを一つだけ述べたい。患者を比較的満足で従順な状態にしておいたと私が思うものは，分析家は**自分に根本的に変わって欲しいとは全く思っていない**，という患者の**信念**であった。この中のもう一つの要素は，他の人たちとは違って自分は，難しい天職にいる分析家の支えであるという，患者の言葉にされない想定であった。これに関連して，分析家の仕事は分析家の人生の中心であり，分析家の患者たちとの関係，特にこの関係は他のあらゆるものを超越するという信念があった。このようにして嫉妬は回避され，嫉妬なしには羨望も足場がなかった。分析家の側から見ると，望むようには患者は自分の資質を十分に発揮しているとは思わなかったし，分析家は患者に夢中になってもいなかった。しかし，分析家は実際患者を好きで，彼女の努力，苦闘，不屈の精神を評価していた。そうしない人がいるだろうか。

興味深いのは，分析の進展が真剣に疑われたとき，患者からさらに多くのことを望んだり，逆転移がほんの少しでも不満によって彩られたりするのはとても残酷だと分析家が思っているのが明らかになったことである。患者が難しい状況で最善を尽くそうと明らかに努力しているのを疑うことは，無情過ぎるとただちに分析家は感じた。これと並行して，いったん患者との作業の成功を疑い始めると，分析家自身極めて激しい自己非難の過程に晒された。最初の一連のスーパーヴィジョンの後，私もまた人の事業を台無しにしてしまったという思いで落ち着かなくなった。私のこの懸念には裏づけがあった。というのは，この患者は週末こらえきれずに分析家に初めて侵入的な電話をかけ，さらに心気的なパニックを起したからである。患者の従順さが途絶し，パニック性の迫害感に取って代わられたとき，分析家やスーパーヴァイザーの自己満足もパニック性の罪悪感によって断たれた。まるで聖霊が，破壊性をもった恐ろしい道徳的な力として，瓶の中から解き放たれたようだった。分析家が現在の分析状況を人目に晒し探求する必要があると信じることができ，患者には回復力と応答力があったお陰で，破局が迫っているという彼らに共有された恐れには根拠がないことが理解された。その後の苦労は，これ自体がまた自己満足の根拠とならないようにすることだった。

私の考える，このエピソードを生んだ内的状況を述べるために，『天路歴程』

(Bunyan 1684) の裁判の場面に戻りたい。穏やかな相互の敬意や平穏さの美徳を真剣に疑うことが，道徳的な力と称する破壊的な力を解放する。それは異端審問の処罰法を有する裁判のような良心の力をもつ。この力は，バニヤンの判事や陪審員のように，破壊的で羨望的な超自我や不満のスーパー・コンテイナーに似ている。この力の介入によって，分析状況への信念 faith はすぐさま破壊される。そして，信念の代わりに希望 hope がたよりにされ，楽天主義が信任の代理を務める。フェイスフルは処刑され，ホウプフルが彼の位置を占める。この裁判に擬した厳しい力は決して遠いところにあるわけではなかった。しかしながら，分析のペアがお互いに希望を持っていられる限りは，彼らは疑いを寄せつけないし，決してそれに出会わないと信じられていた。分析の進展に本当に必要なのは，疑いの城に必要な期間閉じ込められてその城を探求し，そこからただ逃げないことである。

この論文で私が考察している他のすべての患者と同様，この女性は問題の多い家族の中で最も健康でむらっ気のないメンバーである。私はこれだけを，異なるヒストリーを持つさまざまな患者の共通の要因としたい。それは，一つには秘匿性という理由からであるし，もう一つには包括的な意見を述べるためである。このため，私の述べる患者は分析中の患者の合成像である。もっとも，私の提示する素材はどれも明らかに特定のものであるが。すでに私が仄めかしたように，このような患者は厄介なところのない比較的健康な子どもであり，さまざまな困難を抱える精神的に障害されかつ障害となるきょうだいと両親をもっている。分析では，問題のない過去のイメージはすぐに消散し，子どもの頃に経験され忘れられていたさまざまな不安が間もなく思い出され詳しく述べられる。心身症的な問題が通常は一時的に分析の間に起こる。現在の情緒障害が頻繁に心気症的な形で表される。これは通常一時的であるが，瞬間的にとても不安なものとなり，死が差し迫っているという恐れを引き起こしやすい。これらの恐れは比較的簡単に乗り越えられる。これらの心気的な恐れが本当に起こるとは全く思えず，患者はいつもその非現実性を認め心理的説明を受け入れるので，これらの不安は分析家をあまりしっかりと捉えないし，それで分析家は私的にはそれらに影響されない。患者は子どもの頃このような恐れや別の不安を人には知らせないでいたり，親の機械的な保証をたやすく受け入れていた。親はそうすることで，「私たちはおまえを心配しなくてよい」ということを伝えていた。分析で患者は，このような過去と現在双方の不安を人目に晒す機会を利用するし，そうすることに著しい利益があると感じる。私はこの利益を軽視したくないし，それに価値がないと患者に言ったりすることも決してないだろう。しかしながら，「私たちは転移を解釈しているだけでなく転移の中に生きていることも認識しなければならない」というベティ・ジョゼフの箴言をこころに留めておくべきである。私たちは，患者が共感的な聞き手を前に，忘れられていた過去の不安を探求できる状況を作り出す一方で，問題のない親と一緒にいる厄介なところのない子どもの場面を再び作り出す過程にもいる。それをフロイト（1913c）なら転移性の治癒と呼んだだろう。

転移で優勢な現在進行している信念の本流とは別に，侵入的で心気的な恐れや転移性の不安な考えを一時的にもつのが，このような患者の特徴である。これらの考えは，フロイトの言葉を使えば‘*unheimlich*’である。これはストレイチーによって「無気味な」と訳されているが，それは元のドイツ語を正しく表していない。*unheimlich* はうす気味悪いという意味だが，異質なという意味もあり，家庭的で馴染があるという意味の *heimisch* の反対語である。フロイトの *unheimlich* な体験に対する説明は，次のようなものである。すなわち個人は，排除はしていないが，フロイトの言葉では，明らかに**乗り越え**ていた原始的な信念を復活させるような何かにこの世で出会う。「自我とイド」（Freud 1923a）の前に書かれ，そのために無意識の自我の概念が使われる前の論文‘Das Unheimlich’（「無気味なもの」, Freud 1919）の中でフロイトは，**無意識**に属していると見なす**抑圧された**乳幼児期のコンプレックスと，乗り越えられて[原注1)]はいるが外界での明らかな支持があれば再び現れることがあるものとする，**太古の信念**を区別している。信念が乗り越えられてはいてもいつでも *unheimlich* な体験を起こす可能性がある状態と，信念が廃絶されてしまっている状態を彼は区別した。「逆に，アニミスティックな信念を最終的に全く脱却してしまった人は，このタイプの Unheimlich なものに反応しないだろう」（Freud 1919: 248）[原注2)]と書いている。この区別は分析で最も重要なものだと私は思う。私は，単に乗り越えられていたり成長のために明らかに合わなくなった信念と，ワーク・スルーされて放棄された信念を区別する。心的変化に必要なのは放棄である。これには時間がかかり，ワーク・スルーが求められ，失われた対象への哀悼と同じように失われた信念への哀悼を伴う。乗り越えられた信念は，優勢な状況に寄りかかっている別の信念に打ち負かされただけだと私は思う。それは，昼人前ではあることを信じ，夜一人になると別のことを信じるようなものである。

これが，私の述べている患者たちに当てはまると思う。彼らはある信念を乗り越えてはいるが，放棄したり修正したりはしてはいない。すなわち，その後その信念は *unheimlich* な考え――ある患者が言ったように「奇妙な考え」――としてつかのまの間現れる。転移につなぎ留められた持続的な不安の代わりに，分析家についての恐ろしい考えや，特に何の結びつきもないぎょっとしたりぞっとするようなイメージがほんのちらりと見える。このような太古の信念の一時的な侵入は，転移の中に確固としたすみかを見出さないし，分析関係の安心させる親しさによって素早く消し去られる。

信じることについての論文（Britton 1995b: 20-1）で，私が信じることの自発的保留と呼ぶものを説明するのに以前使っていた，数年前のあるセッションからの臨床素材を述べることによって，これを説明したい。後になってみると，私はそのセッションでの作業にもっと批判的な見解をとるが，ここではそれを論じたい。患者は有名大学の哲学の講師で，このときまでには上級講師になっているべき人だった。彼の家族は外国の出で，彼らはそこで迫害を受け，難民としてロンドンにやって来た。彼には二人の姉妹がいた。一人は同性愛者で家族から疎外されており，もう一人はアルコール依存者である。つまり，患者とは違って，二人とも両親の厄介者だった。このセッションの時点で，彼にはシティの株の仲買会社で働くガール・フレンドがいた。彼らは一緒に住んでいたが，彼女はお互いの合意による長期の取り決めに身を委ねようとはしなかった。彼は彼女を情緒的に依存的だが満足させるのが難しく，ときには話しかけることさえできないと見なしていた。

彼は次のように始めた：「入って来たとき，あなたがうんざりして興味がなく，敵意があるか冷たいように見えると思いました」。彼は短く間をおき，やり直すかのように言った：「とても興味深いのは，私がここで初めてトイレを使ったことです。ここに来る途中で排便しないといけないと思いましたが，遅れたくなかったので止まらなかったのです。でも，ここではしたくありませんでした。とにかく，そのために少し早く来ました。車の中で私は『しないといけない』と思い，痛みがありました。何年も前に私には――あなたが知っているかどうか，知らないのですが――*proctalgia fugax*，つかのまの肛門痛があると言われましたが，その状態を思い出しました」

このときまでに患者は話題に熱中しきっていて，自分自身と自分の体験についてたゆまず比較的朗らかに話した。彼は今や，彼に興味を示し好意があると思う誰かに話しかけているのは明らかだった。（*proctalgia fugax* の痛み，つまりつかのまの刺すような肛門痛みたいに）何か急で，暴力的で，不吉なものの感覚は，彼の心地よいくつろいだ話からは消えていたが，私のこころの中には不安なイメージとして残った。

私は次のようにコメントした：「あなたは自分の気持ちを私にすっかり向けきれません。私に敵意があるという，つかのまのイメージをあなたは深刻に受け止める勇気がないのだと思います。それで，あなたはそのイメージを言葉で隠しまったのです」

彼は間をおいた後，自分とガール・フレンドの話をした。それには一つのパターンがあった。初め彼はあるできごとを述べることで，彼女が彼をひどく扱い，そのため彼が引きこもる様子を表現した。しかし，話が進むにつれて彼らの相互の立場は曖昧となり，最後に彼は客観的で感情をまじえず自己批判的となった。職場の同僚とのエピソードにまつわる話でもこれと同じパターンをたどった。最初，自分が不当な扱いを受けたのは，彼には明らかなようだった。それから，彼がそれを詳しく話していくと，彼が実際考えていたことが曖昧になり，最後のバージョンは理論的な自己批判となった。

私は黙ったままだったが，彼はそれを居心地悪く感じ，沈黙についてコメントした。彼はガール・フレンドの話に戻った。彼は感情を込めて疑惑を表明した。すなわち，彼が稼いだ全てを投資し，さらには一緒に暮らしているにもかかわらず，彼女は仕事でかなりのボーナスを貰ってもそれを自分のものにするだろうと。彼は続けて，次に彼女に会ったときとてもホッとして暖かく感じたことを述べた。それは，以前のお互いの辛辣な言葉にもかかわらず，彼女が優しかったからである。

私は次のように言った：「ここでもあなたは私に全てを投資しています。つまり，あなたは私を良く思うことで，自分が持っている以上のものを私が持っていると考えています。私をそんなふうに理想化するとき，あなたは私に好意をもたれ歓迎されていると感じます。これが私と私たちの関係に対するあなたの不安を和らげます。私が良くて，あなたが恵まれ，幸運で，好意をもたれているという考えを失うと，あなたは突然鋭い不快感，つまり私に対するつかのまの苦痛なまでの疑惑に晒されるのだと思います」

患者は考え込み，それから，あるアパートで大家の過失で死んだ学生たちの話を思い出していると言った。彼らはガスストーブの欠陥が無視されたため中毒死した。[私の部屋にはガスストーブがある。]

私は次のようにコメントした。彼が私に身を任せるとき，傷つきやすい自己を守り治療への疑惑を深刻に受け止めるべき彼の側面は，お互いを尊重して私とうまくやっていくために，危険を退ける方を選ぶ。それで彼は結果的に，自分に中毒を起こさせたり自分をめちゃめちゃにしたりする。

張りつめた沈黙があり，それから彼は言った：「先週私が同僚の肛門裂のことを話して，あなたがそれは良くなる前に悪くなる状態の一例だと言ったとき［私はそれを分析と結びつけた］……，あなたが治療にまで押し広げて言っていることがわかりましたが，あなたはそれを――言葉を捜しながら――楽しそうに言うと思いました。それはあなたの何かを示していると思いました。……ウーン……言葉が出てきませんが」

「サディズム？」と私は言った。「サディズムのことを言っているのでしょう？」

「そうです，あなたはサディスティックだと思いました」と彼は言った。

私は以前の論文でこのセッションについて述べ，患者がある考えを本当に信じていることに気づくまでは，その考えの外的現実との一致，あるいはその欠如は問題とされないということを論じた。言い換えれば，患者の心的現実が完全にあらわにされるまでは，それに対する現実検討からの反証や立証は時期早尚である。その論文の含意は，これがこのセッションにおいて遂行され，患者は分析家が危険で残酷な人物かもしれないという迫害的な信念を自分が真剣に抱いていること，そして，この信念を回避しようとしていたことをこのセッションの終わりまでに知ったと私が考えたことだった。しかしながら，今では私はこれを違ったように理解する。すなわち，そのセッションの終わりまでに患者が考えたと思うのは，彼は自分と分析家双方にとって興味深い途方もない考えを抱いていたが，それを信じるとすれば自分は気が狂ってしまうだろう，ということだった。

この患者は，実体のある悪態のような物を私の方に吐き出せば，私から報復的でサディスティックな肛門性の攻撃が返ってくると一瞬信じた，というふうに今では私は理解する。この瞬間的に意識された信念は明らかに，次のような信念が素早く確立されることによって乗り越えられた。それは，分析家は良い人物で，患者の突飛な考えに興味を持ち，自分が陰性転移に触れていると考えて喜ぶだろうという信念であった。この信念は現実の状況に非常に近く，そのため，分析家に対するこの良性の内的バージョンを再び押しつけ，それによって瞬間的に浮かび上がったもっと太古の恐ろしい信念を乗り越え，単に「奇妙な考え」として退けるために，外的現実を強力に捕える患者の力が使われる可能性があった。

ここで技法上の問題が起こった。それは，分析家についての恐ろしい信念が一時的に現れていることに目を向けさせる際に解釈がいかに正確であろうとも，そのとき解釈の後に続いたコミュニケーションの過程そのものが現状をもとに戻すのに十分だったからである。分析家と一緒に自分自身の考えを思案するこの患者の実際の能力が，その主観的現実の感覚，従ってその情緒的結果の感覚を回避するために使われる可能性があった。第 4 章で私は「第三の立場」を確立した結果としての「三角空間」の達成について述べたが，その結果，個人は自分自身でいながら自分自身のことについて考えられるのである。これは分析中のボーダーライン患者にしばしば欠けている立場であり，それで患者は自分自身の主観の海に分析家と共に孤立したままとなる。私の述べている患者は逆のことをした。このセッションで彼は，主観的信念の不可避性から逃れる場所を自分で用意するために，第三の立場を見出す能力を使った。言いかえれば，**彼は自分自身であることを避けるために自分自身のことについて考えた。**

手がかりは私が使ったフレーズの「分析家と一緒に」にあったと思う。私は，平衡の回復の背景には次のような患者の基本的想定があったと考える。すなわち，私たち双方にとって何事も最高の状態で最善の結果に確実に終わるようにしてしまうために，優先すべきは，思慮深い相互の対話を復旧させることであった。これは，患者も分析家も知っている通り，彼のガール・フレンドのように難しい誰かがやることとは著しい対照をなした。彼女だったら，分析家に悪意があるという考えは事実だという想定を疑いもなく持ち続けただろう。だが，いかに私が専門家として献身していようとも，実際にはそのような体験を楽しみに待つことはしないだろうということを私たちはまた二人とも知っていた。そのため，患者は理性ある思慮深さという能力を，私に不愉快な体験をさせないために，できる限りはたらかせた。

振り返ってみると，私が行ったように解釈の筋道を追うよりも，彼が思慮深い人になろうといかに一生懸命であるか，また彼が，彼のガール・フレンドや誰か私の難しい患者のように，難しい人，あるいは難しい考えをもった人であるのを――ちょうど子どもの頃，問題のある姉妹みたいになりたくなかったように――避けようとしていかに不安であるかについてコメントした方が有益だったかもしれない。このような難しい人たちとは違って，彼がこれらのことを理性的に語ることができれば，それらはもはや深刻にとられる必要がないことを意味した。言い換えれば，私たちは彼らとは違って，このようなことを信じるほど愚かではなかった。

これがフロイトの「乗り越えられた（*übenwunden*）信念」というフレーズの意味するものだと私は思う。この過程において，信念は現実検討を受けないしそのまま放棄されることはないが，分析状況自体の保証によって一時的に克服される。それは，瞬間的に思い描かれた世界と分析家と共有された世界を対比することに基づいている。夜中に子どもが急に怪物の存在を信じるとき，その信念はその夜に保証してくれる親がいることで克服されるが，この保証は次のときまでしか続かない。恐ろしい怪物の化身が分析家という人の中に現れるぞと脅すが，分析の過程そのものがそれを追い払う手段となる。分析はその *heimisch* な（家庭的な）特質を保持し，個人は Unheimlich なもの，つまり恐ろしい**既知の未知のものや未知の既知のものの**侵入を受けやすいままである。分析家は知らず識らず詩人リルケの母親のようなはたらきをする。すなわち，彼が『ドゥイノの悲歌』の第 3 の悲歌に書いたように，母親の存在は彼の子どもの頃の夜間恐怖を追い払ったが，それを和らげなかった。リルケが後年苦しみつつ次第に見出したのは，私が第 12 章で述べるように，幼年期の母親との関係は，その存在が彼を保護した夜間恐怖のまさに源だったということであった。

私が述べた臨床場面に戻れば，私たちは次のような状況にいると考える。すなわちその状況では，「**私たち**はこれらのことを語れる」という考えが，これが当てはまらないもう一つの可能性とこの考えとの区別をつけるのに十分なのである。私たちがそのことを語れる間は，何事も最善の結果に終わる。

最近ある同僚がこのことを明らかにする症例をスーパーヴィジョンに持ってきた。その分析家は感受性豊かで，思慮深く，優れていた。彼女は，先に述べた分析家と同様に，討論のためにその症例を持ってきた。つまりそれは，彼女が手助けを必要としていたからではなく，教育上の理由からだった。実際，「本当に難しい」別の患者について私と話す機会をあらためて持ちたいと彼女はコメントした。またもや，考察されようとしている感じのいい患者が，分析家のこころの中で本当に難しいと感じられる誰かとカップルになっていたことに驚かされる。しかしながら彼女は，次のように言いながら症例提示を始めた。すなわち，全てがうまくいっているように見えるけれども，分析が4年経っても何も起こっていないようなので，心配していると。分析の中では何も変わっていなかったし，分析の外の生活でも新しいことは何も起こっていなかった。彼女が述べるセッションを聞きながら私が特に気がついたのは一つの特徴，つまり不安や潜在的葛藤への気づきを明るみに出すあらゆる解釈に対する患者のほとんど反射的な反応であった。その反応とは，「ええ，私たちはそれについて以前話しました」であった。この意味するところは，「私たち」が「話す」ことのできるものはもう何でも良性の関係の中に含まれているということだった。それはまるで，何かが分析的対話の一部となるということは，もはやそれが望ましくないものを生み出すことはないという保証であるかのようだった。ものごと「について話すこと」は合同処分の手段であった。そして患者の無意識の想定は，分析の根底にある目的とは，「ええ，私たちはそれについて知っています」というカテゴリーの中に不愉快で不安を抱かせる人生の側面を含ませることによって，その全てを処分することにあるということだった。このような状況と分析の治療機能としての**コンテインメント**という考えの**表面上の**類似は，ものごとが正しい経過を辿っており発展が見込めるだろうという，共有された魅惑的な信念を強める。

ベティ・ジョゼフ（1989d）が**全体的転移**として言及した見解だけが，この種の状況を明らかにする。そして，これは逆転移性の活動と分析家の性癖も含んでいなければならない。分析で優勢な状況と，セッションごとのその状況の存在だけでなく，その経過を絶えず再検討することも意味していると私は考える。ベティ・ジョゼフは，転移対象との関係の本質が個々のセッションの仔細なやりとりのにうちに小規模にいかように見出せるかを何度も示している。それは出現する瞬間に捉えられるし，本当の理解に通じることがあると彼女は論じている。そこでは，特定の症例における分析家の逆転移性の活動や傾向を繰り返しよく調べることが必要とされる。このアプローチは，彼女が長年にわたって主宰している臨床ワークショップにおいて実践されている。このアプローチが実りのあるものであるという信念は二つの確信に基づいている。一つは，特定の症例に対する逆転移の無意識の側面が明らかにされるのは，その症例に対する分析家のこまやかな機能の中だけであるということである。もう一つの確信は，分析家の態度や行動の中には無意識の逆転移——これはのちに明らかになることもあるが，未然に防ぐことはできない——の影響を受けるものもある，という不可避性である。このことによって，私たちは優勢な転移／逆転移の中で作業していることを認識することになる。私たちはこの転移／逆転移を超越したりはできないが，できるだけこれに気づき理解することはできるし，それによって少なくともある程度の自由を獲得する。次の章では，このアプローチの適用を述べているが，これはジョン・スタイナーとの共著の論文（Britton and Steiner 1994）に基づいている。

分析状況における自己満足についてこれまで述べてきたことを要約しよう。私たちは知らないうちに，ある患者たちとパングロス博士とカンディードのようにペアを組み，ものごとが正しくはないにしても最善の結果に終わると無意識に信じがちである。カンディードは希望に満ちているが，パングロス博士は一番の物知りである。患者が，分析家は自分が良くなることを望んではいても，本当には変わることを望んでいないと思うことによって，不満を分析から追い払ってしまうことを私は述べた。変わることは，患者が合理的であるのと同じ程度に非合理的な，患者とは正反対の見えない双子の片割れに変形することを意味すると思い込まれる。同じように，長い間こころに抱かれてきている分析家の良性のバージョンに代わるものは，異質で潜在的に恐ろしい誰かである。患者の過去の外的人物がこのような内的イマーゴを具現するし，似たような正反対の双子の役割を持つ人物が患者の現在の生活に通常存在する。患者が分析家を不安にさせないのと同じくらい，もう一方の患者は，想像上の双子の片割れのように，分析家を不安にさせると信じられている。

患者が自分は「大丈夫だ」と信じている間は，転移における患者の嫉妬は棚上げの状態にあり，それゆえ羨望も同様である。ハンナ・スィーガル（私信）は最近，症例によっては嫉妬の噴出の後に初めて羨望が現れるとコメントしている。これは，深い羨望に値すると考えられる特権的な関係が分析家と患者との間にあると信じられているからだと私は思う。結局，羨望に対する防衛として，羨望される状態にあること以上に優れた防衛はない。この結果，私の述べている患者は，特権的な立場という繭の中に閉じこもる一方で，人の羨望を喚起することをとても恐れ，自分の達成を過少評価したり，あるいは成功を回避さえして，他者をなだめる傾向がある。

これらの無意識の信念が分析の実際の状況に近いと，患者が考えを変えるのはことさら難しい。いったん洞察が得られると，洞察に乏しい人々とはずいぶん違って，その患者を分析家が望んでいるという感覚が素早く生ずることがある。慢性化する危険は相当に大きい。必要なのは，自己満足というものの存在に対する感受性を分析家と患者の双方が高め，独善性に対していくらかのアレルギーを発展させることである。

記

原注1　*Überwunden*：成長のために合わなくなった，克服された，征服された，打ち負かされた

原注2　*Die Aufhebung des Glaubens*：信念の廃絶

8

分析家の直感：選ばれた事実，あるいは過剰に価値づけられた考え？

しかしながら，その技法はまことに簡単なものである。……それはただ，自分の注意を特にどこにも向けないで，同じ「平等に漂う注意」を維持することにある。

(Freud 1912: 111)

この章は，ジョン・スタイナーとの共著論文（Britton and Steiner 1994）に基づいている。この論文で私たちは，解釈の進展 evolution において，分析家が直感的に**選ばれた事実**を用いることについて述べ，このやり方が**過剰に価値づけられた考え**から妄想的確信が結晶化することに危険なまでに似ていることに注意を促したかった。過剰に価値づけられた考えは，重複して規定されている無意識の信念から生じる場合が多い。私たちは，両者を臨床的に区別する際の問題を論じ，そうするためには解釈に続いてセッションの中で起こってくるものをモニターすべきであることを強調した。私たちは自分たちの臨床素材を一緒に調べ，適当な例を探すことに同意した。それらは，選ばれた事実が現行の分析状況を結晶化したと考えられる例や，過剰に価値づけられた考えが分析的理解を妨げたと考えられる例であった。私たちが選んだ症例素材を私はこの章で用いている。どちらの症例においてもそれが誰の仕事であるかを明らかにしないことによって，どの分析家の仕事においても選ばれた事実が過剰に価値づけられた考えである可能性がときには高いことを私たちは強調したかった。それは患者の秘匿性の保護にもいくらか役立った。これらの理由で，この章では私が双方の症例の分析家であるかのように書かれている。

分析家のこころの中における患者に対する考えの組織化は，ポアンカレが『科学と方法』（Poincaré, Bion 1967: 127 にて引用）で記述した過程に似ていることを，ビオンは示唆した。この過程は，蓄積された諸事実の中のある特別な事実が科学者の注意を引くことに始まり，その結果，その他の全ての事実がこの選ばれた事実との関係によってあるパターンやある心的配置をとる。ビオンが「選ばれた事実」という用語を採用したのは，分析家が記憶や欲望をわきにおいて，フロイトが分析の実践のために指示した「平等に漂う注意」(Freud 1912: 111) の状態を達成するとき，似たような過程が分析家のこころの中で起こると思ったからである。ビオンは，『再考』(Bion 1967: 127) という本の中で分析の方法を再検討したとき，このアプローチを勧めた。分析家の思考過程の中に次のようものがあると彼は書いている：

> 「進展」，つまり突然の促進的直感によって一見無関係でまとまりのない多くの現象が集合すること。その結果，それらの現象には以前には把握されていなかったまとまりや意味が与えられる。……この体験は，妄想分裂ポジションから抑うつポジションへの変形の現象に似ている。……患者の生み出す素材から，万華鏡のパターンのように，明らかになりつつある状況ばかりでなく，以前には結びついているとは見なされなかった他の多くの状況にも属するような，ある心的配置が現れる。この心的配置は，それまでこれらの状況を結びつけるようにはもくろまれていなかった。
>
> (Bion 1967: 127)

イスラム教国の出身で非宗教的な家庭に育った，ある若い女性の分析からの臨床素材でこれを明らかにしてみよう。彼女はある程度成功した，前途有望な作家であった。彼女は，同じように非宗教的な見解をもつ同僚のイスラム教徒と結婚しており，子どもが一人いた。彼女には法律家の弟がいた。彼女がおとなになってすぐ，両親は亡くなっていた。この素材が選ばれたのは，それが数年前のものではあってもセッションの直後に書き留められ，その後の分析と患者の人生で起こったことが，このセッションでの解釈の選択がその時点で適切であったという確信を，無理のない程度にもたらしてくれるためである。

この時点でXさんは分析をすでに数年受けていた。当初彼女には知性化の傾向があり，分析家にかなり同一化していた。これは数年の分析で変化し，一時的にかなり著しい症状や転移性の障害が起こった。回復は良く，前よりさらに深い洞察を得たが，陰性治療反応の傾向があった。この臨床素材の時点で彼女は，分析と人生で新たな進展を遂げていたが，この報告されるセッションの前日には古い信念，さまざまな症状，および自分の仕事に対する不満へと「逆戻り」していた。

Xさんはセッションの初めに私が少し遅れたことに不満を言い，それから自分が前回のセッションの終わりに無情にも追い払われたと感じたと述べた。短い間をおいて，私に夢を語った。彼女は山頂にいた。そこには巨大なキノコもあった。彼女は押し出されそうな不安があったが，そこを動けなかった。夫が頂より上のどこかからかじれったそうに言った：「さあ急いで！　そこに着くには先に進まないといけない」。それから彼女は付け加えた：「夫は坂を下っていたに違いありません」

彼女がすぐに連想したことは，野菜や果物の入った大きなバスケットを決まって持ってくる父親への苛立ちだった。それから彼女は間をおいて，自分のセッションの後の男性患者が自分より優遇されていると言ったが，それはその男性が分析のトレーニングを受けていると思ったからである。

私が注意を促された事項（選ばれた事実）は，彼女が「先に進む」ためには「坂」を下らなければならないという考えだった。私はこれを，彼女にはあらゆる進展が現在の優遇という「山頂」にある想像上の場所から「下る」ことを意味する，という意味にとった。私の残りの思考はこの考えを中心にまとまった。彼女と分析を始めたときから私のこころの中に蓄積していた考えは，羨望，深刻な抑うつから比較的良く回復したことについての私の満足感，他の患者や弟への嫉妬に対する私の認識，および彼女のいくぶん誇大的な父親との同一化に関する私の理論についての断片から成っていた。このセッションで彼女の話を聞くうちに，これらの考えにやや自動的に付け加えられたのは，夢における象徴化についての私の解釈と彼女の憤った気持ちの認識であった。私自身の意識的な逆転移感情は，「さあ急いで！　そこに着くには先に進まないといけない」という夢での夫のじれったさによってうまく表されていた。あらゆる前進が下ることを意味すると彼女が信じているという考えがいったん私の注意を引くと，無作為に蓄積していた私の思考がこの考えを中心にまとまり，一つの心的配置が私のこころに現れた。

これは，乳首をあきらめることは離乳――つまり，前進し発達すること――ではなく，魔法のようなキノコのペニスに追い払われ置き換えられることだと彼女が信じているということだった。そのため，彼女がペニスを持っていたり彼女自身がペニスであれば，それは乳房を永久に所有しているのである。これは彼女のこころの中で「分析家であること」によって具体的に表現された。頂上のこの幻想上の場所をあきらめることができれば，彼女は前進できた。しかし，これは彼女がわかっているように下り坂である。

私の実際の解釈は，「私のようになれないので，追い払われ格下げになったと感じるのですね」というものだった。

彼女はこれに強く同意し，「でもそれが現状なのです！　それに，きっとそれは永久にそのままなのです」とつけ足した。この考えがセッションの中で彼女の見解としてしっかり確立された後ようやく，次のことを追加することで私は解釈を仕上げた。つまり，解釈をとり入れることは自分を分析家にしないことだと彼女が気づいたとき，これは洞察であり前進であったが，劣った立場の方へ滑りやすい坂を下ることのように彼女には感じられたということだった。

もう一度苛立たせるものを感じ，それが目の中に入ってくると彼女は応じた。私の言う意味が彼女には見え，それが彼女を苛立たせるのだと私はコメントした。「あなたがあなたで，私が私であることにひどく腹が立ちます！」と彼女は言った。短い沈黙の後，彼女は次のように言った：「その苛立ちは私のクリトリスに始まるものだと思えますし，クリームのことを考えています」。[この性器の感覚は一連の症状の一部を形成していた。そして彼女は医者から処方されたクリームのチューブをフェティッシュの対象に選んでいた。彼女はそれを使わなかったが，パニックに対する防衛手段としてどこへでも持ち歩いた。患者はこれを馬鹿らしいことと見なしたが，一時は抗うことのできないものであった。]

彼女がペニスではなくクリトリスを持っていることに気がついて激しく苛立っていて，自分が私の仕事をできればペニスを持っているように感じるだろうにと思っていることを私はコメントした。

短い沈黙の後，彼女が主筆である雑誌の編集・運営の責任を新たに引き受けたと私に告げた。これが自分にはとても負担で不適切だと彼女は言った。自分がそれを放棄すべきだとはわかっていたが，やっている間は自分が責任者ですべてを支配していると感じていた。

振り返ってみると私は二つのことに思い当たる。ひとつは，この選ばれた事実が私を方向づけただけでなく，私と患者の思考との距離を近く保ったことである。このとき，もし私がもっと無作為に素材を追っていたなら，無意識の表象を例示しようと象徴解釈にとらわれていたかもしれない。無作為の結果は，「乳房」や「ペニス」といった象徴的な部分対象に付随する，あらかじめ決められ過剰に価値づけられた私自身の考えを持ち込む危険をもたらしただろう。二番目に思い当たることは，患者の無意識のコミュニケーションの能力と，否定的な感情にもかかわらず彼女が進んで解釈を取り入れて反応することである。私が注意を向けるように夢のその要素を選んだのは，夢における夫像との同一化によるモードであった，ということが今ではずっと明らかである。この夫像は私を表象しているものであり，また彼女自身の一部を代弁するとも見られたと思う。この無意識の同一化が私を精神的に方向づけし，それがこの場合本物の理解につながったと私は考える。これ自体は，患者がそのときものごとを伝えるモードにあった結果だと思う。これは，私の似たような無意識の同一化がよく行き詰まりや無意識の共謀を引き起こしていた，分析の早期とはとても対照的である。これらの転移性の反復や共謀はよく，選ばれた事実だと称する過剰に価値づけられた考えを中心に築かれていた。

分析家の「突然の促進的直感」(Bion 1967) は洞察の前兆かもしれない。しかしながら，その到来は妄想的確信の出現にも似ていることがある。選ばれた事実の建設的な使用と過剰に価値づけられた考えの結晶化の違いは，すぐにははっきりとしないかもしれない。直感的洞察に扮した「過剰に価値づけられた考え」を出現させてくる，無意識の過程から自分が免れていると分析家が考えるのは傲慢であろう。そのため，解釈を行なった後に仕事が始まるのは避けられない。それで，分析家が言ったことに対する患者の意識・無意識の反応に注意するために，患者に聞き入ることが極めて重要となる。

フロイトは，私たちの定式化は仮説に過ぎずその後の素材の中で検証されるべきであると強調することで，解釈を評価し実証する難しさを示している。彼は次のように書いている：

> 分析のその後の経過だけが，私たちの構成が正しいか役に立たないかを決めてくれる。個々の解釈は吟味，確認，あるいは却下を待つ推測に過ぎない。私たちはそれに対して何の権威も主張しないし，患者から直接の同意を求めたり，患者がそれを初めは否定しても論争したりしない。要するに，私たちはネストロイの笑劇［der Zerrissene］中のお馴染の人物をモデルとして行動する。彼は下男であるが，あらゆる質問や異論に対して口をついて出てくるのはたった一つの答えである：「これからいろんなことが起こるうちに，全てがはっきりしてきますよ」
>
> (Freud 1937: 265)

分析家が自分の解釈が正しいかそうでないかについてこころを開いておくことの重要性は長い間認識されており，狭量な分析家はたやすく，そして間違いなく批判される。私たちは，分析へのアプローチが自分の選んだものとは異なる分析家の中に，そのように気分を害する人を見出しやすい。例えば，バリントは彼にとってのクライン派分析家の典型的イメージを次のように描いている：

> この技法を用いる分析家は一貫して，博識で揺るぎない確固とした自分を見せつける。その結果，分析家は全てを理解しているだけでなく，あらゆる体験，空想，感情，情動を表現する絶対で唯一正しい手段を思いのままに操れるのだという印象から，患者は片ときも逃れられないと思われる。患者は，私の考えでは大体がこの技法を一貫して用いることで生じた，莫大な憎しみとアンビバレンスを克服した後，分析家の言葉を学び，それとともに分析家の理想化されたイメージを取り入れる。
>
> (Balint 1968: 107-8)

これは確かにフロイトのアプローチとは相反する。だが私たちの多くは，これが「クライン派」分析家の正確な描写だという見解に同意しない。この描写は，それがどんなたぐいの分析家であっても方向を誤った分析家の描写であると私たちは考えたいが，このようなタイプの分析家は極めて迫害的で，真の発達に対して破壊的であることには同意できる。

解釈に対して応えてくる患者の反応をどのように理解するかは，とてもわかりにくいときがある。分析家との意見の一致が追従の表現であったり，不一致は，正しいけれども苦痛な気づきや癪に障る気づきに対する抗議であったりする。これを決めるのに必要な繊細でときには長い作業が，なぜこの反応がこの患者のこの瞬間に特徴的なのかを理解することとともに，私たちのやろうとする分析の本質である。多くは，これがなされる心的態度によって決まる。分析家が解釈を差し出し，患者がその解釈を考えるように請われている仮説だと受け止めれば，探究の雰囲気が生まれてきやすい。これは実際にはなかなか生まれてこないし，そこで，この達成を阻むものを理解する試みがなされなければならない。この失敗は，患者や分析家の要因，あるいは（しばしば当てはまるように）無意識の病的対象関係の実演としての二者の相互作用という要因によることがある。この最後の可能性自体は，分析家が自分たちの活動を言葉で定式化しこれを患者に伝えることができれば，今まで認識されなかった潜在状況から，刷新のための実りある領域となりうる。しかし，それが認識されないままであれば，行き詰まりとなる。

おそらく最も破壊的で外傷的な筋書きが起こるのは，分析家が患者に教化や洗脳をしているかのように，何の疑いも許さない態度で誤った解釈を自分に押しつけると患者が感じる場合であろう。これは分析家側の妄想的確信と関係しているかもしれない。そしてそれは，自分の特別な世界観を強めるために選ばれた事実を乱用する，分析家自身の特質と関連していることがある。

シェンゴールド Shengold（1989）は，このようなできごとをシュレーバー症例（Freud 1911a: 14）と関連づけて「魂の殺害」と呼んだ。彼はこの用語をオーウェル Orwell の小説『1984 年』の主人公ウィンストンに使った。それは外傷性の虐待を受けた子どもの体験に特に関連しており，分析家における非特異的な逆転移性の反応のような分析状況が起こるのはしばしばこのような症例においてである。患者によっては，このような侵害の感覚の後，聞くことを拒否したり，絶望して引きこもったり，怒って立ち去ったりする。それが，患者のマゾヒスティックな服従を伴う，倒錯の基礎となればもっと難しい。

しかしながら，分析家の解釈がもともと探究するモードでなされても，それがその瞬間に作動している患者の要因のために「魂の殺害」と体験される場合は，やはりこの筋書きが起こることがある。これはおそらく，患者が気づかずに「行動モード」で機能しており，分析家も同じだと思っている場合であろう。そのような状況では，分析家は先ず患者が解釈をどのように理解しているかを明らかにし，これを伝える必要がある。そうすれば，患者が解釈をそのように迫害的に体験している理由を探索するための分析作業がさらに進められる。症例によっては，激しい転移・逆転移性の作用・反作用が分析家のこころの中だけで理解のために刷新され，解釈はさしあたり言葉にされないことがある。しかし，これは不可欠である。というのは，それが，たとえ患者が知覚する状況での位置づけから分析家を自由にしなくても，少なくとも無意識の実演に加わることから分析家を自由にするからである。患者や分析家による迫害的な体験が，この刷新の必要性が当てはまる唯一の筋書きではないかもしれない。すなわち，無意識の実演が，例えば性愛，偶像崇拝，あるいは神託といった他の形をとることがある。

かつて私たちは二つの状況について述べてみた。一つは至適状況で，そこでは解釈が分析家によって提出された仮説として体験されるのに必要な条件が整っている。もう一つの状況では，全ての解釈が行動として体験される。第三の可能性があるが，そこでは解釈が倒錯的に，あるいは偶像崇拝的に使われる。分析によっては解釈が，宗教の教義，フェティッシュの対象，あるいは求められたサドマゾヒスティックな関係で用いる道具として使われることがある。この最後のカテゴリーでは，分析家の過剰に価値づけられた考えを含む解釈は，マゾヒスティックな満足のために誤解を求めている患者に特に歓迎されるだろう。

分析家があることを理解していると思う場合，定式化という有用な発見と患者に受け入れを強いる過剰に価値づけられた考えとをどうすれば区別できるだろうか。これを考える際に，分析家が過剰に価値づけられた考えを使った例が役に立つだろう。

患者のＬ氏はかなり強迫的な人で，妻が人生や結婚生活での失敗を非難しがみがみと叱るさまを詳しく説明するのに，多くのセッションを費やした。ある日，スーツの衝動買いで彼が責められたありさまを述べながらセッションを始めた。彼は妻を一緒に連れて行かなかったために特に非難されたが，それは彼の説明によると，セールの最終日で妻に都合の良い時間をアレンジできなかったためだった。

彼はまるで待てないようで，それで衝動的な行動が待つことを回避するのに役立った，と私は解釈した。

彼は私が起きること《ウェイキング》と言ったのか，待つこと《ウェイティング》と言ったのかと尋ねた。私はこの誤解に触れ，続けて，待っている間，妻の攻撃と迫害に没頭することでこころを占めるものが彼にもたらされたことを示唆した。私は，待っている間彼が対象をコントロールするやり方に肛門的なものがあることも付け加え，これを彼のお金への没頭につなげた。

彼はこれに対し，劇場の階上で妻を待っていた数日前のできごとを話した。彼は彼女が遅れるに違いないと思ったし，朝方彼に怒った後にそもそも彼女が来るかどうかを疑った。しかし彼女は実際，階下のバーで彼を待っていたことがわかった。

私はすでに自分の解釈に落ち着かなさを感じていた。まず彼は，私が起きること《ウェイキング》と言ったのか，待つこと《ウェイティング》と言ったのかを尋ねなければならず，したがっておそらくその解釈は彼の念頭になかった。二番目に，私が特に実際の肛門的素材もなく肛門性に言及したことが，理論的でこじつけのように感じられた。そして最後に，待つことを詳しく論じた興味深い本を自分が読んでいることを知っていた。

今度は次のように私は言った：「あなたは私の解釈についてコメントしていると思います。私たちは違った場所にいるとあなたは感じているようです。私の解釈はあなたのいるところに届かず，おそらくあなたはその解釈こそが私が没頭しているものだと感じたので，疑問に思ったのでしょう」

患者は，自信はないが，私が重要な領域を指していると思うと答えた。確かに彼は待つことに大きな問題があったが，行動を起こすことにも大きな問題があった。

私は，私たちが有用な触れ合いをしたのかどうかきわめて曖昧に感じ，待つことの問題への彼の興味にむしろ納得できなかった。それは，ちょうど彼がいつも妻にするように，私をなだめて懐柔したいという彼の願望を表しているのかもしれなった。

次の日，彼は待つことのテーマに戻りたいと言いながら，自分が待つことから満足を得る方法について入念過ぎるほど述べ始めた。彼は，理性という悪魔の女性版の妖婦に誘惑されたかのように，ぐずぐずして行動を避けたくなったと言った。彼はこれを，死の魅力のテーマとの関連で最近話していた，水とベニスに結びつけた。水面に屹立する建物や旅には特別なものがあり，旅は建物に辿りつくのを待つようなものだった。待つことはまた温水浴をしているようなもので，彼はこれを楽しんだ。彼の妻は彼の入浴中の居眠りを非難したが，彼は長い一日の後緊張しており，その緊張が温浴の中で次第にほぐれていくのがわかった。

間をおいて彼は言った：「私は重要な点を正しく掴んでいますか」。それから続けて，時間にしがみつくのはお金にしがみつくようなものだと言い，双方ともとても肛門的だと考えた。彼はいろんなものをとっておくようだった。彼は短い記事は書けたが，本当に興味のある領域の大きな記事は覚書やアイデアを集め続けているうちにぐずぐずと遅らされるという問題が職場ではあった。

患者には，前の日に待つことの問題を提起したとき私が正しかったのかどうか，いまだに確かではないと私は示唆した。今それを判断するのが難しいのは，彼が私のアイデアを掴んでしまっているようだからだった。彼はそれに命綱（命綱は最近のテーマだった）みたいにしがみついているようで，私の解釈が彼の中で起こっていることに相当するのか，あるいはそれが本当に彼の興味を引くのかさえはっきりしなかった。

患者は言った：「それが私が理解する必要のあるものかどうかが重要ですか。危険なようですが。それから，でたらめなできごとの中にあるパターンを見るやり方を思い出しました。いったんそのパターンが思い描かれると，たとえそこになくてもそのパターンを見るのをやめるのはとても難しいのです。分析はそんなものかもしれません」

彼が命綱を掴むようにパターンを掴みたくなっていて，それが自分のいるところを知るのに役立つこと，そして，彼が私のこころの何かを掴もうとすることで私にしがみついていることを私は解釈した。それで彼は，それが偽物のパターンであっても気にならないようである。

患者は続けて，現在力を入れている仕事について語った。それは有力な人々を暴いて名声を落とすことを含んでいた。彼が見出したこの事業はあと 4 カ月は秘密でなければならないし，その後初めて間接的な筋からその事業についての情報がもたらされるだろうと彼は言われていた。彼はジグソーパズルの小片を組み合わせて絵を解き明かし始めた。「ギリシア神話みたいですよ」と彼は言った。「アラジンの洞窟のようなものがあって，中には計り知れない財宝があり，私を中に入れようとしない門番がいます。でも私は財宝を見つけ出したのです」。彼は明らかに勝ち誇り，続いて彼が有力な人々を暴く不安を語った。彼は上司のサポートを得た後で，先に進むことにしたのだった。

そのパターンが偽物かどうかを試すように，そして，疑わしい解釈を私がもたらしているのではないかと思っているのなら，私を調べて暴くことを敢行するように，私から励まされていると彼が感じていると私は解釈した。

彼はこれに答えて，自分の探究の方法の不誠実さについて述べた。彼は，証人たちを和らげるために彼らの興味に沿って雑談し，ほんの余談として自分の必要としている情報を彼らに尋ねていた。

振り返ってみると，彼が待つこと，ベニス，そして肛門機制について話すことに同意したのは，おそらくそれが私の興味に沿うと思ったからであるが，彼が本当にしたかったのは私の作業のやり方，特にそれが偽物かどうかをもっとはっきり知ることであると私は解釈した。

そのような問いをどう考えていいかよくわからないと彼は答えた。以前彼は，分析の本を読んだり，私が本や論文を書いているかどうかを確かめたりしないようにしていると私に言ったことがあった。パリの分析家の間で起こっている争いについてのフランスの新聞記事を見たことを今や彼は認め，似たような争いがロンドンでも起きているのではないかと実際訝った。彼は私がクライニアンだと思ったが，その意味することをはっきりとは知らなかった。彼はそれから赤ん坊への興味を連想し，それは良いことだと思った。しかしそれから，自分が本当に恐れているのは精神の拘束衣を着せられることだと言った。彼は数学をきちきちに詰め込まれた個別な領域からなる分野であると詳しく話し，ある領域に入ると出るのがとても難しいと言った。

この素材は，患者の問題点が待つことであり，待てるように彼がマゾヒスティックな思考を使うと解釈したとき，私は過剰に価値づけされた考えを持ち込んだという事実を指しているようである。このテーマは妥当で重要かもしれないが，それは患者がそのセッションで待っていたところではなかったというのが真相のようである。患者は自分に届き手助けするのが分析家の仕事だと主張するより，むしろ進んで自分の精神の場所を去り，自分の関心に没頭している分析家と一緒になった。このようにして彼は私の願いを叶え，私の解釈を裏づけるかのように，待つことや肛門機制についての素材をさらに提供した。しかし，彼の他の連想は，つながりのない状況を物語っていた。

過剰に価値づけられた考えの防衛的使用

意味が明らかではないままに事実が蓄積している状況では，一つの心の粒子ともう一つの粒子の関係は，選ばれた事実となる何かが分析家の注意を引くまでは決められない。そしてやがて，他のさまざまな心の粒子がこの選ばれた事実との関係によって凝集するにつれて，一つの心的配置が現れる。この新たに形成された心的配置（コンテインド）は，**この**患者と**この**分析の**この**瞬間にきわめて固有のものである。それは，以前から存在する抽象的な形式（コンテイナー）によってもたらされた分析家のこころの中に居場所を見出し，それを満たす。それゆえ，新たに現れた心的配置は抽象的な理論の具体化となる。この理論は，空の形式や「期待の状態」（Bion 1962b: 91）のように，生命と実質をもたらしてくれる適切で好ましい状況を待っていた。これらの理論や待ちうけているコンテイナーは分析家のこころの中に蓄積しているが，分析家の一般的分析理論，人々に対する分析家自身の主観に基づく理論，他の患者たちとの臨床経験，および特定の患者についての蓄積している体験に由来する。これは，コンテイナーのコンテインド**に対する**関係と同様に，前概念の現実化**に対する**関係であって，その逆ではないことをビオンは強調した（前掲書）。言いかえれば，理論が患者を探しているというよりむしろ，理論を得ている分析家のこころが，そのイメージのない期待が体験や患者の素材によって満たされるのを，コンテイナーとして待っているというのが真相でなければならない！　まとまりのない断片から，選ばれた事実を経過して，まとまりとコンテインメントに至る動きは，ビオンの述べた変形の三つの流れ全てを含む。すなわち，Ps から D へ，アンコンテインド uncontained からコンテインドへ，そして前概念から概念へ。

分析では患者も分析家も，私が第 6 章で述べたように，Ps(n) → D(n) → Ps(n+1) という Ps と D のサイクルを通過していく。これは，総合的なコンテインメントの感覚があらかじめ存在する場合にのみ可能である。このコンテインメントが断片化と理解不能の感覚に限りをもたらし，その結果，この感覚は全ての意味を無にするような無限のものではなくなる。さもなければ，体験は「何もなく」，恐ろしいほど「底なし」で，全く「まとまりがない」。多くの患者にとって，少なくとも相当の間，分析家に対する信頼とセッティングがこの外的コンテイナーをもたらしてくれる。信頼がなかったり失われたりしてこれが当てはまらない場合，状況は不安に満ち，しばしば劇的である。意味が求められるが，それはものごとを理解するためでなく，欠けているコンテイナーの代わりを，二人目の患者の言葉のように，命綱としてもたらすためである。私たちは，このことがパーソナリティによってさまざまな考えが過剰に価値づけられる理由の一つであると考える。それらは，心的空間の脆弱な安定感を支えるのに使われ，そのため永続性と実質性を持っている必要がある。このような状況では，解釈が探究ではなく安心感を求める手段となり，その恒常性が真実性よりもずっと高く評価されることがある。この体制では，選ばれた事実の進展を待つということはない。過剰に価値づけられた考えは**あらかじめ選ばれた事実**であり，それは現れるものではなくあらゆる心的状況において強制的なもので，ほかの心の粒子を無理にそれに向けさせる。過剰に価値づけられた考えは，何かが現れるのを待つ不安を排除する，**永続する選ばれたように見える事実**として役に立つ。

この見地から見直せば，L 氏が命綱を用意するために分析家のあらかじめ選ばれた事実，あるいは過剰に価値づけられた考えを「掴む」ことはさらに意味深い。「それが私が理解する**必要のある**ものかどうかが重要ですか」と彼は言った。彼は自分で答えた：「私はでたらめなできごとの中にあるパターンを見ます。いったんそのパターンが思い描かれると，たとえそこになくてもそのパターンを見るのをやめるのはとても難しいのです。分析はそんなものかもしれません」。分析が「そんなもの」であれば，それは果てしなく落ちる恐怖や不確かさに溺れる恐怖に対する認知的命綱をもたらす共同事業であろう。そうなれば，選ばれた事実が現れるのを待つことは，ベケット Beckett の『ゴドーを待ちながら』の登場人物たちが待っている，つまり信じない者が果てしなく待っているようなものであろう。待つことができないことは結局，問題のセッションの核心にあるのだが，分析家の逆転移性の活動に初めてちょっと姿を現すようである。そこにおいて分析家は，自分の手であらかじめ選ばれた事実を用意することによって，患者の方法を鏡のようにそのまま映し出す。

二つの状況が，あらかじめ選ばれた事実や過剰に価値づけされた考えの分析の分野への侵入を引き起こし，そのためセッションの自然な進展を曖昧にしたり妨げる可能性があるようである。一つ目は，あらかじめ選ばれた事実を抱く患者が過剰に価値づけされた考えと一致する素材を提供したり，そうした考えで分析家の行動を解釈する場合である。そのため患者は，既存の主に無意識の信念の領域に分析をとどめる。二つ目は，分析家が自分を過剰に価値づけられた考えに結びつけることによって，自己の分析的アイデンティティを不確かで混乱した状況のうちに失う恐れを和らげる場合である。それで分析家は，個人や専門家としての平衡に必要だと無意識に思っている信念に対する確認を患者に求める。

これらの最初の場合，分析家の課題は，分析のあらゆる状況を規定している患者の無意識の信念を見出すことである。二番目の場合の課題は，自分が考えを決めつけて使っていることを認識し，自分の行動を理解しようと試みることである。これは自分の分析の未完の作業かもしれないし，その患者に固有の逆転移かもしれない。後者の場合，これを解明することが患者の分析の一部であり，その解明から転移における無意識の対象関係の実演が明らかになったりする。

第 4 章で論じたように，分析家の解釈が無意識の偏見なく到来し開かれた状態のもとに提出されても，患者はこころや魂が侵入で脅かされているかのように反応するときがある。この反応とある患者たちが抱く押しつけられた信念の危なさに対する敏感さとの区別は明らかに重要である。後者では，分析家の決めつけられた考えが侵入すると，必然的に彼らを暴力的な反応に追い込む。この区別はすぐには，あるいは患者によってはしばらくの間はできないかもしれない。

不在の対象は，妄想分裂モードでは，悪意に満ちた存在，つまり「**無い物**」として体験される。解釈は，言及されるものが**物自体**ではなく，その表象あるいは象徴であるということを明らかにする。対象自体の不在のために感じられる欲求不満や喪失が持ちこたえられれば，考えに利用できる空間がその分だけ拡大される。Ps では，全ての「考え」が「無い物」を占める空間として体験される。そのため解釈は，患者の所有物と見なされている欠けている対象，つまり物自体に属する，患者のこころの中の空間を奪っていると感じられる。それゆえ，分析家が解釈を使うために，分析家によって貴重な内的対象が奪われるという感覚が生ずる。このような非常に難しい分析状況においては，これらの違いを見分けるために，分析家の介入に対する患者の負の体験の正確な性質を注意深く探究する必要があると私たちは考える。

Ｌ氏のような従順な患者の難しさは，また異なっている。問題点は，第５章と第７章で述べられた患者のように，合意による意見の一致が真実よりずっと高く評価されるために，自分の過剰に価値づけられた考えが選ばれた事実だと信じるように分析家がたきつけられることである。

9

白日夢，空想，およびフィクション

歴史は真実として表された事実の詳説である。一方，寓話はフィクションとして表された事実の詳説である。

(Voltaire,『哲学辞典』; Tripp 1973: 218 中)

現実逃避者の夢物語とは異なる，真剣なフィクションの起源を心理学的に明確に説明していくことに，この章は当てられている。私はここで，無意識の空想と白日夢，つまり心的現実と心的幻想の区別によってこれがなされることを提案している。フロイトは文学について二つの声で語っている。一つは幻想や願望充足についての一般的な考えを追い求めているときの声であり，もう一つは彼が主な支持者たち，つまり創造的な作家たちから確証してもらいたい臨床由来の理論を語るときの声である。フロイトの論文「創造的な作家と白日夢に耽ること」(Freud 1908a) に対する現代精神分析の見解を述べた本に，私が書いた章 (Britton 1995a) での批判は，彼の論文が**真実を求める機能**を持つフィクションと**真実を避ける機能**を持つフィクション，つまり真剣な作品と現実逃避の文学をきちんと区別していないということであった。すなわち，「空想の概念を願望充足的白日夢以上に拡大すれば，本質的には真実のフィクションとわざと偽ったフィクションの違いは説明できる」(Britton 1995a: 82-3)。

無意識的空想の概念の拡大はメラニー・クラインの仕事の結果であり，彼女の昇華と象徴性《シンボリズム》の理論の拡張に関連している。すなわち，「象徴性《シンボリズム》は全ての空想[訳注1]，昇華，およびあらゆる才能の基礎である。というのは，さまざまな物，活動，興味がリビドー的空想の主題となるのは象徴的同等視 symbolic equation [訳注2] によるからである」(Klein 1930: 220)。「創造的芸術家」を特徴づけるものは早期の乳幼児期空想に手が届くことだと彼女は考えた。「乳幼児期の精神生活における象徴形成

訳注1：メラニー・クラインの原著にはこの空想という語はない。

訳注2：メラニー・クラインはこの用語を，二つの全く異なるものが同じ象徴性《シンボリズム》をもつようになることという意味で用いており，後にハンナ・スィーガルが使った象徴等価物 symbolic equation（本書の第3章49ページ，および第11章162ページを参照）とは用法が異なる。

が豊かで（あれば），それはあらゆる才能，あるいは天才の発達にまでも寄与する」（前掲書）と彼女は主張した。

この「**無意識的空想**」という用語の拡大が議論をまき起こしたため，メラニー・クラインとアンナ・フロイトの見解の相違を明らかにしようと，1941～45年に英国分析協会で行なわれた「A・フロイト－クライン論争」では，これがその中心に置かれた。リカルド・スタイナー Riccardo Steiner は『論争』の解説の中で次のように書いている：

> 無意識的空想 phantasy（「意識的空想 fantasy」と区別するために‘ph’で綴られる）は，これら全ての科学的討論の主要な理論テーマであろう。1920年代にフロイトをドイツ語から英語に翻訳していたときすでに，フロイトがあまり使わない「空想 phantasy」の無意識的特性とその意識的側面を区別するような用語を採用する必要があった。
>
> (King and Steiner 1991: 242)

この討論に対する貢献としてスーザン・アイザックスは「空想の性質と機能」という論文を書いたが，これは通常，無意識的空想についてのクライン派の立場の表明と見なされている（Isaacs 1952: 67-121）。この中で彼女は，無意識的空想が，フロイトがイドについてのコメントの中で言及した，「本能的欲求の……身体的表現」（Freud 1933a: 73）であると示唆している。無意識的空想は本能，身体的・心的体験の心的表象であり，あらゆる心的過程の基礎をなすとアイザックスは主張した。これは，フロイトのもともとの *Phantasie* からの「空想 phantasy」という用語の使い方の変化であった。それは，フロイトによって言及はされたが，定義も命名もされず，「本能的欲求の……身体的表現」（前掲書）といった表題の下に潜んでいたそれらの心的要素を含ませるよう，フロイトの用語を拡張することによって行なわれた。フロイトや他の人たちが発達的に後で起こるもっと洗練された現象に適用した用語と同じ，*Phantasie* という用語を使うのを正当だとアイザックスが主張したのは，発生上の連続性ゆえだった。

「A・フロイト－クライン論争」とスーザン・アイザックスの論文で見失われていたこの概念の重要な側面は，実際の体験に基づく，あるいはそれを伴う乳幼児の空想（例えば，噛みつく対象としての空腹の痛み）と，体験を否認するために呼び出された乳幼児の空想（幻覚的に満足させる対象）の区別であると私は思う。これは部分的には，クラインがまだ妄想分裂ポジションの理論と投影同一化の概念を導入していなかったためである。無意識的空想がさまざまに体験され表現されるその様子を解明した多くの業績はこの後なされることとなったが，とりわけハンナ・スィーガルによった。彼女は次のように書いている：

> 最初の空腹とそれを満たそうとする本能的な努力は，その空腹を満たすことのできる対象の空想を伴う。……快／苦痛の原則が優勢である限り，空想は万能であり，空想と現実体験の区別は存在しない。空想された諸対象とそれらに由来する満足は，身体的できごととして体験される。
>
> (Segal 1964: 13)

これは，彼女が指摘するように，負の体験由来の空想においても真実である：

> お腹を空かせて激怒している乳幼児は，泣き叫び蹴りながら，自分が実際に乳房を攻撃していると空想し，自己を引き裂き傷つける自らの叫びを，自分の内側を攻撃している引き裂かれた乳房として体験する。そのため，乳幼児は欲望を体験するだけでなく，空腹の痛みや自らの叫びを自分の内側への迫害的な攻撃と感じることもある。
>
> (Segal 1964: 13)

（身体的満足に基づく）良いものの源としての理想対象と（身体的苦痛に基づく）邪悪なものの源としての悪い対象に対するこれらの空想は双方とも，妄想分裂ポジションのモードにある。獲得していると万能的に主張することで喪失を否認する機能をもつ，幻覚的に願望を充足する対象は，**躁的防衛**の前駆体である。

抑うつポジションのモードでは，対象が不在の場合，万能の放棄と連続性の観念によって，その対象が別のところに存在していると感じられるようになる。苦痛は，何かが欠けているために自己の内側に起こるものと感じられる。対象の不在が認識されると，その対象がもともと占めていたが，今ではあとに残された場所は，空間として体験される。この空間が対象が帰ってくるという保証を含むように感じられると，それは良性に感じられるし，理想化されると，それは神聖視される。この良性の期待とは対照的に，天文学のブラック・ホールが物体を排出するように，空間自体が良い対象を排出すると信じられると，それは，生命を壊滅する**悪性の空間**と感じられるだろう。良性の空間の存在を信じるかどうかは結局，その不在を生き延びる対象への愛による。このようにして，ひとつの場所が，対象が帰ってこれるように保持される。回帰の信念を維持するために躁的な万能的主張に訴えられると，ある形の「再臨」，あるいは千年至福の希望[訳注3)]が宗教の信条となる。それとは対照的に，対象がその不在の間も存在し続けるという考えが，あまりにも苦痛をもた

訳注3：キリストが再臨し，最後の審判の前日まで千年間この世を統治するという説。

らすために，持ちこたえられないと，悪性の空間が生じる。そのため対象は空想の中で壊滅させられる。この結果，対象によって残された空間は単に不在によって生じたものではなく，対象の消失の原因だと考えられる。それで空想は，**対象破壊の空間**の存在に及ぶ。

臨床上それは，外的空間あるいは内的空間への恐怖を引き起こす。そしてこれが，外的世界に現れる間隙の危険性を排除するための空間と時間の強迫的操作や，心的空間のどんな間隙も根絶するための強迫的で空間を埋める心的活動に通じる。この心的に間隙を埋める行為のあるものには，自体愛 auto-erotism に基づく空想が伴っている。

クラインは自体愛を発達の予備段階ではなく，対象に関係した活動と共存し，空腹のような苦痛な感覚や欲求不満に代わる埋め合わせ，あるいはそれらの感覚からの避難所をもたらすものと見なした。自体愛活動に関連した空想は幻覚的満足の基礎を形成し，そのような原始性に端を発する空想の発達ラインは，フロイトが論文「創造的作家と白日夢を抱くこと」(Freud 1908a) で白日夢と呼ぶようなタイプの空想に達すると私は考える。**願望性の精神病**の場合，欠損は，欠けている対象を幻覚的に知覚すること，あるいは自分が**その対象である**という妄想によって否認される。

外的現実が尊重される場合でも，自体愛に基づく空想は，現実的な態度と並行し，フロイトが**保留地**と呼びたがったものの中で，白日夢として存在することがある。彼は「精神現象の二原則に関する定式」において，「現実原則の導入で，ある種の思考活動はスプリット・オフされた」と述べている。彼はこの心的退避を自然公園と比較している：「……国家はそれでも特定の領域をもともとの状態で保留するために……とっておく（例えば，イエローストーン公園）」(Freud 1911b: 222)。彼がその他の主題にも用いている，この保留地の喩えを私は強調したい。というのは，フロイトが空間的メタファーを選んだのには意義があると思うし，白日夢の所在について私なりの考えがあるからである。白日夢が起こる心の所在，つまりフロイトの保留地は空想された場所であり，それに帰せられる知覚空間に似ているが，知覚空間とは明らかに区別された身体的特徴を伴う。この所在が単なる機能ではなく，こころの中の場所と見なされるとき，それは英語では**想像** *imagination* と呼ばれる。この空想された心的空間の起源についての私の理論が次章の主題である。

心的機能に解剖学的説明を加えようとした最も早期の試みにおいて，想像は，理性や記憶の区分と同じ割合を占める，脳の**空間区分**として表された。そののち，新生の科学がこのような解剖学的単純さを支持できないものとし，脳とこころの研究がそれぞれの道を歩み始めた**啓蒙運動期以後**，コールリッジはワーズワースとともに最も野心的に想像を定義しようと試みた。彼はこの用語に包含されるものを三つの表題の下に細分化した。すなわち，**一次想像**，**二次想像**，および**気まぐれな空想**である。彼は，第一のものを「生きる力と人間のあらゆる知覚の主体」と考え，第二のものを「前者のなごりであり，再創造のために解消，拡散，消散するし，理想化し統一しようと苦心している」と考えた。彼は，「気まぐれな空想」という古い用語をそのために保持した第三の活動を，既存の心的素材を異なる時間と空間に配列し直すだけの劣ったものと見なした（Shawcross 1968, vol.Ⅱ: 202）。メリー・ウォーノックが，想像の概念を哲学の観点よりロックから20世紀の哲学者まで印象深く概観した後で，「私たちは長い遠回りをしてワーズワースが導いた所にたどり着く。想像は世界を解釈する私たちの手段であり，またこころにイメージを作り上げる手段でもある」（Warnock 1976: 194）と言って結ぶとき，彼女のこころにあるのは一次想像である。彼女は次のように付け加えている：

> ヴィットゲンシュタイン Wittgenstein が言ったように，私たちはある形を，別のものとの関係によって，そのものの形として認識する。私たちが，ほとんど感じ難いものを越えて，知覚の知的領域や思考が沁み込んだ領域に足を踏み入れることを可能にするものに，「想像」という名を与えるのは都合がいいし妥当でもあると私には思える。
>
> （Warnock 1976: 195）

コールリッジの**一次想像**は，スーザン・アイザックスのあらゆる感覚と本能の心的表現としての無意識的空想という概念に酷似していると私は思う。**二次想像**は，創造的に再構成的であると考えられるものであり，対象がいないときに機能する。ワーズワースの二次想像の詩的説明によると，通常それは慰撫的で象徴的，そして昇華的である。フロイトが**二次改訂** ***secondary revision*** を，他の夢の構成要素より劣る，夢の表面をとり繕うだけの機能と見なすのと同じように（Freud 1900b: 490），コールリッジは気まぐれな空想を劣った活動と見なす。

フィクションの作品が明らかな「白日夢」に似れば似るほど，それは陳腐で，感動を与えず，大衆向きで，真摯な批評家に無視されやすくなる。作品が無意識の深く喚起的なものと共鳴すればするほど，最初の反応が好ましいものでなくても，最後には批評に明るい人々に認められる可能性は高くなる。フィクションの作品が明らかな白日夢に似れば似るほどそれは軽くなり，本当の夢に似れば似るほど私たちはそれを真剣に受け止める，と言えるかもしれない。『リア王』の深い影響についてのフロイトのコメントはこの考えを支持しているように思える。フロイトは「小箱選びのモチーフ」の中で，シェイクスピアによる『リア王』の出典である伝統的神話の「退行的改訂」は，歪曲の願望的変形を剥ぎ取り，男の人生における三人の女──「彼を生む女，彼に連れ添う女，そして彼を破壊する女」──についての強力でこころを乱す，かつもっと太古の神話に無意識に私たちを晒したと述べている（Freud 1913a: 301）。

本当の夢の形成において白日夢の果たす役割は，『夢判断』の中でフロイトによって明確に述べられている。彼は最初の3つの要因，つまり「圧縮の傾向，検閲を避ける必要性，および表現可能性への顧慮」（Freud 1900b: 490）について述べた後，彼が二次改訂と呼ぶ第4の要因にとりかかった。彼は他の夢の要因よりもこの要因を軽蔑している。すなわち，「この機能は，詩人が意地悪く哲学者になすりつける やり方でふるまう。つまりそれは，夢構造の中の間隙を継ぎはぎで満たすのである」（前掲書）。彼はさらに，この機能が他の夢の要因がもたらした生の素材を使い，まとめたいという単純な願望を満たす物語や作者を喜ばす筋を作るところが白日夢に似ていると述べている：

> 私たちは単純に，この第4の要因はもたらされた素材で白日夢のようなものを作り上げようとしていると言えよう。しかしながら，このような白日夢がすでにまとまった夢思考の中に形成されていれば，この夢作業の第4の要因は既成の白日夢をわがものにする方を選び，それを夢内容に導入しようとするだろう。
>
> （Freud 1900b: 492）

白日夢が本当の夢の中に入ることをフロイトが述べたのと同じように，本当の夢が白日夢に浸入したり無意識的空想が意識的空想に浸透したりして，気まぐれに作られたロマンチックなフィクションや恐ろしいフィクションに予期せぬ重みが付加される。メリー・シェリー Mary Shelley にとっての文学的な遊びとしてうわべは描かれたフランケンシュタインの物語は，彼女の後の説明によると，ヒンドル Hindle が「覚醒時の夢」（Hindle 1994: 6）と呼ぶものに基づいていた。それは，子どもによくある悪夢に関連した神経症症状の，夜間恐怖（*pavor nocturnus*）と呼べばわかりやすいだろう。メリー・シェリーは小説の1831年の改訂版の序文に次のように書いている：

> 私は眠らなかったし，さりとて考えていたとも言えないだろう。自発的な想像が私を掴まえ導いた。さらにそれは，普通の夢想の範囲をはるかに越えて生き生きと起こる連続的なイメージを私のこころに授けた。私は見た，目を閉じてはいたが，明らかな心的視覚像を。すなわち，魔性の学問を修める青ざめた男が，自分で作り上げたものの傍にひざまずいているのを。
>
> （Shelley 1832: 13-14）

彼女は，彼の創造物，つまり本物の創造のひどいまがい物が無機物に還るというフランケンシュタインの望みを想像するが，眠りの後にその学者が「目を開ける。すると，ベッドの脇に恐ろしいものが立っているのを見る。……私は自分の目を開け，おののいた」（前掲書：13)。それから彼女は，醜悪な幻影が続けて自分につきまとうと書いている。すなわち，それを追い払うことができない。さらに彼女は次のように書いている：

> 私は他のことを考えようとすべきである。私は自分の幽霊の物語に繰り返し戻った。……あぁ！　あの夜私を恐がらせたように読者を怖がらせる物語をうまく作り上げることができればいいのだが！
> 私の中に侵入してきた考えは，光のように素早く，喜ばしいものだった。「そうだ！　私を恐がらせたものは他の人たちも怖がらせるだろう」
> (Shelley 1831: 13-14)

「翌日私は物語を思いついたと発表した」（前掲書：14）と彼女は続けた。それで，夜間恐怖は幽霊の物語となる。これがやがて優れた科学フィクション，つまり『フランケンシュタイン（あるいは，現代のプロメテウス)』という哲学小説となる。彼女の最初の考えはただ，投影同一化，つまり他者に恐怖を喚起することによって自分は恐怖から免れるということだった。二番目の考えは夜間恐怖自体を芸術作品にするという創造的なもので，その時点で彼女はホッとすると同時に意欲に充ちてきた。

続いて展開していく物語は驚くほど独創的ではあるが，本物の夢のように明らかに重複規定されている。物語は明らかに，母親の死を引き起こした自分自身の誕生，10日で逝った彼女自身の赤ん坊の死，バイロンの子を身ごもった義理のきょうだいであるクレア・クレモント Claire Clairmont というこころを悩ませる存在，および，ある意味では父親のゴドウィン Godwin [訳注4] に対して抱いたものと同じような，夫シェリーの万能的なユートピア的理想主義の犠牲となる恐れと関連していた。彼女が序文でエラスムス・ダーウィン Erasmus Darwin [訳注5] の実験や直流電流による蘇生の可能性に関するシェリーとバイロンの前日の会話について語るとき，創始者としての日のなごりさえ私たちに提供されている。しかし，現代の神話として持続するその力は，物語に宿るメリー・シェリーの夢生活に由来する，深くて原始的な

訳注4：William Godwin（1756-1836），英国の無政府主義者・小説家。
訳注5：英国の生理学者・医師・博物学者・哲学者・詩人（1731-1802）で Charles Darwin の祖父。

無意識的空想からきていると私は考える。

ここまでに白日夢，それからフィクションに変形される本物の夢あるいは夜間恐怖について述べたところで，白日夢がフィクションとして使われ，そのフィクションに無意識的空想を持ち込む可能性のある，逆の状況に戻りたい。白日夢を原資料として作品に使う最も良い例の一つは，特に詩に使ったエミリ・ブロンテの作品に違いない。エミリとアン・ブロンテは子どもの頃ゴンダル遊びを始め，死ぬまで一緒にあるいは一人でそれで遊び続けた。その遊びは北太平洋のゴンダルと呼ばれる想像上の島に設定され，とても詳しいドラマやバイロン調の濃い響きもつ登場人物を伴っていた。彼らはゴンダルについての長い散文の物語を書いたが，それはもう残っていない。残っているのは，この背景や，登場人物と彼らの置かれた状況に基づいた詩である。エミリは偉大な詩人であるし，ゴンダル詩のあるものはとても素晴らしいが，そのもととなった散文は思春期の女の子の白日夢にとてもよく似ていた可能性がある。こう考えているデリク・スタンフォード Derek Stanford は，「ゴンダルでいいのは，付随的なところと不似合いなところである。……抒情詩表現の美しさ，つまりこれらの詩にある思想の情熱と深淵は，がたがたの構造と子どもっぽいメロドラマ的なプロットと全く不釣合いである」(Spark and Stanford 1966: 125) と述べている。彼はさらに——また，これは私たちのテーマと深く関連している——「登場人物やできごとのゴンダル構造は，エミリとアンの側の意識的創造を表していた。そして，この意識的枠組みがエミリの無意識的なこころを引きつける，つまり呼び出し係の働きをした」(前掲書：129) と述べている。

『囚人』と呼ばれる 37 連[訳注6] からなるゴンダル詩にこの例を見ることができると私は思う。最初の 3 連はよく書かれており，想像をかきたて状況をうまく伝えている。それらからは『嵐が丘』の冒頭の部分を思い起こす。第 4 連から第 17 連までの詩は，子どもの頃の友達で恋人となる可能性のあったジュリアン卿に瀕死の状態で見つけられる美しい悲劇のヒロインについての，暗い牢獄での不当な幽閉のプロットに近い。これらの詩はメロドラマ的で，あまりマゾヒズムを隠すこともない，性愛的な白日夢である。第 7 連にその性質の例を見る：

囚われ人は顔を上げた。彼女の顔はやさしく穏やかだった，
まるで大理石に彫られた聖者，あるいはまどろむ乳飲み児のように。
それはあまりにやさしく穏やかで，あまりにかわいくきれいなので，
そこには苦痛の一筋も，悲嘆の影もたどれなかった！

訳注 6：『囚人』は 16 連からなる詩の断片であり，かなりの部分が『ジュリアン・M と A・G・ロシェル』という 38 連からなる詩に含まれている。そのため，著者はこれらを混同しているようである。

(Brontë 1992: 14)

私たちはここでチャールズ・モーガン Charles Morgan と同じことが言える：「そのような創作には何の天才も必要ではなかった！」(Spark and Stanford 1966: 129)。しかしながら，その後性質が変ってしまう。変化があまりに突然で，激しく，著しいため，チャールズ・モーガンは前の部分と後の部分のつながりが編集ミスかもしれないと考えたが，そうではなかった（前掲書：132)。「詩は……時代遅れなゴシック風の陰気な雰囲気の退屈な習作から，英詩における最も素晴らしい神秘的体験の表現法へと芽吹き始める」(前掲書：129)。第17連の半ばから第23連までの詩は，ヒロインが死の願望を語り，生命から自由になりたいという万人の欲望に触れるにつれて，大変な高みに達する。第21連で彼女は，一連の反転――見えない／明かされた，去った感覚／本質が感じられる，飛んで／入港して，かがめる／跳躍――を用いて否定の気勢を高め，自我の現実境界に見出される論理，時間，場所の拘束からの自由の感覚を呼び起こす。

　そのとき，現れ出すのは見えない神 the Invisible であり，見えない霊界 the Unseen がその真実を明かす。
　私の外なる感覚は去り，私の内なる本質が感じられる――
　その翼はおおよそ自由で，その住処《すみか》，その港が見出される。
　深淵を測りつつ，それは身をかがめて最後の跳躍にいどむ！

(Brontë 1992: 15)

これに続く連で彼女は，肉体的感覚の拘束から自由になりたいという熱望を述べる：

　あぁ，恐ろしいのはそれを阻むもの――激しいのはその苦しみ，
　耳が聞きはじめ，目が見はじめるときの。
　脈が打ち，脳がまた考え，
　魂が肉体を感じ，そして肉体が鎖を感じはじめるときの！

(Brontë 1992: 15)

これらの詩行において，ゴンダルの架空の世界とは異なる内的世界の居場所から語るのはエミリである。この詩はより深い真実が表されていることを含蓄している。すなわち彼女が，独房ではなく，自分自身のこころと身体に閉じ込められていると感じているということを：

脈が打ち，脳がまた考え，
魂が肉体を感じ，そして肉体が鎖を感じはじめるときの！

(Brontë 1992: 15)

私たちはこれを「肉体は鎖**である**」と聞き，生命自体は歓迎されない朝の侵入者であり，死はその生命からの開放者だと感じる気になる。彼女の作品の他の個所と同じように，**死の願望**が詩的な表現を見出している。

この詩をさらに考察するために，次章で発展させる考えを先に明かしたい。その考えとは，目撃されないできごとが起こるこころの場所としての想像は，もともとは空想された原光景だという考えである。次章において，この心的空間は「**もう一方の部屋**」と呼ばれる。例えば，ゴンダルは心的空間にある想像上の世界であり，最初は，決して入れない「もう一方の部屋」――親が，子どもと一緒にいない間に，存在するところ――についての空想によって作り出されたものである。エミリはそのため，原光景についての真の無意識的空想に基づき，かつその空想を加工しているゴンダルの白日夢を持っている。私たちが今まで見てきたバージョンはサド・マゾヒスティックであり，母親は暴虐な父親の犠牲者で鎖に繋がれている。このバージョンの中に，投影同一化によって，自分の母親の場所にロマンチックに描かれたヒロインで犠牲者としての自分自身のバージョンをエミリは挿入する。こうして，詩の意識的基礎を形成する，性愛的でマゾヒスティックなゴンダルの白日夢を生み出す。無意識のサド・マゾヒスティックな原光景それ自体が，死につつある母親と見捨てられた乳幼児についての抑うつ的空想の刺激的で防衛的な変形であると私は考えたい。投影同一化によって母親の場所に自分を置いた後で，魅惑的な救出者としての死についての空想を彼女は呼び起こす。死が彼女を救うのはもともと，自分自身の乳幼児期の苦しみ，幽閉状態，および母親からの分離からなのであるが，今やそれらは空想された原光景に投影され，その過程で性愛化されている。この方法を通して，その場面は，死との性的交わりが性愛的場面の基礎を形成するところに変形される。このより深い素材が詩という道を見出したとき，それは私たちに違ったふうに語りかけ，私たち自身の無意識的空想と共鳴する。

白日夢と無意識的空想を探究するために長く脇道にそれてしまったが，フロイトは文献上二つの声で文学を語るという私の論点にこれから戻りたい。すなわち，一つは幻想についての一般的な考えを追い求めているときの声であり，もう一つは文豪という彼の支持者たちによって確証してもらいたい臨床由来の理論を語るときの声である。

「自我とイド」(1923a) の後フロイトは，内的世界と外的世界の関係についての考えを根本的に変えることとなった。彼は宗教への評価に対して寛大にさえなった：

> 人間の歴史上のできごと，つまり人間性，文化の発達，および原始体験の凝結物（この最も顕著な例は宗教である）の相互作用は，自我，イド，および超自我の力動的葛藤の反映に過ぎないとこれまで以上にはっきりと私は了解した。これらは精神分析が個人において研究するものだが，全く同じ過程がもっと広い舞台において繰り返される。「ある幻想の未来」[Freud 1927a] において私は，宗教に対して本質的に否定的な評価を表した。その後私はそれをより正当に評価する定式を見出した。すなわち，宗教の力はそれが含む真実にあると仮定したのだが，その真実とは物質的真実ではなく歴史的真実であることを私は示した。
>
> (Freud 1935: 72)

彼はやらなかったが，私たちはこれを文学に応用し，彼が改訂した定式を借りてもよいだろう。フィクションの力はそれが含む真実にあり，その真実とは歴史的真実でも物質的真実でもなく，心的真実である。すなわち，ちょうど事実が真実に反して使われうるのと同じように，フィクションは真実を表すことができる。これは外的現実との一致に基づく物質的真実ではなく，心的現実との一致に基づく心的真実である。臨床上，外的できごととの関係で否認に出会うのとちょうど同じように，私たちは内的できごととの関係で否認に出会う。時々私たちは書かれたものに外的世界の歪曲を見出すが，内的世界の歪曲のほうがおそらくもっとよくあることである。内的世界の歪曲は理論的なままであったり抽象的なままであったりする必要のあるものではないし，特に分析家にとってそうである。すなわち，私たちは臨床実践において毎日，真剣なフィクションと現実逃避のフィクションを聞く。患者の空想によっては，心的現実を表すものもあるし，心的非現実を生み出すものもある。これらの空想を聞いているときの私たちの問いは，それらが外的現実と一致しているかどうかではなく，それらが無意識的信念に到達しようとしているか，それともその到達を回避しようとしているかである。私たちは**超現実主義**に出会うことがあるのだが，これは内的世界に対する防衛として稀ではない。それは，外的世界に固執し，それに合うように**偽心的**生活を築くことによって達成される。私たちはまた，哲学としてではなく外的現実に対する日常の防衛として実践される**絶対的観念主義**に出会うが，これも稀ではない。ウィニコット（1960b）は，外的対象への皮相的な適応と本物だが**内的**で全く主観的な生活とに自分自身を分割する患者について，**偽りの自己** *false self* と**本当の自己** *true self* に二分した。ローゼンフェルド（1971）はこれとは対照的に，自己の**外**の重要な対象関係に対する敵意が**破壊的自己愛** *destructive narcissism* として現れ，唯我論的考えだけが関心の的であり尊重されなければならないと主張するような患者について述べた。第13章で私は，ミルトンとブレイクの作品におけるこのような二者択一の心的配置を探究する。

美術や文学で偽りの自己に相当するのは，社会的リアリズム，つまり大切な情緒を欠いている描写であると私は思う。芸術で破壊的自己愛に相当するのは，芸術は人生に由来もしなければ影響も及ぼさず，芸術は芸術自体に関わるだけである，つまり，詩は詩に関わるだけであり絵画は絵画に関わるだけであるという意味で，芸術は自己目的的であると主張するような美学運動のバージョンである。

無意識的空想は日常生活において象徴性《シンボリズム》を通じて昇華を追い求める。私たちの世紀の大規模な世俗主義以前の宗教は日常生活の一部をなし，無意識的空想を象徴的に表現する機会をもたらしていた。すなわち，神学はそれが表す心理的事実を自らの観点から研究する手段であった。むろん，神学者は真実に到達しようとすることもあれば，定式によって真実を回避しようとすることもあった。宗教の衰退以来，芸術が，心的現実の基盤である永遠に見えない無意識的空想——これはカントの理体,つまり不可知の物自体に心的に相当するものである——の象徴的表象のための，自己の外の共有された領域をもたらすものとして，より重要な役割を担ってきた。私の考えでは，最良の文学と美術は，最も深く内的なものを外界において実現しようとしている。

夢のない眠りにも場所があるのとちょうど同じように，人生だけでなく文学にも現実逃避の場所がある。願望的思考を保存するためのフロイトの保留地，あるいはウィニコットの錯覚の休息所は，本，映画，演劇，およびテレビによってもたらされもするが，このような休息所は人生での充足や文学での満足に向かう発達の一段階ではない。それらはジョン・スタイナー（1993）が心的退避と呼んだものの一種であり，永久避難の領域と見なされると，病理組織体となる。ソープオペラ[訳注7)]のような形の現実逃避のフィクションが過剰に利用されると，ちょうどこのような避難所となり，こうした心的退避の特徴である嗜癖の要素を伴う。

フロイトの「保留地」(1911b)，ウィニコットの「錯覚の休息所」(Rodman 1987: 123)，およびジョン・スタイナーの「心的退避」(1993) は全て，「想像の中」という英語のフレーズの日常用法と同じように，空間的含みをもつ。この章の初めの方で私は，単に機能ではなくこころの中の場所と見なされるときに想像と呼ばれる，この心的空間の空想された所在について考察したいと述べた。これが第10章「もう一方の部屋と詩空間」の主題である。

訳注7：テレビやラジオの連続メロドラマ。

10

もう一方の部屋と詩空間

そして想像力がいまだ人に知られざるものを
思い描くままに，詩人のペンはそれらのものに
たしかな形を与え，ありもせぬ空《くう》なる無に
それぞれの存在の場と名前を授けるのだ。
(Shakespeare 1969: 125（小田島雄志訳『夏の夜の夢』))

スコット・エリッジ Scott Elledge によると：

ミルトンの時代の心理学は……簡明で単純だった。脳，つまり心的能力の座は……三つの細胞からなっていた。一つ目の気まぐれな空想（文字通りのファンタジア *phantasia* あるいは「想像」）の細胞には，魂が五感からのメッセージを伝えた。気まぐれな空想はこれらのイメージを二つ目の理性の細胞に渡した。そしてそれは，そのイメージを三つ目の記憶力の細胞に渡す前に，そのイメージに基づいて行動し（おそらく私たちが考えと呼ぶようなものを生み出し）た。
(Scott Elledge 1975: 463-4)

夜には理性だけが眠った。17 世紀の脳－こころのモデルで印象深いものが特に二つある。一つは，理性や記憶力との関係での想像力のサイズである。もう一つは，想像力に物理的空間，つまり脳の中の一区画が与えられていることである。

ものごとが起こることを想像する場合，私たちは空間の中で想像する。そのため私たちはまた，それらが起こる空間を想像しなければならない。ガストン・バッチラード Gaston Bachelard は『空間の詩学』の中でこの空間を，「ちょうど人が『想像の中』にあるイメージに住まうように，イメージのおかげで住める」空間 room として描いた。「……それはつまり，作者が自分自身の内にもつ空間であり，作者が実際の人生には存在しない人生とともに生かしてきた空間である」(Bachelard 1964: 228-9)。この一節を初めて読んだとき私は驚き，そして励まされたが，それは，こころの中の場所として考えられる**想像**が，私自身の臨床経験に基づいて「**もう一方の部屋**」と呼び始めていたものに等しいとすでに考えていたからである。バ

ッチラードが述べた「作者が自分自身の内にもつ」（前掲書）空間は，これと同じ空間だと私には思えた。私が「もう一方の部屋」というフレーズを選んだのは，ある患者の夢と対話からのイメージによった。いったん気づくと，この空間は多くの患者の素材にさまざまな形で見出された。想像され，芸術作品によって想像上生み出されはしても，物理的には決して入ることのできない空間 space を表す「もう一つの場所」というタイトルの下に，私は臨床の中で再び出会うこととなった。視覚芸術や演劇におけるように，この想像上の空間が実際の物理的空間と一致しているように見せかけられると，それは実際のその空間に，空想されたできごとが起こる「もう一方の部屋」の特性を添えることになる。ただしそれは，観衆が芸術家に，自分自身の想像の「もう一方の部屋」に入り，部屋の内容を変えるのを許す場合に限られる。それには，コールリッジが述べたように，観衆の側が進んで不信を保留せねばならない（Shawcross 1968, vol.Ⅱ：6）。

私たちは，できごとについての空想をこの心的な「もう一方の部屋」に置くとき，自分が何かを**想像している**ことを知っている。これがフィクションのための空間である。私たちが本来は想像の「もう一方の部屋」にある空想を，誤って実際の知覚の空間に位置づけるとき，私たちは視覚像をもつ。これは普通夜の夢のためにとっておかれる特権である。覚醒時には，このような視覚像は幻覚であったり，宗教的信念では認められる特権的で超自然的なものの訪れと見なされる。空想のもととなる実際のできごとを目撃するとき，喚起された空想を想像の中に位置づけることに失敗し，そのためそのできごとだけでなく自分の空想までも見たと信じた場合，私たちは妄想状態に陥っている。私たちに，これらの空想の本来の場所が「もう一方の部屋」であることを受け入れるこころの準備があるのなら，私たちは自分の想像するものを使えるのである。

「移行現象」についての著作の中でウィニコットは，心的空間は，母子という二者関係にある二人が相互に同意することによって生じてくると述べている。すなわち，彼は心的空間を主体と対象の間の一種の中間領域，つまり錯覚のための中立地帯だと考えた（Winnicott 1951: 229-42）。私がこれと意見を異にするのは，心的空間が三者関係の**三角空間**から起こると考える点である。第 4 章で述べたように，三角空間は，他の二者の関係の観察者となれる立場が個人に存在するようになったときに生ずると私は考える。私がこの章で提案するのは，想像の「もう一方の部屋」は，この他の二者の関係が見えないときに存在するようになるということである。言い換えれば，この「もう一方の部屋」は，目撃されない**原光景**の所在である。究極の原光景は観察されるのではなく想像される。つまりそれは，原初対象と，エディプス三角と呼んでいるもののもう一方のメンバーとの間で，私たちが不在のときに起こると私たちが信じる活動である。見えない原光景は私たちの想像するものだけによって占められている。すなわち，それはフィクションのための空間である。

先に述べたように，「作者が自分自身の内にもつ」この空間 room を私が「もう一方の部屋」だと考えたのは，このフレーズをある患者からもらったからである。彼は，分析を受ける面接室以外のどの部屋についても，繰り返しこの表現を使った。自分が決して知ることのできないできごとが起こるのは，この「もう一方の部屋」の中だと彼は言った。私は彼の素材から，この「もう一方の部屋」の原型は親の寝室，つまり精神分析の世界において神話的な特性を得ている場所だと確信した。

精神分析の語りにおいて親の寝室は，フロイトの「狼男」の症例（Freud 1918）での記述以来，原光景の所在である。フロイトは，患者の実際のヒストリーの中でこれを確立するのにたいそう苦労したばかりでなく，それが *Urphantasie*，つまり原空想あるいは生得的な考えであることも示唆した。これによってフロイトはユングと共通の立場へと押しやられ，自分とユングの考えを区別するのにずいぶん苦労した。特にフロイトは，ユングが乳幼児性愛の現実，つまり早期の性的体験の重要性と子どもの性愛的な想像の強さを退けていると考えた。しかしながら，親の性交についての生得的な空想の存在を示唆した時点では，フロイトは共通の立場に向かっていた。多くのユング派分析家は，メラニー・クラインとビオンの業績においてこの動きはもっと先に進んだと考えている。

クラインは原光景を舞台の中心に据えた。実際彼女は，オットー・ランク Otto Rank（1915）にならって，演劇の舞台は親の性行為の想像上の所在にその起源があると示唆した（Klein 1924）。6 歳の女の子，エルナの分析において彼女は，「演劇やあらゆる種類のパフォーマンスが両親の性交を象徴している」（前掲書：39）ことを見出した。クラインは次のような脚注を付け加えている：「私は論文『早期分析』において，両親の性交を表す演劇，パフォーマンス，演出などの普遍的な象徴的意味について詳しく考察した。私はまたランクの『ハムレットの劇』[1915] にも触れておきたい」（前掲書）。クラインの論述では，原光景は，できごとが内容をもたらしてくれるのを待っている，生得的な心的鋳型だと彼女が考えているのは明らかである。ビオン（1967）の生得的な前概念の考えは，ユング（1959）の**元型** *Archetypes* の理論がこれらのクラインやビオンの概念の発達を予知していたことをさらに明らかにする。これらの発達が含み，ユングの理論が含まないのは，乳幼児の性愛，空想，および生得的なひな型の化身での実際の体験——そのためこれらのひな型は，体験によって充たされるだけでなく，形も与えられる——である。ユングの元型の一つに「神のシズジー syzygies，つまり神々の男女のペア」（前掲書：59）がある。これは原初の恋愛カップルだと私は思う。すなわち，「もう一方の部屋」，つまり想像されるだけで目撃されない所にしか存在しない理想化されたエディパルな両親である。私のバージョンでは，これは空想された理想的な超性的両親像，つまり神話の神々，オペラの登場人物，映画のスター，および果てしないマスメディアの窃視の対象たちだと私は考えていた。ミルトンによって堕罪以前の原初カップル，アダムとイブとして表されているのは，このカップルである。参加していない観察者である私たちは，この原光景の記述では，サタンとして表されている。すなわち，すでに天国を追い出されている私たちは，楽園を想像せざるをえない。この場合，エデンの園は「もう一方の部屋」である。しかしながらサタンは，この祝福の部屋が盗まれてしまったと訴え，それを取り戻すことができないなら，少なくともその住人を追い出すことはできると言う（Milton 1975: 95-6）。

失楽園第 4 巻において，鵜[訳注1)]の姿をしたサタンは，初めは「生命の樹」にとまってエデンの園を見渡し，「……死をたくらむ」（Milton 1975: 90）。しかし，サタンが初めての原光景，つまり私たちの始祖の両親，アダムとイブが一緒になっているのを目撃するのは，最初は獅子，次には虎に姿を変えているときである：

> ……羨望の余り，妖魔《サタン》は
> 横を向いた。だが，嫉妬と悪意にみちた流し目で二人を
> 見，次のようにその悶々の情を自らに向かって吐露した。
> 「なんという憎悪《にくむ》べき光景だ！　なんという他人《ひと》の心を
> 苛《さいな》む光景だ！　こうやって，この二人は，幸《さち》多きエデンの園の
> 中にありながらさらに幸多き園ともいえる，その固い抱擁の
> 世界に沈湎《ちんめん》し，祝福につぐ祝福を心ゆくばかり味わうことができる。
> しかるに，わたしは地獄に投げ込まれている——そこには喜悦《よろこび》も
> 愛もなく，永劫《えいごう》に充たされない恐ろしい欲望の苦しみが（それも
> それに劣らぬ多くの責苦の一つにすぎないのだが）あるだけだ。
> そして，この欲望の充たされんことを焦り求める苦痛に，わたしは
> 憔悴《しょうすい》その極に達した。
>
> （Milton 1975: 99（平井正穂訳『失楽園』））

サタンのこのカップルへの呪いは，いまもなお私たちにかかっている：

> ……今でこそ幸多き夫婦よ，生命《いのち》ある限り生きて
> いるがよい！　わたしが戻るまで束の間の悦楽《たのしみ》を味わうがよい！
> やがて長い苦悩の時が，必ずそのあとやって来るからだ！
>
> （Milton 1975: 100（平井正穂訳『失楽園』））

訳注 1：鵜は貪欲を表す鳥とされている。

そのため私たちは，自分がもう一度「楽園に入れられる」と信じるとき，凶眼[訳注2)]を恐れる。

私たちは自分がその「幸せなペア」の一人だと主張するとき，「焦り求める苦痛で」永劫に「充たされない」自分自身の側面を投影によって取り除き，それとともに羨望と嫉妬となりうるものも投影する。そうした後で，私たちは他者の羨望を恐れ，成功を不安がり，さらには犠牲や放棄によって他者の羨望をなだめようとする。臨床上，これはさまざまな程度によく起こるし，私たちはさまざまな形の陰性治療反応でもって自分の幸運の犠牲的な代価を払う。私たちが**その**幸せなペアの一人，すなわち単に**ある**幸せなペアではなく，**その**幸せなカップル，つまり原初カップルの一人だと主張するとき，こういうことが起こると私が述べたのをあなたは将来気づくことになろう。私たちは自分の空想する原光景の参加者には決してなれないし，私たちがいない間に私たちの対象たちが会うその「もう一方の部屋」に場所を占めることもできない。自分の想像する原光景に居場所をもっている――つまり，原初カップルのメンバーの片方，あるいは双方である――と主張する場合，私たちは投影同一化によってそれを行ない，そうやってエディプス状況に本来備わっている嫉妬と羨望から身を守るための幻想を生み出している。私たちは，自分が親カップルの一人になることで，自分の両親のうちの一人になる訳ではないし，自分が婚礼の床を共有することで，内なる両親の永遠の原光景の参加者になる訳でもない。同様に，自分が分析家になることで，自分の転移空想の分析家に結局なる訳ではない。この幻想が実際の成就によって強化されることは稀ではないが，そうなると，**本物の**達成が盗まれた持ち物あるいは偽物と感じられ，そのため抑うつ的罪悪感，躁的主張，あるいは迫害的不安が起こると私は思う。

臨床上こういうことがよく起こると思われるのは，原光景が理想化されたままで，子どもが自分の関係自体ではなく親の関係を幸福や勝ち誇られた成功の究極的な源と見なしてきた場合である。症例によっては，この結果，結婚の理想化が起こり，結婚すれば人生の万事が「おとな」になると考えられる。また，自己満足の結婚とでも呼べるものが起こることがある。さらには，個人が人生の剥奪を受けただけでなく，生まれながらの権利が奪われたという永遠の憤懣に通じることもある。

理想化された親の性愛は時に，原初カップルの片方との投影同一化によって，自己のものだと主張される。原光景のこの最後の使い方から，演技的な性愛や人との交流の性愛化を伴うヒステリーが生じてくると私は思う。空想された近親姦的性愛

訳注2：向けられた人に厄災が起こると信じられている眼差し。

から起こると分析で初めて記述されたヒステリーは，原初カップルのメンバーの片方との投影同一化に基づいているという見解を私はとる。言いかえれば，それはいわゆる古典的エディプス・コンプレックスで，そこでは，一方の親との近親姦と他方の親の殺害が，原光景における片方の親の場所を空想された投影同一化によって奪うことにより実施される。この空想は，意識のあるいは無意識の白日夢に過ぎないものに実質を与える。言いかえれば，それは信じられ，そのために罪悪感といった本当の心的帰結をもたらす。この空想はまた，個人の苦痛な性生活を，次のような事実から起こる劇化された特性で満たす。すなわち，原光景の空想に基づいて自分が脚本化したパフォーマンスにおいて，個人は無意識に主役を演じるという事実である。ヒステリー症状を病む患者の分析からの夢を述べることによって，私の意味するものを例証しよう。

患者はアメリカ人の若い作家で，相当の才能があったが，執筆の途絶と自殺念慮に悩まされていた。彼女はまたヒステリー症状と心身症症状のとりこだった。彼女の知的に真面目な苦悩のフィクション——それは通常結婚に関するものであった——とは対照的に，ロマンティックな出会いをはなはだしく素朴に夢見る癖が彼女にはあった。分析において彼女は，ちょうどフロイトの論文「転移性恋愛について」(Freud 1915) に述べられているような，妄想と言えるほどに強い性愛転移を形成した。次の夢は分析を始めて少し経った頃に報告された。顕在夢は多くのエピソードを含んでいた。それらから，患者の連想では，夢の中の男が彼女の分析家と父親の双方に結びつけられた。ベッドの上の少女－女は，患者の母親と同じ名の女優のように見えた。

夢の中の部屋は何だか歴史上のもののように見えた。年配の男はベッドの上で，どういう訳か少女でしかも女である誰かに性的なことをしていた。患者はその少女－女が自分自身だと思ったが，同時に彼女はその場面を押し入れの中からこっそりと見ていた。見ている彼女は恐れを感じていた。ベッド上の少女－女の彼女は，性的にとても興奮しているのに気づいていた。

これを述べているポイントは，夢において患者は原光景の空想されたバージョンを見ていたことを示唆することにある。そこで彼女は，母親のアイデンティティに自分自身を挿入し，この少女－女を生み出した。私の考える流れは次のようなものである。すなわち，若い女は自分が両親の原光景を見る無意識的空想をもっていた；この空想は，彼女が投影同一化により母親の場所を奪う空想によって変形された。分析に偽装された密かな性的交流に関わっていると信じている患者によって，夢は空想の中で実演されたし，分析の結末は分析家との結婚だと彼女は思っていた。分析の経過でのこのエディプス幻想の放棄によって，この患者が以前には存在しなかった激しい嫉妬，羨望，さらには陰性転移のさまざまな側面に晒されたことは，私たちの討議の文脈からも興味深い。またこの幻想の放棄によって，ある期間の悲哀の後，彼女は自分自身の仕事と性生活を自由にかつ生産的に追求できるようになった。

精神分析では心的空間についてのこれらの考えを探究する機会が得られる理由は，それらの考えが論理的抽象物としてではなく，直接臨床に表れるからである。ヒステリーの人は，「もう一方の場所」の問題を投影同一化を通じてその場所に住むことによって解決しようとし，そうやって自分自身の部屋と患者として分析家と分かち合っている部屋を空にすることを私は示唆した。このようにして，面接室は空想の中で親の寝室となる。この変形によって刺激された強力な空想から転移と逆転移の中で起こる実演の危険性は，精神分析の歴史の中で証明されているし，分析過程の絶えず脅威となる合併症であることに変わりない。

「もう一方の部屋」の概念が光明を投じると思われる臨床状況が，あと二つある。一つ目の状況における「もう一方の部屋」は，無視されて空想されない，遠くて探究されない場所のままである。その結果，そういう状況にある人は「想像力に欠けている」と言われる。第二の状況ではこれとは対照的に，「この部屋」と「もう一方の部屋」，つまり知覚されたものと想像されたものを区別する心的隔壁が崩壊している。このようなとき，これらの患者は分析家と分かち合っている部屋を「もう一方の部屋」と見なし，「もう一方の部屋」で起こっているできごとについて彼らがもつあらゆる空想が面接室で起こっていると思う。言いかえれば，ジョゼフ・サンドラー（1976a, 1976b）の知覚のアイデンティティの概念を用いると，彼らは自分の想像するものが面接室で実現されると見なす。私が第4章で述べたように，三角空間が崩壊して心的二次元の二者関係のモードになり，思慮深い考えのための余地が残らないのとちょうど同じように，不在中のできごとについての因果関係のない空想のための心的空間が存在しない。このような状況では，ここむこうが，現在と過去と同様に崩壊して一つの時空になる。原初対象のなすあらゆることが，自己のいる時であろうといない時であろうと，二者関係のモードでなされる。すなわち，第三の対象との独立した関係という概念がないため，対象のなすこと全てが自己のために，あるいは自己に反してなされる。このようなとき，分析家の不在は分析家の人生でのことがらではなく，患者への攻撃と見なされる。分析家が自分の部屋にいながら，患者の心的空間を探究する問題については，以前の章（訳者注：第4章）で論じた。分析での想像の通常の場所を明らかにするために，この状況と「想像力に欠けている」もう一方の臨床の極を対比してみたい。

ひとりのこのような患者をD氏と呼ぼう。自分は想像力に欠けていると彼は言ったし，他の人からもそう言われるということだった。これは普通のことばでは，人のことやありえそうなことについて考えているとき，想像力を働かせないという意味だった。分析の中ではこれが，分析家との関係に現れた。彼は想像力に力を得て，知りたいこと，つまり自分がいる時やいない時に分析家が考えたりしたりしていることを知りたいと要求することが全くなかった。それどころか彼は，そういうことは一度も想像したことがないと言った。しかし，彼のこころがもっぱら客観的な現実で占められている訳ではないことがすぐに明らかになった。というのは，彼は白日夢に異常なほど時間を費やしていたからである。患者はこれらの白日夢を想像上のものだとはっきりとは同定していなかった。というのは，それらを実現の可能性のある冒険だと彼が見なしていたからである。冒険は通常性愛的なものだったが，それを真剣に実行しようという意図はなく，不安に欠けていた。D氏は，自分の道徳的自制心だけがこれらの夢物語が実際のもくろみになるのを防いでいるとぼんやり信じていた。ここで彼は明らかに，他の人の現実や外的状況を考慮に入れていなかった。達成の恐れも，失望の恐れもなかった。すなわち，情緒的な結果がなかったのは，彼がこれらの白日夢を信じていなかったからである。しかしまた，彼は白日夢を全く信じていない訳でもなかった。すなわち，信じることが進んで保留されていたのである。第5章において私は，彼の精神生活のこのような領域における心的状態を，「アズイフ」モードが働いているものとして特徴づけた。しかしながら，「アズイフ」パーソナリティとは違って，彼の私的関係と外的世界の取り扱いは鋭敏で現実的だった。

私の言い方をすれば，D氏は白日夢の中で自分自身を「もう一方の部屋」に置いた。それで彼は，自分のいない所で人々が行なうことを決して想像しなかった。すなわち彼は，白日夢の中に住むために想像力を使った。ヒステリー患者とは異なり，彼が想像の中で原光景の場所を占めていることは，心的現実によっても外的現実によっても汚染されなかった。彼の意識的空想 fantasies に脈絡がないのは，彼がそれらを決して信じなかったからである。

D氏の最も重要なスクリーン・メモリーの一つは，子どものとき母親が，彼は父親のような男には決してならない，つまり，彼がどんな大人になっても父親のように素晴らしい男には決してなれないと言ったことである。彼は母親の言う通りを信じ，こころの中にこのゆるぎない無比の父親のバージョンを母親の夫として保持した。だがこれは残念ながら，彼自身が知るようになった父親とは違っていた。彼には父親が神経症的に内気で，自分を失敗者と見なしている男に見えた。しかしながら，「彼が決してなれない父親」はD氏ではないもののイメージとして存続し，彼の賞賛する男性のひな型となった。分析においてこれが理想化転移の基礎を形成した。このために，残念ながら，彼には芳しくない自己評価と将来の見込みがもたらされた。このように理想化された形で彼の内的生活を支配していた父親は，本当は母親のフィクションだと彼がこころの奥底で信じていた，「もう一方の部屋」の父親である。彼が大人になって賞賛したのは，人にいい印象を与えると彼が思う人たちだったが，恐らく私生活や内的には欠陥のある人たちだった。そのため，彼が空想の中で投影同一化によってこのエディパルな父親になるとき，彼はフィクションの登場人物ばかりでなく架空の人物，つまり，原光景の想像された英雄ではなく母親の白日夢の人物になった。こうして白日夢は彼にフィクションのための空間をもたらしたが，それが生み出した唯一のフィクションは，比較的単純な願望充足だった。

このような白日夢は，私が現実逃避として述べ，フロイトが願望保存のための保留地として存在すると見なした類のフィクションの源である。深く感じる能力とこまやかな美的感受性があるにもかかわらず，患者はロマンティックなものはすべて非現実的だと見なした。対照的に，彼の日常生活はすべてがあまりにも現実的でまじめ過ぎた。この点では彼は，ベウラを神聖な現実への道と見なし，この物質世界を幻想と見なしたウィリアム・ブレイクと全く違っていた。第 14 章で述べるように，ブレイクはベウラを「やさしい月の輝き，およびやわらかな性的妄想の領域」，そして「相反するものが同等に真実である空間」（Blake 1927: 518）と呼んだ。D 氏は現実主義にとても高い価値をおき，感覚に基づく空想にも同様に高い価値をおいたが，それは白日夢の内的隔離につながった。さまざまな白日夢を保持するのに払うべき代価が，白日夢が人生から遊離し，信じられなくなることであることは彼にははっきりしていた。それは，彼には自己欺瞞と外的世界についての願望充足的信念が異常なほどにないことを意味していた。しかしそのため，日常の交流は彩りを奪われ，事実に基づく知識の及ばないできごとに対する好奇心は損なわれていた。

11

ワーズワース：存在の喪失と喪失の存在

……二度と彼を私たちのもとに戻って来さすまい；
さもなくば，疑い，ためらい，苦痛，
そして強いられた賞賛が私たちに起ころう――たそがれの薄光の中，
二度と喜ばしい自信に満ちた朝は来まい。

(Browning 1845: 60)

詩の中でブラウニング Browning が，若い急進的詩人たちにとっては，もはや気持ちを奮い立たせるリーダーではなくなったと酷評した人は，ウィリアム・ワーズワース William Wordsworth であった。ブラウニングがこれを書いたのは 32 歳のときだった。歳をとり，恐らく同様の変化を経て，彼はその一部を撤回した。「若気の至りで，ワーズワースという偉大で尊敬すべき人を生意気にも画家のモデルのように使った」(Browning 1845: 61) と彼は 1875 年の手紙に書いている。1845 年にこの詩を書いたときのブラウニングは，ワーズワースが政治的・詩的イメージの上で 18 世紀の革命的革新者からビクトリア朝の体制的桂冠詩人へと変化したことで，侮辱されたと感じていた。最高の人から裏切られたと感じられたために，それはなおさらのことだった：

彼をこよなく愛した私たちは，彼に従い，彼を敬い，
彼の穏やかで壮大な目のうちに生き，
彼のすばらしいことばを学び，彼の明瞭な口調をとらえ，
彼を私たちの生と死の模範とした！

(Browning 1845: 60-1)

しかし，弾劾であろうとなかろうと，ブラウニングの行「……たそがれの薄光の中，／二度と喜ばしい自信に満ちた朝は来まい」は，ワーズワースが「幻の輝き visionary gleam」の喪失を述べている有名な『頌』の行と共鳴する：

かつては牧場も森も小川も
大地も，目に映るありとあらゆる光景が
わたしにとって，
天上の光に包まれて見えた，
夢の中の光栄と瑞々《みずみず》しさに包まれて見えた。
だが今はかつてとは異なる。
どちらを向いても
夜であれ昼であれ
もはや今，かつて見えたものを見ることはできない。
(Wordsworth 1984: 297（山内久明編『幼少時の回想から受ける霊魂不滅の啓示』))

ワーズワースはこの詩の最初の4連を，32歳の誕生日の数日前の1802年3月27日に書き，次の日にコールリッジのところにもって行った。それはコールリッジにもっと絶望的な詩の反応を引き起こした。その詩は，コールリッジの最も新しい失恋の相手であるサラ・ハッチンソン Sara Hutchinson への未公開の「手紙」として始まり，「モーニング・ポスト」で発表された『失意：ある頌』として終わった。リチャード・ホームズ Richard Holmes が述べているように，「最初のバージョンはヒステリックなほど熱烈な愛と放棄の宣言であり，最後のバージョンは希望と創造力の喪失についての美しいでき上がりの冷静な哲学的頌である」(Holmes 1989: 318)。ワーズワースもまた1802年の春には恋愛生活の決定的瞬間を迎えており，ハッチンソン姉妹とドロシー・ワーズワース Dorothy Wordsworth が関わった二人の詩人の危機は明らかに相互に作用しているか，さもなければ相互に関係している。『頌』を書く1カ月前に，ワーズワースはマリー・ハッチンソン Mary Hutchinson と婚約していた。彼は結婚する前に，アネット・ヴァロン Annette Vallon とは別れて10年ぶりに，彼らの私生児，キャロライン Caroline とは初めて会う予定にしていた。会うところは，10年前に彼が熱情と革命の日々を過ごし，それ以来閉め出されていた国，フランスだった。彼の結婚はアネットとの情緒的結びつきに終わりをもたらすだけではなく，コールリッジ，ドロシー，および彼自身の詩人三人組を刺激した。彼らに情緒的意味を即座にもたらすこれらの外的できごとが，失われた知覚的な過去をこれほどまでに表現している詩に一役かったのは疑いがない。しかしながら，もっと基本的な内的過程が問題であった証拠が豊富にある。両詩人とも，想像力あるいは自然の発露の恐ろしい喪失に焦点を当て，以前にこれをそれぞれ違ったやり方で表現していた。1年前にコールリッジは，「私の中の詩人は死んでいる」(Gill 1989: 200 中の引用）と宣言していた。ワーズワースは1798年の『ティンターン修道院上流数マイルの地で』でこれを予期していた。当時彼は28歳で，自分を成熟していると見なしていた。その詩の中で彼は，成熟の落ち着いた悲しい思慮と，喜びを直接手にできていた頃の若さを対比させている：

……なぜならわたしは自然を
無分別な若者の頃とは違う目で見ることを学んだ。
しばしばわたしが聞いたのは
人の奏《かな》でるあの静かで物悲しい音楽
(Wordsworth 1984: 132（山内編『ティンターン修道院上流数マイルの地で』))

「静かで物悲しい音楽」に伴って，「落日」，「円い大洋」，青空，「人の心」，および「思考の対象すべて」が「浸透した」「存在」の感覚がある。この「存在の感覚」と思考の能力は，至福――そこでは，熱烈な期待と物理的存在を隔てるものは何もなかった――を喪失した代わりに得たとワーズワースが信じた「充分な償い」である。彼の詩はしばしば，喪失感を生き生きと描くとき，最高となる。

何物も昔を呼び戻せはしない，
草に見た輝きと，花に見た栄光とを。
だが悲しむことはやめ，見つけるのだ，
残されたもののなかに，力を。
(Wordsworth 1984: 302（山内編『幼少時の回想から受ける霊魂不滅の啓示』))

ブラウニングが仄めかした特性の何かが本当に失われるのは，この**喪失の存在**が彼の詩から消えるときである。彼は，『頌』の残りの連を完成した1804年に，直接の幻の存在の喪失のテーマについて，二つの声で語っていると私は思う。上に引用した頌や1805年版『序曲』のいくつかの行でのように，彼が一つの声で歌うとき，喪失の存在は紛れもないし，感覚には深みがある。他のところではもう一つの声があるが，そこでは喪失の存在は否認されているか，あるいは『義務への頌』でのように退けられているようだし，実感というより主張の感覚ある。44歳[訳注1)]の誕生日に書かれた1805年版『序曲』第6巻の61行から63行において，彼は後年ブラウニングが言及した喪失を否認している：

30と4年，ちょうど今週で数えた，
わたしはこの世のひとときの逗留者，
しかもなお，あの朝の喜ばしさは消えていない。
(Wordsworth 1979: 188)

訳注1：34歳の誤りであろう。

若い頃には至福の直接の身体的体験をもたらし，それが消えた後にはすべてのものに浸透した**存在**についてのワーズワースの考えは，キリストの化身とキリストが消えた後の聖霊降臨日の聖霊の「霊感」に似ていた。この存在の源についてのワーズワース自身の理論は，今では2巻の詩，つまり1799年版『序曲』として知られている，詩的自己分析の最初のバージョンに見出されることになる。ウィリアム・ワーズワースはそれを書いたとき29歳だった。この比較的無名の急進的な若い詩人は，ビクトリア朝の高名な詩人ワーズワースとは隔たりがある。これがワーズワースのとりわけ難しいところである。というのは，彼はキーツ，シェリー，あるいはバイロンと違って長生きし，相当の書き手であり続けたけれども，35歳以降はかつての偉大な詩人ではもはやなかったと私は思うからである。彼はとても良い詩を書いたが，彼の偉大な詩全ては1806年までに書かれたというのが一般的見解である。これには，彼の死後まで刊行されなかった『序曲』も含まれる。この観点からいうとワーズワースは，エリオット・ジャックス Elliot Jaques が論文「死と中年期危機」(1968) で述べている，創造的芸術家の結末の一つの好例である。

ジャックスがこの「中年期危機」という用語を造り出したのは，「偉人たちの創造的な仕事の危機が彼らの30代中期と後期にある傾向が著しい」(Jaques 1968: 226) のに気づいたからである。この危機は，35歳より長く生きた芸術家の仕事において，さまざまな結果をもたらす。マイナスの結果としては，ロッシーニの場合のように，作品が途絶えるか，あるいは独創的でなくなる。プラスの場合，J・S・バッハやベートーベンのように，芸術家によっては仕事の特性が深まるのはこの時期である。「人生後半が始まったという認識に伴い，無意識の抑うつ不安が起こり，乳幼児期抑うつポジションのワーク・スルーの反復と継続が必要となる」(前掲書：242) とエリオット・ジャックスは述べている。更新された抑うつポジションに対するよく知られた防衛と，これがうまくいかない場合の人格の低下の危険性を彼は生き生きと描いている。抑うつポジションのワーク・スルーに関連して，統合が芸術作品そのものにおいて課題と問題になる。コールリッジは，人格の低下においても詩作の停止においても，これを例証しているようである。これは彼の長い間の統合の問題と，『クリスタベル』の場合のように彼が作品を完成できないことと一致する。しかしながら，ワーズワースはこの危機の影響を違ったように受けたと私は考える。すなわち，中年期危機によって，抑うつポジションの前線ではなく**後─抑うつポジション**において，創造性が減退した人の例を彼はもたらしている。彼の詩の世界がもう一度断片化し，そして今度はまとまりのある信念と道徳的確かさという心的退避への防衛的で退行的な動きを伴うとき，変化と不確かさに直面することに彼の中年期の難しさがあったと思う。第6章で私が使った用語では，コールリッジは Ps(n) → D(n) の間，つまり抑うつポジションで道に迷ったが，ワーズワースの中年期危機は D(n) → Ps(n+1) の間，つまり後－抑うつポジションにあったようである。

『序曲』のかなりの部分と『頌』が抑うつポジションの詩的記述と言えるのは，ワーズワースが，理想化された未来を抱く若者の自意識のない至福を放棄して，不完全ではあるが現実化された成熟の現在を選ぼうとする内的苦闘を描いているからである。しかし彼は，1804 年の同じ時期に書かれた他の詩において，彼の中年期危機の最終結末の悲しい徴候を示している。彼はこれを「神の声なる厳しい息女！あぁ，義務よ」という勝ち誇った服従の口調で始める。その後詩の中で，苦悶しつつ，今や彼がそのような導きの源に頼らざるをえないのはなぜなのかを弁じたてる：

> わたしをこの不法な自由は疲れさせる；
> わたしは気まぐれな欲望の重荷を感じる：
> わたしの希望はもうその名を変えてはならない，
> わたしは永久《とわ》に変らぬ安らぎに焦がれる。
>
> (Wordsworth 1984: 296)

1799 年版『序曲』からの節と何と対照的であろう。そこでは，詩力と人間の洞察の存続は，「最初の創造的感性」が「この世の定まった行為」(Wordsworth 1979: 24) と彼が呼ぶものに負けないように絶えず苦闘することにかかっていると彼は主張している。

ワーズワースが『序曲』の第 2 版を 13 巻に収めたのは 1804 年であるが，死ぬ前の 1850 年にはさらに改訂して 14 巻からなる別の版を完成させた。彼の妻が彼の死後刊行したのはこの後の方の版である。1805 年版が入手できるようになる 1920 年代までは，『序曲』が公に知られたのはこの最終版でだけだった。1799 年の 2 巻の『序曲』は 1974 年まで出版されなかった。現代の豊富なワーズワース研究のおかげで，私たちは今や，心的発達について途方もなく独創的で自己に基盤のある考えを生み出した 29 歳の詩人に触れることができる。

1805 年の 13 巻の『序曲』には，1850 年版とは違って，私たちの言葉で書かれた最もすばらしい詩のうちのいくつかが，手の加わっていない完璧な形で含まれている。しかしながら，彼の独創性の総合的なインパクトは最初の 2 巻の 1799 年版においてが最も大きいと私は思う。1798 年から 1799 年にかけての寒い冬のドイツでの異郷生活中ワーズワースに起こった回想，連想，および解釈の氾濫，および 1799 年の夏と秋に最愛の北イングランドに彼が戻った間際という点で，この 1799

年版はその源に最も近い。私たちの世紀の精神分析によるいくつかの発見を彼が予期したことが最も明らかなのは，この初版においてである。

彼の目的は，心的発達，特に創造的感性の源を探究することであった。独特なのは心的自叙伝の形でそれを企てたことである。ワーズワースは，双子の魂であるコールリッジに，最初の本物の詩人哲学者として「人間，自然，および社会」についての決定版を書くように強く勧められていた。自分の友だちが卓越した詩人だと気がついた後，恐らく観察でよりも投影同一化によって，彼がその時代の偉大な哲学者でもあると確信していたコールリッジは，それ以下のものを彼が書くのを許さなかった。

ワーズワースは2部よりなる詩の第1部を，自分が4歳の「裸の野蛮人で……／夏の日の長い水浴びをしている」と述べることから始めるが，その過程でルソーを私たちに思い出させる。彼は「潜伏期」とでも呼べるようなものからのエピソードを続ける。これらの中でごく重要だと考える時について彼はいくつか述べるが，それらは過去を明晰にし，潜在的な重要性を未来に進める。彼はそれらのエピソードを**スポッツ・オブ・タイム** *spots of time* と呼び，それらは一世紀の後にフロイトが**スクリーン・メモリー**（Freud 1899）と呼んだものに似ている。スクリーン・メモリーと同じように，スポッツ・オブ・タイムは体験を凝縮する。そして，再び現代の研究のおかげで，ワーズワースがこれらの決定的な記憶を再生するのに，いかに異なるエピソードと異なる時間を無意識に融合したかを私たちは理解することができる。精神分析の目には，彼の述べる三つのできごとはエディパルなテーマに満ち満ちている。その三つ目のできごとでは，二本の道の交差する場所を見下ろす地点で，彼は父親の家からやってくる馬を待っている。家への旅の後に父親が死に，彼はそれを自分の生意気な欲望に対する懲罰だと言う。これはあまりにもテーバイの劇と共鳴し，いつも私に次のような疑問を抱かせる。すなわち，ワーズワースは，フロイトと同じくらい意識的に，自分をエディプスと同一化したのだろうか。彼は『エディプス王』をよく知っていたのだろうか。私がダンカン・ウー Duncan Wu から学んだことは，ワーズワースがケンブリッジのセント・ジョンズ・カレッジの学生のとき，ソフォクレスの『コロヌスのエディプス』の試験を受け，「相当良い成績をとった」（Wu 1993: 129）ことである。彼がもう一方のテーバイの劇を知っていた可能性は相当に高そうである。

これをもとに，1799年の『序曲』の第一部を最初のフロイディアンと呼ぶならば，第二部を別の理由で最初のクライニアンと呼びたい。この第二部では，自分が述べたい青年期の超越的体験に取り組む前に，ワーズワースは乳幼児の心的発達の理論を生み出すことが必要だと気がつく。メラニー・クラインと同じように，ワーズワースは乳幼児期の体験における神秘的なものの説明を探した：

……そのときの魂は
どう感じたかは憶えているが，何を感じたかを
憶えていない——しかもなお，崇高となりうる
おぼろげな感覚を把えている。

(Wordsworth 1979: 23)

ワーズワース自身の心的発達の体系は3期よりなる。第一は，「思い出せる時間の薄明かりの向こう」(Wordsworth 1979: 20) にあると言われた乳幼児期である。それから小児期が来る。彼が自然の諸形式を偶然に吸収したと考えた時期であるが，それは，これらの形式が少年期の活動の決定的ではあっても顧られない背景を形成したためである。そして最後に青年期が来る。14歳から17歳の間に，以前の自己を意識しない自然愛は噴き出して熱情となり，母なる自然は「重みを増しながら」彼の人生の原初の愛の対象となった。「彼は圧倒された／自然によって。そして彼の精神は燃えていた／とどまることを知らない考えで……／彼の内なるこころは燃えた」(Wordsworth 1985: 26-7)。

彼は多くの超越的状態について述べているが，それには二つの異なるタイプがあると私は思う。第一のタイプでは，すべてが現在にあり，高揚し，思慮を欠き，自然と融合している。自然は原初対象と見なされ，単にその**象徴**とは見なされない。超越的状態の第二のタイプでは，想起されず感じられるだけの過去の痛烈な感覚がある。メラニー・クラインはこのような体験が分析の経過中ときに起こると述べ，「**感覚による記憶** ***memories in feelings***」(Klein 1957: 180) と呼んだ。

ワーズワースの述べる高揚した状態の第一のタイプは自然崇拝であるが，第二のタイプは自然愛から人間愛へと通じる。これらの心的状態の第一のタイプは，「見た目には死んでいる」世界に対する，青年期にはよくある躁的防衛の一部であるが，第二のタイプは想いを湧き上がらせこころを慰めてくれるものだと私は思う。第一のタイプは象徴的変容のお祭り騒ぎのうちに理想対象の喪失を否認する。第二のタイプは，抑うつポジションで生み出された昇華的象徴性《シンボリズム》，つまり「人間の苦しみに端を発する考え」(Wordsworth 1984: 302) でその喪失を癒す。

これをさらに探究する前に，乳幼児期の記述を吟味するために『序曲』の1799年版に戻ろう。この記述はワーズワースが，その『序曲』が説明しようとした青年期と成人早期の体験に取り組む前に用意しなければならないと感じたものだった。詩の中で彼は，不在の知的仲間であるコールリッジと挿話を分かち合うために，自伝の語りを中断する。ワーズワースは，こころの世界で認知的区別を行ない，その

区別を知覚として取り扱う者たちの愚かさについてのコメントをこの友だちと共有する。彼は，すべての精神活動を感覚体験の同定可能な特定の時点に帰すことのばかばかしさについて書いている。これはロックの批判と見ることもできる。二人の詩人は，こころを感覚体験の整理棚の集合と見る経験主義哲学が，人間の自分自身についての感覚を壊滅させると思った。ワーズワース自身の言葉では「私たちは細かく調べようとして対象を殺害する」(Wordsworth 1984: 131)。しかしながら，「魂を分析するのは難しい仕事である」，「習慣や欲望だけでなく，最も明らかで特別な考えひとつひとつにも始まりというものがないのであれば」(Wordsworth 1979: 20) と彼は『序曲』の中で続ける。彼が心理発達の説明において以前頼りにしていた，**連合主義**理論[訳注2)] のデイビッド・ハートリー David Hartley (Wu 1993: 72) は彼の目的に不適当だということを彼はここで明かしている。実際，18 世紀の哲学理論で彼の目的にかなうものはなく，クライン (1952b, 1952c)，バリント (1952)，ウィニコット (1945) といった分析家たちが大人の心理発達の説明を早期の乳幼児期に求めた，20 世紀中期の理論へと推測によって彼は飛躍している。

三人称で書かれてはいるが，44 行の比較的短い節においてワーズワースは主観的な言葉で乳幼児の体験を説明する。彼はそこで乳幼児の母親への愛着，この愛着の外的世界への拡大，および内的世界の創設を述べる。これらの考えは，彼の直感的・哲学的観念論と同様に強い自然の唯物論を両立させる手段を彼にもたらした。彼の詩の乳幼児は「創造者でも受益者でもあり」，著者に，自分のこころの想像の産物と自分が外的世界に知覚的に負うものとの双方を認識させる。

……嬰児《みどりご》に祝福あれ
(能《あた》うかぎり想像を働かせて辿ってみよう，
人の成長の過程を)。——嬰児に祝福あれ，
母の腕に抱かれ，嬰児は眠る，
母の胸で。嬰児はそのうまれながらの魂が
大地の魂との確たる絆を求めるとき，
母の眼差しから情念を受け取る。
眠っていた生命に感情が流れ込むさまは
まるで生命を覚醒させる微風《そよかぜ》に似て，嬰児の心は
自らの力をまさに初めて使うに際して
敏感かつ注意深く，熱意をもって，
普通にはばらばらで纏《まと》まりのない
一つのものの部分部分を

訳注2：心理現象を主要な心理過程，特に観念，感情，知覚などの要素によって説明しようとする学説。英国のハートリー，ホッブズ，ロック，ミルなどが主唱。

全体として把握する。日毎
愛の訓練に身を任せ，
身体の器官と吸収力とが
刺激され，活性化される。心も広がり，
受けとめるものをしっかりと離さない。
母という愛しい唯一の存在には——のみならず，
あの最高に受容的な習性と
母という愛しい存在から引き出された
あれらの感性のなかには——
力が備わり，それは，感覚の交わりを通して
すべての物を照らし高める。
嬰児は見捨てられ，戸惑い，打ちしおれることもない——
幼い血脈の中に浸透するのは，
嬰児を外界と結ぶ自然の
引力と子としての絆。
間違いなく嬰児は
この生きた宇宙の住居者。
嬰児は自然から多くを受け取るが，それだけでは
満足せず，自然に多くを与え返す。
なぜなら感情が嬰児に力を与え，
——悲しみ，歓喜，恐怖，喜びなど
すべての感情が強く——その心は
まさに偉大な神の代行として
創造し，創造者でもあり受益者でもあり，
見る対象物と手を携えてのみ
作動する。これこそまさに
人生の原初の詩的精神で——
年経てのちはひとしなみ
大抵は弱まり抑えられ，僅かの人のみ
成長と衰退の段階を経て
死にいたるまで際立つが。

(Wordsworth 1979: 20-1（山内編『序曲』）[訳注3])

「嬰児」の主題を精神分析的意味を背景にもつ私自身の言葉で要約してみよう：

1　大人と子どもの頃の精神現象は乳幼児体験にその源がある。
（「能うかぎり想像を働かせて辿ってみよう，／人の成長の過程を。」）

訳注3：著者はこの詩を1799年版『序曲』より引用しており，山内久明編『ワーズワス詩集』は1805年版『序曲』に依拠しているが，この詩に関しては両版にほぼ違いはない。

2 乳幼児は生下時より，生得的期待を充たすために，対象関係を求める。そうするとき，自分自身が母親の熱情の対象であれば，乳幼児は幸運である。
(「嬰児に祝福あれ……嬰児はその生まれながらの魂が／大地の魂との確たる絆を求めるとき，／母の眼差しから情念を受け取る。」)
3 乳幼児は自分に対する母親の感情をとり入れ，その結果，それらは自分自身のこころの内なる力の源となり，外の世界への熱意をかき立てる。
(「眠っていた生命に感情が流れ込むさまは／まるで生命を覚醒させる微風《そよかぜ》に似て，」)
4 この感情の存在は，乳幼児とさまざまな様式の体験の統合，および母親との部分対象関係の統合との折り合いをつけ，その結果，乳幼児は母親という人を全体として認識する。さもなければ，この統合の過程に対する自然の抵抗が存在すると，ワーズワースははっきりと主張する。
(「普通にはばらばらで纏まりのない／一つのものの部分部分」)
5 乳幼児は，この好ましい情緒的環境が与えられれば，対象をもっと呑み込み，それらをしっかりと掴み，そうやって自分の内的世界を豊かにする。
(「心も広がり，／受けとめるものをしっかりと離さない。」)
6 最愛の母親の特質が，あらゆる感覚様式を通じて，全ての対象とそれらがつながるもの全てにいっぱいになる。
(「母という愛しい存在から――／力が備わり，それは，感覚の交わりを通して／すべての物を照らし高める。」)
7 その結果，乳幼児は自然界との結びつきをもち，そして自分が一部でありかつ自分の一部である現存の世界の内に生きている感覚をもつ。
(「幼い血脈の中に浸透するのは，／嬰児を外界と結ぶ自然の／引力と子としての絆。」)
8 このようにして乳幼児は自然からとり入れ，自然へ放出する。悲嘆，狂喜，恐れ，喜びの感情を自由に楽しむ能力を発達させた後，乳幼児は深い意味によって外界に生気を与え，その後の外界との体験から利益を得るようになる。メラニー・クラインの言葉では，乳幼児は，投影し，とり入れ，再び投影し，そして再びとり入れることができる。そうして，意義のある外的世界と実質のある内的世界を創り出す。すなわち，「創造し，創造者でもあり受益者でもある」。乳幼児の自己は外的世界を自分の投影で形作り，そのようにして創り出された世界をそれ自身の特質とともにとり入れる。こうして母親の特質は，象徴化によって外的世界の対象で再び覆われる。母親を表すだけでなく「愛しい存在」も含むのが象徴化された自然である。
9 ワーズワースは，この過程が「詩的精神」の源であると強く示唆する。
(「これこそまさに／人生の原初の詩的精神で」)

自分の詩的才能の源と性質を辿ろうとしているこれらの節でワーズワースは，クラインが子どもと大人を分析した経験の末述べたのと全く同じことを述べているようである。「創造的芸術家」を特徴づけるものは，早期の乳幼児期の空想に手が届くことであるとクラインは考えた。「乳幼児期の精神生活における象徴形成が豊かで」あれば，「それはあらゆる才能，あるいは天才の発達にまでも寄与する」(Klein 1930: 220) と主張した。クラインは精神分析における象徴性《シンボリズム》の概念を拡大し，さらに意義を高めた。すなわち，「象徴性《シンボリズム》は全ての昇華とあらゆる才能の基礎である。というのは，さまざまな物，活動，興味がリビドー的空想の主題となるのは象徴的同等視によるからである」(前掲書：220)。彼女はさらに，それがワーズワースの「嬰児」の節に共鳴するとは知らずに，次のように述べている：「象徴性《シンボリズム》は全ての空想と昇華の基礎となるばかりでなく，それ以上に，それは主体の外界と現実一般との関係の基本でもある」(前掲書：221)

さらにハンナ・スィーガル (1957) は，象徴的対象との精神病的関係と非精神病的関係の決定的区別に光明を投じた。彼女は精神病的思考様式における象徴の発達の変遷について述べた。これらの様式は実際の精神病状態を特徴づけるばかりでなく，強迫性，倒錯，嗜癖，私たちの日常生活の精神病理，そしてもちろん，芸術においても見出される。彼女が示したのは，これらの思考様式では，私たちが象徴を見出すはずのところに，彼女が「**象徴等価物**」(前掲書：168) と名づけたものを代わりに見出すということだった。象徴等価物は，真の象徴と違って，もともとの対象の変形と見なされる。そのため象徴等価物が増殖する精神状態では，象徴的思考は思考としてではなく物として取り扱われる。スィーガルの象徴等価物は，心的に作られた物であって心的意義が吹き込まれた物ではないところが，本来の象徴とは異なる。それは観念主義よりも偶像崇拝を生じさせる。「象徴等価物においては，象徴代理物 symbol substitute はもともとの対象**である**と感じられる。……（象徴等価物は）観念としての対象の不在を否認するために使われる」。これとは対照的に：

> 本来の象徴は……対象を**表象している**と感じられる。……抑うつ感情が妄想分裂感情を凌ぐとき，つまり，対象からの分離，アンビバレンス，罪悪感，喪失が体験されて持ちこたえられるとき，それは生じる。象徴は喪失を否認するためではなく克服するために使われる。
>
> (Segal 1957: 168)

象徴等価物は，象徴過程の発達がもともとの対象を放棄する地点で停止していることから生じる。対象の偽りの保存が，対象がいなくなって空いた場所に自己を持続的に投影することによってなされ，それで対象の消失は否認される。

このような思考では，こころの外に世界は存在しない。すなわち，自己世界の存在と対象世界の存在は境界を共にしており，「世界は私が終わるときに終わる：私は世界が終わるときに終わるだけである。私は永遠の世界において不死であるか，あるいは私が世界の存在を信じるのを止めるときに世界は終わる」

以前Aさん（訳者注：第1章および第2章を参照）と呼んだ患者に言及することで私の意味するものを明らかにしたい。彼女は，万能的空想が生み出した，象徴等価物でできた世界に住んでいた。自分の考えは物であり，それらはトイレで洗い流すといった方法で処分されなければならないと彼女は信じていた。自分の悪い考えが自分の周りの対象の中に入り込んでいるので，それらは破壊されるか避けられなければならないと信じていた。彼女が最も恐れたのは，母親に会わないと目が見えなくなってしまい，母親の接触を感じないともう何も感じることができなくなるというものだった。それは，一方を失うことがもう一方を失うことに等しいといった，知覚し欲している彼女の自己と彼女に知覚され欲されている対象の絶対的同一化であり，そのため彼女に愛される対象に会わないこと not to see は，文字通り見ないことだった。これは，彼女が自分のこころの活動だけで客観的世界の存在を維持しているという信念の逆であった。彼女は見ることと目が見えないことの関係を，その後ちょうど分析で私に転移したように，母親から月へと象徴的に拡大した。彼女は「月を見ないと，目が見えなくなる」と考えた。その結果，彼女の生活は，月形のテーブルと，望むときに月を「見ないこと」に自分を不意に晒す災難を防ぐための天気予報でいっぱいになった。

彼女は哲学を全く知らなかったが，「先験的観念論」のシェリング Schelling や「絶対的客観的観念論」（Flew 1979: 292 and 128-32）のヘーゲル Hegel といった哲学者によって描かれたものとちょうど同じような，主観的で一元的世界に閉じ込められていた。シェリングの体系では，「世界にはものが2種類——こころのものと物質のもの——はない。つまり，一つだけである」（Warnock 1976: 66）。ヘーゲルにとって，存在する全てが一種の一つのこころである（Flew 1979）。私の患者にとって，これは哲学的考察の問題ではなく，日常生活の事実を構成した。すなわち，シェリングとヘーゲルとは異なり，彼女は書斎から離れられず，人生とその対象が彼女の注意なしに続いていることを想定できる，街の通りに向かうことができなかった。世界を存続させるには彼女が絶え間なく活動しなければならない世界に彼女は住んでいた。つまり，これが彼女の信念であり，全ての真の信念と同様に，それらは理論ではなく確信であった。

「この観念主義の深淵」というワーズワースのフレーズは，私の患者の心的現実をうまく言い表している。彼はこのフレーズを詩の中でではなく，幼年時代の体験を言い表すのに用いた。それは，自分のこころの外には何も存在しないと感じた状態，すなわち，学校時代に時折起こったという現実感喪失とパニックの状態なのだった。これはI.F.[訳注4)]ノートに記されている。このノートは，以前の自分の詩についてのワーズワースの連想の記録であり，彼自身によってイザベラ・フェニック Isabella Fenwickに伝えられ，その後ワーズワースの娘のドロシーア Dorotheaとその夫のエドワード・キリナン Edward Quillinanによって書き上げられた。彼は，『霊魂不滅の啓示についての頌』に関連して，幼年時代のこれらの時折の現実感喪失にこのような特別な表現を用いた。「私は，学校に通っている頃何度も，この観念主義の深淵から現実に自分を呼び戻すために壁や木を掴まえた」（I.F. Notes 1843: 123）と彼は言っている。ワーズワースはこの体験を，人がどうなろうとも自分は不死身である，というもう一つの幼年時代の信念に結びつけた。これを，8歳時の母親の死に続く時期として位置づけるのは難しくない。

ワーズワースは，自分の触覚が視覚とは異なり，自分のこころの絶対的支配下になかったかのように，壁や木を掴まえることで自分を現実に呼び戻すと述べている。彼が別のところで専制的視覚と呼んだものによってもたらされるものよりもっと基本的で実在的である，岩，石，木と接触する手段を持っていたかのように彼は語る。視覚が専制的なのは，そこにあるものをとり入れるだけでなく，万能的空想を外界に押しつけるためにもそれが使われるからである。

ワーズワースの身体的触覚への依存は1799年版『序曲』の第二部の節を思い出させる。それは「嬰児」の節のすぐ後に続き，母親との言語以前の触覚を通じての関係をとても強力に描いている：

……ごく初めの頃
嬰児のわたしは，触れて交わることにより
母のこころと無言のうちにことばを交わした。

(Wordsworth 1979: 21)

ワーズワースには触知でき過ぎるものがあるというコールリッジの不満は，二人の哲学的観念論の程度の違いを示している。観念論的な純血のプラトン主義は，コールリッジにとってずっと自然であった。ワーズワースは，強力な投影の傾向に加えて，自分自身ではないけれども自分自身に欠くことのできない外的なものに触れ合う能力をもっていたと言えよう。対象の不在時に目が見えなくなることを恐れた私の患者とは対照的に，ワーズワースは『ティンターン修道院』の中で正反対のことを述べている：

訳注4：I.F. は Isabella Fenwick の頭文字。

これら美しいイメージは，
長い不在にもかかわらずわたしには
目の見えぬひとにとっての風景とは異なり，
しばしば独りきりの部屋，町や都会の
喧噪のさなかにあって，これらイメージのおかげで，
心倦《う》みて果てたとき，甘美な感動が
（Wordsworth 1984: 132（山内編『ティンターン修道院上流数マイルの地で』））

ここでワーズワースは，クラインの**内的対象**の理論を予期している。それはつまり，外的対象の**諸特性**を**内界**に据え付けることであり，その内界ではこれらの特性は**擬人化**された**対象**として表象される。それらの特性の一つに連続性があれば，それは私たちに内的安全感をもたらす。「**存在し続けている**」という特性を含む対象の独立した存在を認識すれば，即座に意図を遂行する自分の能力の限界や当然の報いの限界を超越するその存在を私たちは頼みにできる。この存在は内的対象として希望の基礎をもたらす。実際「希望」は，呼び出されず報われなくとも戻って来る乳幼児期の良い母親の――すなわち，期待，信念，報いを超越する対象の――生き生きとした特性をもつ内的対象の無意識的空想に基づいていると私は考える。ワーズワース自身の言葉では：

朝は光り輝き
人のよこしまなど気にも留めない；春は回帰する――
わたしは春の回帰を目のあたりにした，深い希望に
無感覚のときに。

（Wordsworth 1979: 416）

対象とのこの交流の本質は，対象の独自のアイデンティティを認識することである。それに伴い，自己と対象，内的なものと外的なものをつなぐ接点がある。ここで心的現実と物質的現実をつなぐものは象徴であり，そのため象徴はその境界状況に内在するように見える緊張を含む。心的なものと物質的なものの違いを排除する傾向はいたるところにあり，哲学的観念論や社会的リアリズムのように，観念性あるいは実在性を否認して，一方か他方を選びたくなる誘惑は絶えることがない。観念的なものが実在的でありえず，実在的なものが観念的でありえないことを受け入れるのを，私たちはためらう。

ワーズワースはこれらの問題と最も深い水準で格闘したし，彼にとっての最も深い水準の思考は必ず詩の中に見出されることになる。青年期とその余波について述べる中で，彼は実在的なものと観念的なものの間の絶え間ない変化を描くことにな

った。しかし，そこに達する前に，世界との関係に深い影響を及ぼし，自然との関係に火をつけあおり立てた一つの喪失を彼は経験した。それは母親の死である。父の死とは異なり，それは『序曲』の中ではっきりとは述べられていない。しかし，「嬰児」の後の数行の詩に，それがベールに包まれて，しかし強力に表現されているのが認められる：

さしあたりひとつの問題がわたしのこころに浮かんだ
あいまいな理由で。わたしはただ独りとり残され
この目に見える世界を求めた，わけもわからずに。
わたしの愛情の支柱は取り払われた。
それでも建物は立っていた，それ自体の精神によって
支えられているかのように。見るもの全てが
わたしにはいとおしく，このため
今や自然の妙なる流入に
わたしのこころは開かれるようになった。

(Wordsworth 1979: 22)

母親の胸で祝福される嬰児とは異なり，この乳幼児のワーズワースは「見捨てられ，戸惑い，打ちしおれている」と実際感じていると言えよう。その結果，彼は自然に向かい，青年になったとき，自然は「熱情のように彼につきまとい」，原初の愛の対象となったと続けて示唆している。

先に述べたように，青年期の自然との関係を述べる中でワーズワースは，どちらも「超越的」と呼べる二つの別個の心的状態を描いていると私は思う。第一の状態は高揚し，思慮を欠き，第二の状態は思慮深く，悲しく，あいまいである。第一の状態では，言葉で表現できない至福とともに全てが感覚的で感覚が全てである。彼はこの絶対的同一化を，投影モードととり入れモードの双方で描いている。投影モードにおいて彼は，「動くもの全てと止まっているように見える全ての上に広がった」と感じる。とり入れモードでは，彼自身の外に見えるものは，「夢」や「こころの中の眺望」と同様に，自分の内のもののように見えた。どちらにおいてもワーズワースは，介在する感覚装置の認識を廃絶することによって，このように完全な同一化を成し遂げた。「視覚の機関」と「肉体の耳」は忘れられ，あるいは考えることそのものと同様に，事実上廃絶された。すなわち，「考えはなかった；享楽のうちにそれは消えた」。彼は書いている：

……彼の精神は飲みほした

その光景を。感覚，魂，そして形態，
すべてが彼に溶け込んだ；それらはのみ込んだ
彼の動物としての存在を。それらの中に彼は生き，
それらによって彼は生きた――それらは彼の生命だった。

(Wordsworth 1985: 23)

全てが呑み込み，あるいは包み込みであった。自然崇拝の絶頂で，高揚した状態のこれらの超越的対象を神の現れと彼が呼ぶとき，これは人として考えられる神ではなかったことを彼は明確にする。すなわちこのような雰囲気では，それは現れとして感じられる神に過ぎなかった。あらゆるものが現れており，現れがすべてであった。考えと物の区別はなかった。景色は単に何かを象徴し喚起するだけでなく，「物自体」であった。つまりそれは象徴等価物であって，象徴ではなかった。自然のものは超自然のものであった。外的対象は内的対象の化身であった。

『ティンターン修道院』でワーズワースはこの思慮に欠ける状態を，これに代わってもっと成熟したものと彼が見なす状態との対照として用いている。第一の思慮に欠ける状態で彼は次のように感じた：

……わたしはまるで
愛の対象を求める者というよりも
怖いものから逃れ去る者であった。

(Wordsworth 1984: 133 (山内編『ティンターン修道院上流数マイルの地で』)

失われた対象がなくなっているもの，つまり**喪失の存在**として体験されないと，それは**あるもの**――怖がられるもの，つまり逃れようとされるもの――**の存在**と感じられることになる。妄想分裂モードでは，不在の対象は，失われているのではなく，悪いもの，あるいは恐ろしいものとして存在していると感じられる。こうして，至福に代わるものは悪夢となる。コールリッジはワーズワースと一緒にちょうどこのようなものを書いた：

……淋しい道を
恐れおののきながら歩く者のように，
一度振り返って，歩き続ける
そしてもう振り返らない：
彼は知っているから，恐ろしい悪魔が
すぐ後ろを歩いているのを。

(Coleridge 1985: 60)

妄想分裂ポジションから抑うつポジションへの動きの中で，この恐ろしい悪魔は，悪魔から死んでいる対象へとその特性を変える。そして今度は，全てを無に帰すその死の性質ゆえに恐れられる。この像は，『老水夫行』のコールリッジによって，女の「死んだ悪夢の生命」として描かれた：

彼女の唇は赤く，容姿は自由奔放で，
髪は黄金色《こがねいろ》だった：
彼女の皮膚は癩病のように白く，
人の血を凍らせる
死んだ悪夢の生命は彼女だった。

(Coleridge 1985: 52)

ワーズワースは，特に視覚的に，生命のない対象を知覚したり，生きている対象を死んだように見るのを恐れたことは先に述べた。すなわち，「私の目には死んだように響かない。観客が帰ったばかりの／劇場のように」(Wordsworth 1979: 182)，「目の見えぬひとにとっての風景のように」(Wordsworth 1984: 132)，あるいは「生き生きとした考えを奪った，生気のない光景」(Wordsworth 1979: 212) のように。外的世界が心的観念の化身として扱われるこの**思慮に欠ける**状態は，恐れられるもの，つまり**死んでいる対象**の防衛的否認であったことを私は今示唆している。それは彼の詩の『あばら屋』で最もうまく象徴化されていると思う。この詩の悲劇の人，マーガレットはゆっくりと死ぬ。夫が戦争に出かけ，そして帰らないことに次第に絶望して，初めはこころが，そして身体も。彼女の小屋は彼女とともに朽ち果て，その見捨てられたさまは，彼女の内的状態を伝えるのに巧みに使われている：

その間彼女の哀れな小屋は
朽ち果てた：彼が行ってしまったから。彼の手は
10月の最初の身を刺す霜のおり
ひとつひとつの隙間を塞いだものだった。

(Wordsworth 1984: 43)

彼女の最終的な死は，詩の世界と詩人のこころに死んだような空間を残す：

……彼女は死んだ
イラクサは朽ち，毒蛇は身を日にさらす
そこは私たちが共に座ったところである，

彼女が赤ん坊に授乳している間。

(Wordsworth, 1984: 34)

この詩は，ワーズワースの母親の死，アネット・ヴァロンとその子を見捨てたときの彼の気持ち，および彼自身が見捨てられた気持ちと彼女を見捨てた罪悪感の混同――つまり抑うつポジションに本質的な種類の混同――を私に思いつかせる。躁的防衛が起こるのは，刺すような気持ちと毒のある考えを伴う，このような痛みを起こすこころの場所――「私たちが共に座ったところ」――に対してである。高揚した状態では，彼が「動くもの全てと止まっているように見えるもの全ての上に広がって」いるとき，生物と無生物の区別は消失している。アニミズムは全てが生きていると主張し，生命がないと知覚されるあらゆるものの危険性を排除する。躁的償いは，革命的行為でなければ革命的想像力によって，必ず世界が生き返るか超越されることを要求する。これが「見た目には死んでいる」世界という心的現実の否認に基づいている場合，想像力はワーズワースが嘆いた「偽りの二次的な力」となる。というのはそれが創り出すのは：

……偽りの想像力の
はたらき，それは体験と真実の限界を
超えたところにある。

(Wordsworth 1979: 404)

ワーズワースとコールリッジの双方によって称えられ探究された真の想像は，象徴的償いを通した個人の喪失体験の超越である。そのためこの想像は必然的に，新たな象徴のバージョンの発見から湧き起こる更新の喜びを彩る，喪失の要素を含む。本質において，これが，「思慮深い」と呼んだ第二の超越的状態であると私は考える。真の想像は，崇高となりうるおぼろげな感覚を「静かで物悲しい音楽」に結びつける。「真夜中に雨が私たちの屋根を叩くとき」，私たちみんなのために，そして私たちみんなに向かって語る，抑うつポジションの声をワーズワースは見出す。哲学者のジョン・スチュアート・ミル John Stuart Mill は『自叙伝』(Mill 1924) で，自分の抑うつを和らげた唯一のものはワーズワースの詩であったと述べている。ワーズワースの創造性を最終的に押し殺すことになったのは，達成された抑うつポジションを放棄し後ー抑うつポジションを維持する問題であったことは先にこの章で述べた。情緒的に早熟であった彼は，28 歳のときから詩の中で中年期危機に取り組んだようである：

わたしをこの不法な自由は疲れさせる；
わたしは気まぐれな欲望の重荷を感じる：
わたしの希望はもうその名を変えてはならない，
わたしは永久《とわ》に変らぬ安らぎに焦がれる。

(Wordsworth 1984: 296)

私は第6章で，乳幼児期に始まり人生を通じて繰り返される必要のある継起を，Ps(n) → D(n) → Ps(n+1) . . .→ D(n+1) と表した。そのため私はエリオット・ジャックス（1968）の概念に次のようなことを付け加えた。すなわち人によっては，中年期危機は，彼が示唆するような前－抑うつポジションを再訪することではなく，新たな不確かさと引き換えに，まとまりのある信念を放棄する後－抑うつポジションである。コールリッジは，創造性が乳幼児期の抑うつポジションの更新の時点で崩壊するというジャックスの記述の好例をもたらしたが，ワーズワースの場合は，後－抑うつポジション，つまり Ps(n+1) で起こる途絶を例証したと私は考える。創造的芸術家にとって，このように進んで D(n) を放棄して先に進むことが，続けて創造的であるための必要条件である。30代に自分自身の D(n) に辿り着いたことを明確に表現することによって表された，ワーズワースの途方もない達成は，この確立した場所を去るのをますます難しくしたに違いない。1802年に，最終的にマリー・ハッチンソンとの結婚を計画する前，アネット・ヴァロンと話すために1カ月カレーに滞在した後，ワーズワースは自分の回帰を祝うたくさんのこころからのソネットを書いた。これらには，ウェストミンスター橋で作られた『地上にこれほどまでに美しい光景があろうか』という有名なソネットが含まれていた。それと，次のような行で終わるものも含まれていた：

不死のこころは持ちこたえる対象を渇望する：
対象はこころに結びつく：こころは対象を離れて放浪できないし，
対象もこころから離れられない：それらの交友はゆるぎない。

(Wordsworth 1984: 287)

ワーズワースは妻，友だち，隣人と共有できる伝統的な宗教的信念に落ち着いた。彼の若い頃のとどまることを知らなかった急進性は，確立した信念と道徳的規範に道を譲った。ロマンティックな恋人はビクトリア朝の父親になった。**存在の喪失**はその前に起こっていた。**喪失の存在**はしばらくの間，詩の中であざやかにはっきりと表現されたが，その後，心地よさのうちにそれも失われた。この心地よさは，あまりにも苦しみあまりにも多くの辛い変化を蒙った者には抗し難かったに違いない。

12

実存の不安：リルケの『ドゥイノの悲歌』

存在するものは存在しなければならないがゆえに，存在するものすべてがそれ自体正しいことを，わたしの人間のこころが認めることができないなら，わたしは廃墟の中に座して笑おう。まったくわたしたちは，楽しむためではなく，服従し希望を抱くために生まれたのだ。

(Shelley 1826: 399)

ライナー・マリア・リルケ Rainer Maria Rilke は，フロイトが生まれた 19 年後の 1875 年に生まれた。二人ともオーストリア・ハンガリー帝国のドイツ語を話す国民だったが，フロイトと違ってリルケはローマ・カトリック教徒であった。私は第 11 章で，詩的感受性に対する乳幼児体験の関係についてのワーズワースの理論を論じた。リルケもワーズワースと同じように，自分自身についての理解と詩を自分の源である幼児期に求めた。しかし，彼の早期体験の主観的記述とその心的帰結はたいそう異なっている。ワーズワースは自分を「祝福された嬰児」と呼んだが，それは彼が母親の胸で彼女の眼差しから情念を受け取ったからである。リルケは，母親の見ようとしない目によって壊滅させられたと感じた，「祝福されなかった嬰児」と自分を見なすようになった。

私たちは，幼児期と成人期の結びつきについてのワーズワースのよく知られた作品《エピファニー》を，類似のテーマについてのリルケの考えと対比できる：

私の心は躍る，大空に
虹がかかるのを見たときに。
幼い頃もそうだった，
大人になった今もそうなのだ。

(Wordsworth 1994: 122（平井正穂編『虹』))

リルケは，虹ではなく，破壊し尽くされた家のむき出しの残骸について書いた：

かつて青や緑や黄などの壁布が張ってあったところには，生活から立上がる煙のようなものが漂うていた。……誰もかまってやらぬ乳のみ児の，しつこく鼻につく，甘ったるい匂いがあり，学校通いの子どもたちの心配を煮つめたような臭気があり，年ごろの男の子のベッドの重くよどんだ悪臭も溶けていた。……きっと人々は僕がずいぶん長い間ぼんやりと家の前に立っていたと思うだろう。しかし本当は，僕はそんな落ちくずれた壁をみると，足が自然に走るように急ぎ出していた。一目で，なんとも言いようのない恐ろしさを感じたのだ。僕は一度にすべてがわかってしまった。落莫《らくばく》たるすがれた風物は，一度に僕の心に飛びこんで来た。それはむしろ，そのまま僕の心の内的風景であるかもしれなかった。[訳注1)]

(Rilke 1910: 47-8（大山定一訳『マルテの手記』一部改変))

二人の詩人が実際持った一つの共通点は，彼らがフロイトと共有したもの，つまり，自分自身のうちに見出すものには普遍的な意義があるという信念である。すなわち，全ての人間は文化と時代を超えて基本的に同じであり，内的現実は外的世界と同様に重要であってそれ自体の正当性を持っているという信念である。

詩人は力をどこに見出すのだろうか，そして，詩人の源は何であろうか，と私たちは問う。ワーズワースが自分自身を主題に使って，『序曲』，特に「嬰児」の節でこれらの問いに答えようとしたように，リルケは『ドゥイノの悲歌』と『オルフォイスへのソネット』[訳注2)]で答えようとしていると私は思う。私たちが満足を求める，失われた原初対象との関係を，私たちは象徴を通じて復活させる。すなわち私たちは，ワーズワースが表現したように，「創造者でもあり受益者でもある」。ハンナ・スィーガルはこれをさらに押し進め，芸術家は作品を通じて，空想の中で傷つき，失われ，壊滅された対象を修復できることを示した（Segal 1952)。『悲歌』は，芸術を通じて自己の正当性を立証し内的対象を修復しようとする試みの，有力な例をもたらすと私は思う。生き続けるためにはこれらの悲歌を完成させなければならないという確信をリルケに与えたのは，このような試みだった。

ワーズワースはフロイトと同じように，「快感原則」の一次性を確信していた。そのため，フロイトが，快感原則があるとすれば，なぜ私たちの夢に苦痛で恐ろしい主題があるのだろうかと問うたように，ワーズワースはなぜ詩にそのような主題があるのだろうかと問うた。彼は『抒情歌謡集』の序文で次のように答えている：

訳注１：以下，訳者が採用したリルケの作品の邦訳は，著者の採用した英訳とは多少異なる部分もあることを断っておきたい。

訳注２：オルフォイスは，ギリシア神話の竪琴の名手。亡き妻，ユーリディスを追って冥界に降り，音楽でハーデースを魅了して妻を連れ帰る許しを得たが，禁を破って地上に出る寸前に妻を振り返って見たため，永久に妻を失った。

> 解剖学者の知識に関わる対象がどれほど苦痛を感じようとも，知識は快感だと学者は思う。……それでは詩人は何をするのだろうか。自分を取り巻く人や対象は，果てしなく複雑な苦痛と快感を生み出すために，お互い作用し反作用していると詩人は考える。
>
> (Wordsworth 1850: 291)

詩人に分け与えられる満足は，知識を得たり取り戻したりすることや，不快な事実さえも包括することに関係している。なぜ悲劇が聴衆を満足させるのかという問いへの20世紀における答えは，ルイス・マクニース Louis MacNeice[訳注3] から出された。すなわち，「英雄は聴衆のものであるから，劇中の英雄の敗北は聴衆の敗北である。しかし，劇は聴衆のものであるから，全体としては聴衆の勝利である」(MacNeice 1941: 107)。これは次のようなビオンの理論（1967）を思い出させる。つまり，私たちは自分を体験のコンテイナーとして供し，生の感覚を考えに変形し，そして，考えを取り扱うために考える。この理論は，『ドゥイノの悲歌』のリルケの結論と特に共鳴する：

> これらの現象やものごとは，最も熱烈に理解され変形されなければなりません。『悲歌』はこの理解と変形が働いていること，つまり，見えて触れることのできる最愛のものが，見えない雰囲気と私たち自身の興奮に絶えず転換されていることを示しています。
>
> (Rilke 1969: 374; 1925年11月13日の手紙)

『ドゥイノの悲歌』として知られる10編の詩は，1912年1月にリルケがこれらの詩を書き始めたときに滞在していたオーストリアの城からその名をとっている。『悲歌』が完成するのに10年もかかったのとは対照的に，その直後に書かれた『オルフォイスへのソネット』は非常に早く，1カ月もたたないうちに完成された。「人間，自然，および社会」を自己吟味を通じて説明するために，ワーズワースが『序曲』で扱ったのと同じ問題に取り組もうとするリルケ自身の方法は，『悲歌』と『ソネット』の双方によって構成されている。二人とも記憶と想像を通じてこの問題にアプローチし，想像という語を，コールリッジが行なったように，のちにクラインが空想という用語によって表したものを意味するために使った。

リルケは「詩は人の考えるように感情ではない。……詩はほんとうは経験なのだ」(Rilke 1910: 20（大山定一訳『マルテの手記』)）と書いた。詩を書くために，彼は

訳注3：北アイルランド生まれの英国の詩人・劇作家（1907-63)。

次のようなことを明らかにした：

> 詩人はそれを思い出に持たねばならぬ。……しかも，こうした追憶を持つだけなら，一向なんの足しにもならぬのだ。追憶が多くなれば，次にはそれを忘却することができねばならぬだろう。そして，再び思い出が帰るのを待つ大きな忍耐がいるのだ。思い出だけならなんの足しにもなりはせぬ。追憶が僕らの血となり，目となり，表情となり，名まえのわからぬものとなり，もはや僕ら自身と区別することができなくなって，初めてふとした偶然に，一編の詩の最初の言葉は，それら思い出の真ん中に思い出の陰からぽっかり生まれてくるのだ。
>
> (Rilke 1910: 20（大山定一訳『マルテの手記』)

ワーズワースとリルケの双方とも，自分自身を見出すためには自分の源へと回帰する必要があることを認める。しかし，リルケが幼年期への回帰を述べるとき，両者の再発見には莫大な相違があることが分かる。

> 少しも病気はよくならない。これまでに何度かかかった僕の奇態な病気だが，……この病気は別に一定の症状を持っていないのだ。病気にかかった本人の性質によって，どうやら気まぐれな勝手な症状を現わすのがこの病気の特徴のようだった。病気は一人一人別な患者から，それぞれすでに遠い昔に消えてしまったと思われる深い危険を……再びどこからか引出してくるらしい。そして，すぐ目の前に，それを突きつけるのだ。……長く忘れてしまっていた恐怖も，そっくりそのまま帰って来た。……僕は少年時代を求めた。再び少年時代は帰って来た。僕はそれが昔のままに重たく陰鬱《いんうつ》であり，年をとることがなんの変化も与えるものでないのを感じた。
>
> (Rilke 1910: 62-4（大山定一訳『マルテの手記』一部改変))

ワーズワースはクラインの抑うつポジションと喪についてのある局面を例証している，と見なすことができる。これとは対照的に，リルケは，クライン（Klein 1946）の妄想分裂ポジションについての論文の例証，あるいはハーバート・ローゼンフェルド（Rosenfeld 1965）の精神病的なこころの状態の臨床記述のようなものをもたらしている。上述の抜粋はリルケの小説『マルテの手記』からのもので，もともと彼はこれに「私のもう一つの自己の日記」と題していた。この一節は次のように続く：

> そんな品物か何かのように，僕のベッドの毛布の上には，子どものころに見失った思い出が幾つも散らばっていた。昔のままの新しさだ。……毛布の端から飛

び出している小さな糸くずが，ひょっとしたら，鉄針のように堅くて危ないのではないかという不安な気持ち。パジャマのボタンが，ひょっとしたら僕の頭よりも大きくて重たいのじゃないかと思ったりする恐怖。そして僕は，今僕のベッドから落ちたパンのかけらがガラスのように下で砕けるのではないかと考えたりする。するともう，何もかもがそんなふうにこわれてしまって，取返しがつかなくなるように，何かわからぬ苦しさが胸を押しつけてくるのだ。……頭の中で何かある数字がたちまち大きくなりだし，僕の頭の中におさまりきれなくなるような気がしてくる。花崗岩《かこうがん》が僕が寝たところだけ無気味な灰色に変色しはしまいかと思う。僕が無意識に悲鳴をあげるので，人々が部屋の前に集まり，扉を破ってはいって来るような恐怖もある。思わず何もかも言ってしまい，言ってはならぬと思っていることをかえってあけすけに言ってしまいはせぬかという不安。また，いくら言おうとしても，どういうふうに言ってよいかわからず，一言も口がきけぬのではないかという心配。

(Rilke 1910: 63-4（大山定一訳『マルテの手記』一部改変))

リルケを妄想分裂ポジションの詩人と呼ぶときに，私は彼が妄想分裂ポジションのモードに**いる**と言っている訳ではない。実際，彼のように書くためには，抑うつポジションのモードで機能していなければならない。私はさらに進んで，リルケが人生の他の側面では妄想分裂ポジションにいようがいまいが，詩文を作るという行為は，書くことにおいては，妄想分裂ポジションから抑うつポジションに移る**手段**であったと考える。

二人の詩人は乳幼児期について全く異なる記述をしている。しかしこの違いは，乳児期についての異なる理論を必要とするというより，異なる乳幼児の記述だと私は考える。第 11 章で述べたように，ワーズワースの「嬰児」の記述は，母親の胸で「母親の眼差しから情念を受け取る」幸せな乳幼児の話であり，またその結果，美と善を外界に賦与する力を自分のうちに「微風《そよかぜ》のように」目覚めさせた乳幼児の話である。そして，乳幼児は次にこの美と善を自分の中に再び取り入れる。一方リルケは，母親について，「暖かな微風は彼女から決して吹かなかった」(Rilke 1981: 65) と書いた。ワーズワースの話は，クラインの乳幼児の記述のうちの，事態が好ましい場合の**一つ**に該当する。すなわち，「哺乳し，母親との愛情関係を創始する『良い乳房』は生の本能の表象であり，創造性の最初の表れとも感じられる」(Klein 1957: 201)。リルケが語る話は，事態が好ましくない乳幼児の状況についてのクラインの記述に該当する。このような状況において，良い対象の欠如は，「理想化された対象とひどく悪い対象との非常に深いスプリット」(前掲書：192) を引き起こすとクラインは言う。「さらに私が見出したところでは，理想化は，すばらしく良い乳房が存在するという生得的な感覚に由来しており，この感覚は，良い対象へのあこがれとその対象を愛する能力へのあこがれを引き起こす」（前掲書）と彼女は述べている。「羨望と感謝」のもともとのタイプ原稿において，クラインは，発表された論文には含まれていない，次のような脚注を付けている。この脚注はリルケの詩にとりわけ関連している：

> 私が述べたように，絶えず注目を必要とし，少しの間も一人では満足できない赤ん坊は安心感に欠けているが，それは，良い対象が十分に確立されていないからである。これは，母親に過度にしがみつくどんな子どもにおいても観察できる。そのような子どもはとりわけ不安を欲するし，最終的には，母親の存在によって和らげられた自分の内界と外界を危険にさらす破壊衝動を欲する[原注1)]。

リルケは第3の悲歌でまさにこのような状況を書いた。そこでは，内的恐怖を寄せつけないようにするために，母親の存在が必要とされた：

> 母よ，あなたがささやかなかれをあらしめたのでした，かれをはじめたのはあなたでした。
> 新しい存在としてかれはあなたに護《まも》られました，あなたはかれのその新しい瞳《め》にうなずきかけながら，
> やさしい愛の世界として身をかがめ，異種の世界の脅威《きょうい》をふせいだのでした。
> ああ，あなたがほっそりしたそのお姿をみせるだけで，
> 沸《わ》きたちかえる混沌《カーオス》もかれには手をつけることができなくなったのです。ああ，あの歳月《としつき》はどこへ去ったのでしょう。
> そういうふうに多くの無気味なものをあなたはかれの眼からかくしました，怪しいかぎりの夜の部屋から
> 敵意をうばい，庇護《ひご》の場にみちたあなたの胸にやどる
> より人間的な空間を　幼いものに襲いかかる暗夜の空間に混ぜあわしたのです。
>
> (Rilke 1987: 163（手塚富雄訳『ドゥイノの悲歌』))

この一節は，リルケが1912年1月に書き始め，18カ月後に完成した『ドゥイノの悲歌』の第3の悲歌からの引用である。『悲歌』が書き始められたのは，彼が精神科医のエミール・フォン・ゲープザッテル男爵 Emil von Gebsattel との分析を始めることを考えていたときだった。『悲歌』は分析の代わりとなるもののようである。リルケの妻はゲープザッテルの分析を受けていた。「彼女の場合は事情が違います。というのは，彼女の創作の作業は彼女の役に立ったことがありませんから。私の作業は，ある意味では，最初から一種の自己治療でした」(Rilke 1969: 45) とリルケはコメントしている。1912年1月20日から24日の間のどこかで彼は分析

を始めないことにし，ルー・アンドレーアス・ザロメ Lou Andreas Salomé に手紙を書いている：「二度と詩を書かないと本当に思うときにしか，分析は私にとって意味をなさないことがもうわかっています」(前掲書：49)。

これでリルケと分析の話が本当に終わるわけではないが，第3の悲歌の幼児期のイメージに戻ろう。ワーズワースの「嬰児」の母親とは違って，この詩の母親は，世界のすべての善の源ではなく，常軌を逸した恐怖と内的戦慄から乳幼児を保護する，なだめる存在に過ぎない。彼女は，スプリッティングによって，良いけれども限られた外的存在として外的空間の異質の恐怖から分離され，内界の誘惑的な悪魔とは無関係の状態で維持された。

自分はしっかり護《まも》られた身だ，と思ったのでした……しかし奥深い内部では？
幼いものの内部に，幾世代をつらぬきやまぬ奔流《ほんりゅう》を何びとがふせぎとめることができたでしょう。
……夢におそわれ……
……かれは巻きこまれてゆく，
いよいよ延べはびこる心象《しんしょう》の蔓草《つるくさ》ともつれあいからみあって，
早くも奇異なさまざまの生の図柄《ずがら》が，呼吸《いき》もふさがるほどの繁茂が，野獣のような
疾駆《しっく》の形姿が，そこに現出する。いかにかれはそれに身をゆだねたことか。
──愛したことか。
愛したのだかれは，おのが内部を，おのが内部の荒野，
その鬱林《うつりん》を。……
……しかもそこからかれはさらに進んだ，
おのれ自身の根にそい，さらにそれを突き抜けて
かれ自身の小さい生誕《せいたん》を遠く越えた強力な起原の場にはいる。愛しながら，
かれはこのより古い血のなかへ，峡谷《きょうこく》の底へ向かった。
そこにはあの怖ろしい怪獣が，われわれの祖《おや》たちの血に飽きてよこたわっている。そして，そこに棲む
ものすごいすべてのものは，すでにかれ，この若者を知っていて，目くばせした，かれの気持ちはとうによく知っているとでもいうように。
いや，怪獣は微笑すら送ったのだ……母よ，
あなたでさえこれほど甘やかな微笑をみせたことはなかった。どうして
かれはその怪獣を愛せずにいられたでしょう，それがかれにむかってほほえみかけた以上は。あなたへの愛に先き立って
かれはそれを愛したのでした。なぜならあなたがかれを身ごもっていたときから，
その怪獣は，胎児《たいじ》のかれを泛《うか》べている液体にすでに溶けこんでいたのですから。

（Rilke 1987: 165（手塚富雄訳『ドゥイノの悲歌』一部改変））

リルケは，彼自身の言葉では，内的世界の恐ろしい真実をおおい隠し否認するために，外的愛への依存を見出す。そのためその後，自分自身のままではおれない世界に住むように強いると思われるその愛を，捨てざるを得ないと彼は感じる。彼はウィニコットの**本当の自己と偽りの自己**（Winnicott 1960b）の記述の典型である。リルケによる，主観的自己と自己の対象世界との関係の間の分裂の探究は，このような特殊な病理組織体（Steiner 1987）についての私たちの理解を大幅に増す。この病理組織体については第 13 章と 14 章でさらに論じよう。

自分自身を見出す遍歴の始まりに関するリルケの最初の記述は，小説『マルテの手記』（Rilke 1910）にある。この小説はリルケのバージョンの放蕩息子の話で終わり，彼はそれを「愛されるのを望まなかった男の伝説」（前掲書：251）と考える。

この遍歴と，この小説の完成後に起こった著述と精神双方におけるリルケの破綻をさらに探究する前に，彼の人生の事実をもっと知る必要があると思う。

リルケの父親は鉄道の事務官となった陸軍将校であり，母親は信心深い女性だった。リルケの生まれる 1 年前に母親は女の赤ちゃんを失っており，それで彼女は彼をルネ・マリア René Maria と名づけ，女の子の服を着せ，遊びの中で 'meine kleine Fräulein'（お嬢ちゃん）と呼んだ。彼の学校生活は状況を突然変えたに違いないが，それは特に，彼が父親の意向で厳しい陸軍士官学校に行ったからである。学校の後彼は，プラハ，ミュンヘン，ベルリンで，哲学，歴史，文学，芸術を学びさまよった。リルケは，ルー・アンドレーアス・ザロメとの出会いの後，ファースト・ネームをライナーに変えた。彼は 22 歳，彼女は 36 歳だった。しかし彼は，母親への手紙には，引き続きルネと署名した。リルケとルー・アンドレーアス・ザロメは恋人同士となり，彼女の祖国であるロシアに 1899 年と 1900 年に 2 度にわたって旅行した。ザロメはリルケの詩の発展に決定的な役割を果たした。彼女は私たちにとっても特に興味深い存在である。というのは，後半生で彼女はフロイトの教え子になり，分析家になったからである。彼女の過去は知的興味に欠けている訳でもなかった。フロイトのフレーズでは，彼女は若い頃，知的な男性たちの偉大な「女性の理解者」としての経歴を歩み始めていた。最初はユダヤ人の実証主義哲学者であるポール・リー Paul Rée と，それから 21 歳のときにはニーチェと関係をもっていた。リルケとザロメは愛人としては別れ，リルケは 1901 年にクララ・ヴェストホーフ Clara Westhoff と結婚したが，ルーは，いつも自分を理解してくれると彼が死ぬまで信じた人だった。リルケは 1926 年に白血病で死んだ。彼の最初の重要な作品である『時祷書』は「ルーの手許に」（Rilke 1987: xvii）捧げられた。そして，彼の空想上の自伝小説は，彼女への一連の手紙として始まった。この小説の完成後の情緒的な危機を迎えて，リルケは再び手紙でザロメに救いを求めた。

> 私は，この本がどんな印象をあなたに与えたかを知る必要が本当にあります。……他でもないあなた，いとしのルーしか，彼が私に似ているかどうかがわかりませんし，どれほど似ているかを示せません。ある意味では私を破滅から救うために，彼が……本の中で破滅しているかどうかを。
>
> (Rilke 1969: 32)

彼は続けて，日常の自己に残されたものは全く無味乾燥だと言う：

> 破滅したもう一方のやつが，どうも私を疲れ果てさせてしまいました。……彼は強い絶望で何もかも自分のものにしました。私は新しいものほとんどすべてにきずを見出さずにはおれません。そのきずは彼が自分自身を引き剥がしたところで，ざらざらしているのです。
>
> (Rilke 1969: 33)

自分自身を探し始めたことは，『マルテの手記』の放蕩息子の寓話に詳しく述べられている。放蕩息子が立ち去るのは，愛から逃げなければならないからである。それは，愛が彼を歪曲するから，あるいはもっと正確には，愛着のために彼は，他のみんなが彼だと信じたい人間になることによって，自らを歪曲するようになるからである。

> 彼はあわてていろいろなものを脱ぎ捨てたり忘れたりするのに忙しかった。……一日，幼い主人の帰りを待っていた犬どもが……彼を追いたてるようにして，自分の主人に押戻そうとするのだ。家の中へはいると，もっといけなかった。特有の家の匂いが，もうほとんど万事を決定してしまうのだ。些細《ささい》なつまらぬことが少しぐらい変ろうと，全体から見れば，彼は結局人々が考えていたままのこの家の息子に違いなかった。家の人々はつまらぬ彼の過去と自分たちの勝手な希望を結びつけ，すでに彼の生涯の略図をこしらえてしまっているのだ。
>
> (Rilke 1910: 252-3（大山定一訳『マルテの手記』)

それで放蕩息子のリルケは，苦しみつつ自分から愛を一掃し，「存在するのを愛したと言える以外は，一切何も愛さなかった」(前掲書：256)。彼は戻ってきたときに，自分を歓迎し恐れさせる愛に面食らう。リルケは，愛は自分とは何の関係もないと気づくことで，自分と愛に折り合いをつける。すなわち，人々がどれだけ彼のことを考えていないかは明らかだった：「彼がどんな人間であるかを，人々はどれだけ知ることができただろうか。彼を愛するのは，もう途方もなく難しくなっていた」(前掲書：260)。

これが，リルケをもう一度ルー・アンドレーアス・ザロメに向かわせ，同時に『ドゥイノの悲歌』を書き始めるように導いた，彼の著作と人生上の要点である。悲歌は10編よりなり，長引く停滞，たびたびの絶望，および多大の困難を伴い，10年間にわたって断続的に書かれた。それにもかかわらず，これらの悲歌を読みかつ再読して最後の歌を理解したとき，リルケが最後の悲歌で言っていることは最初の悲歌ですでに暗示されており，しかも，この暗示された意味は，最後の悲歌に照らし合わせて初めて正しく理解することができることに私は気がついた。彼自身，このような意味のことを手紙の中で言っている。『悲歌』は探索の手段として書かれたが，この探索は一風変わっていた。こういった点で，この探索は分析にとてもよく似ていた。それは，すでに人が住んでいる国への探検の旅のように，すでに存在はしてもまだ発見されていないものの捜索だった。

最初の3編の悲歌がその後10年のリルケの情緒生活の概観であるのと同じように，1910年に完成したリルケの小説『手記』は『悲歌』全体の概観の役を果たしている。彼は次のように書いている：

> 彼はかつてなし得なかったままのびのびになっているいちばん大切なものを，ぜひ今から取返そうと決意した。彼はまず幼年時代のことを思い出した。静かに落ち着いて考えれば考えるほど，それは仕残された不完全なものに見えるのだ。幼年時代の追憶にはすべて曖昧なおぼろげなものがくっついていた。しかもそれが遠く過ぎ去った過去であるために，かえってこれから訪れる未来の世界のように思われたりするのだ。もう一度自分の幼年時代を現実に引寄せてみたいという悲しい願いに，なぜ「放蕩息子」がふるさとの土を再び踏んだかの理由があるだろう。
>
> (Rilke 1910: 258-9 (大山定一訳『マルテの手記』一部改変))

『ドゥイノの悲歌』は発作的に，かためて書かれたので，それぞれのグループは『悲歌』の最終配列の番号とは一致しない。1912年から1913年にかけての冬に書かれた最初のグループは，今では第1，2，3，6の悲歌として知られているものからできていた。第4の悲歌だけは，1915年にぽつねんと書かれた。7年後の1922年には，第7，8，9，10の悲歌がとても短い間に書き上げられた。最後に書かれ，第5と番号をつけられている悲歌は，密度の濃い難しい第10の悲歌の完成を祝うものだった。

『悲歌』が実際いつ作られたかはこれらの悲歌を理解する上で重要だと思うが，

それはリルケの詩の作り方のためである。これらの悲歌は全く自然な発露であり，リルケが *Ausfühlen* ——彼の造語で「フィーリング・スルー」という意味であり，「ワーキング・スルー」に似ている——と呼んだ，非常に密度の濃い時間のあとに書かれた。この過程を追えるのは，自分の作品と人生を解説しているリルケの豊富な手紙のおかげである。私は，『悲歌』を書かれた順に取り上げながら，そこからテーマを選びたい。というのは，リルケと同じように障害され，同じように不幸な人の分析で起こる進展に類似の，興味深い心的発達を『悲歌』が表しているからである。

最も深い期待の充足はこの世になく，それでもあるものが「それ」かもしれないと繰り返し信じることは，得られないものへの欲望を引き起こすだけである，と初めにはっきりとリルケは述べる。欲望と充足の理想の対象は人生に先立つ。すなわち，理想の対象の起源は経験にはなく，そこに見出されることも決してない：「私はこれまで，まるでいつも望遠鏡を見ているみたいに，どんな女性にも絶対見出されることのない至福を，出会った女性に帰しながら，自分自身から遠ざかって生きてきました」(Rilke 1969: 96)。お互いを欺き，自分たちが「それ」を見出したと信じ込むほかない恋人たちしか，リルケは想像できない。そのため彼は，原型となる理想の原初カップルを自分の思考の中に組み込めない。すなわち，二つの確かな別個の存在の真の結合を表象するカップルを，**決してありえないもの**という負の形でしか彼は思い描けない。補遺の悲歌は第5の悲歌であるが，実際には仕事の完成を祝って書かれた。ここではリルケは上機嫌であるが，それは第10の悲歌で実に多くのことを解決したからである。第5の悲歌は，とても賞賛された真の軽業師の3代にわたる家族を描いている。軽業師たちは，両足で地面に着地するという痛みを伴う過程を経て，重力に反する空中のわざをやり遂げる。リルケの最後の華麗なことばは，この巧みな現実主義のイメージに，想像上の世界における想像上の恋人たちの気まぐれな白日夢という皮肉な対照を添えることになった。すなわち恋人たちは，このようなわざをなし遂げ，最後に首尾よく地上に降りてきて，「数知れぬもの言わぬ死者たち」——どのカップルの昇降も破局とならず首尾よく成し遂げられるようにと待っている，すでに死んだ者たち——から「どんなときにも使わずにとっておいた最後の幸福《さち》の貨幣」(Rilke 1987: 181) を投げ与えられる。

しかし，これは1922年のリルケであった。1912年にはこのような上機嫌はどこにもなかった。第2の悲歌で，愛はアイデンティティの保持と相容れないと彼は書いている。というのは，愛するとき，私たちは，それ自体実質がなく捕らえどころのない対象の中に消えてしまうからである。

けれどわれら人間は，感ずれば気化し発散する。ああ，吐《は》く息とともに
消滅し無に帰するのだ。……
……ときとしてわれらにこういうひとはあろう。
「きみはわが血のうちに沁《し》み入る，この部屋，この春，
そはきみがおもかげに充《み》つ……」と。なんの甲斐《かい》があろう，それも。その言葉
をいうひともわれらを永くとどめることはできないのだ。
われらは消えゆく，そのひとのうちより，またほとりより。……
われらのものがわれらを去る，さながら熱い煮物《にもの》を
熱の去るに似て。

(Rilke 1987: 157（手塚富雄訳『ドゥイノの悲歌』))

第３の悲歌のすぐ後に書かれた第６の悲歌を，リルケは「英雄の悲歌」と呼んだ。そこで彼は，武勇談の英雄としての自らの立場を主張する。しかしこの主張は，フロイトやワーズワースが自分自身の神話の中で自分を英雄の役に割り振ったやり方とはとても異なっている。フロイトにとって，「明らかに母親のお気に入りであった人間は，一生涯征服者の感覚をもつ」(Jones 1957, vol. I：6)。自分が不安なときや疑いでいっぱいなとき，ワーズワースは「どうして嘆き悲しむ必要があろうか——私は選ばれた息子だったのだ」(Wordsworth 1979: 96) ということを思い起こした。これとは対照的にリルケは，母親の胎内を乗っ取ったかもしれない他の精子全てを打ち負かすことで，少なくとも自分は自分を選んだ，と主張することしかできない。

おお母よ，かれはおんみの内部にあるときからすでに英雄だったのではないか，
おんみの内部にあるときから
かれの断乎《だんこ》たる選択はすでに開始されていたのではないか。
無数の生命が胎内《たいない》で湧き立ち，**かれ**たらんとした。
しかし見よ，かれだけが取るべきを取り捨つべきを捨てた——選んだ，なしえた。

(Rilke 1987: 183-4（手塚富雄訳『ドゥイノの悲歌』)

重要な意味があるところは，この悲歌でリルケのこころにある英雄はサムソン[訳注4)]である。ペリシテ人の家で盲目のサムソンが行なった破壊に相当するのは，私たちの英雄の誕生であり，彼が母親の胎内から「もっと狭い世界に」躍り出，そこでさらに「選び続け，行ない続けた」(Rilke 1987: 184) ことである。リルケは，小説

訳注４：怪力・豪勇のイスラエルの士師。愛人デリラの裏切りでペリシテ人に捕らわれ，盲目にされた。

『マルテの手記』と同様にこの節でも，自分のアイデンティティを主張することが対象にとって致命的となることを仄めかしている。彼が対象の望みに合わないと，対象は彼の万能に脅かされる。彼が自己主張すると，対象は破壊される。リルケはサムソンを英雄の自分と見なし，盲目を自分を服従させる選ばれた方法と見なす。言い換えると，彼は親という捕獲者たちによって盲目にされ，彼らの家を壊し，その過程で親も自らも破壊しそうになる。

『悲歌』ではこのような詩のほとばしりの後，長い沈黙がある。その後，すべての悲歌の中で最も痛切な悲歌が一つだけ作られる。それは，1915 年 11 月に書かれ，今では第 4 の『マリオネットの悲歌』として知られている。この悲歌は絶望のときに現れた：「というのは，私が病気だというのはもう疑いようがありません。私の病気はとても進行していますし，これまで私が作品と呼んだものにも宿っています。それで目下避難する所がないのです」(Rilke 1969: 114)。これは 1914 年 6 月 9 日のルー宛ての手紙からの引用である。手紙の中でリルケは，過去にはいつも他者のせいにしてきた破壊性で自分を責めている。そして，もう迫害感を抱けないことを明らかにしている。2 週間後，彼はもう 1 通の手紙を書いた。手紙には『転換点』訳注5）と呼ばれる詩が含まれており，インクも乾かないうちに投函された。この詩はまさに転換のことを表している。すなわち，「私が生きることになるのなら，この転換が起こらなければなりません」(Rilke 1969: 115) とリルケは書いている。この必要な転換とは，ものごとを注視することで成し遂げられる万能的コントロールを楽しむことから，自分が取り入れ変形したものを愛するようになることである：

ながいこと　彼は視《み》る眼《め》でとらえていた。
その闘いいどむ注視に
星々は　膝を屈した。……

そのようにして　彼が塔を視やると，
塔は　愕然とした，——
繰り返し塔を建てた，高々と，不意に，同時に。

(Rilke 1981: 47 (小松原千里他訳『転向』)

この詩の中でリルケは自分が悪いことに気がつく。というのは，世界は，ただ注視されるのではなく，愛されるのを欲しているのに気がつくからである。それで彼

訳注5：この詩のタイトルは，英訳では ‘Turning Point’ となっていることと，著者の論旨から『転換点』とした。そのため，邦訳のタイトル『転向』とは異なっている。

は自分に言い聞かせる：

眼《め》の仕事は果たされたのだ，
いまは心の仕事をするがいい，
おまえの内部《うち》に捕らえられたあの心象たちで，——なにせ
おまえは　取り押さえておきながら，知ってはいないのだから。
内部の男をみよ，みるがいい，おまえの内部の少女を，
数しれぬ自然から獲得されたもの，
やっと獲得されたものの　それだけで
まだ　けっして
愛されたことのない　この少女を。

(Rilke 1981: 49（小松原千里他訳『転向』))

この詩の中で，所有はするが愛さない眼の使用によって確立された，内的対象を愛するようにならなければならないことをリルケは認識する。彼は‘Herz-Werk’——新造語で，困難な仕事と愛の双方の要素をもつ——をしなければならない。この用語を理解するためには，リルケの次のような考えを思い出すのが役に立つ。すなわち，経験されないままただ「のびのびになっている」幼年時代の追憶があった。そして彼は，これらの追憶を今から取り返し，生きなければならなかった，「今度こそ本当に」(Rilke 1910: 258-9)。彼が1915年に書いたものから判断すると，「心の仕事」は苦渋に満ち，望みのある愛を求めるうちにひどい憎しみと憤懣を発見することになった。1913年にリルケは，友人でパトロンのマリー王女 Princess Marie に書いている：「私は愛する人などでは全然ありません。愛はただ私を外から掴むだけです。これは多分，私が自分の母親を愛していないからでしょう」(Rilke 1969: 116)。

『悲歌』の中間期危機における1915年10月，つまり荒涼とした第4の『マリオネットの悲歌』を創作する1カ月前，無題で刊行されなかった自分の母親についての詩をリルケは書いている。私がこの詩に出くわしたとき，リルケは母親に認められなかったとこころの底から感じており，母親のこころの中で自分が生命を帯びたことは一度もなかった——ビオンの言葉では，**母親のコンテインメント**はリルケには失敗だった——と彼が思っていた，という以前からの私の考えはさらに強まった。リルケは，母親の取り入れの失敗を補償するために，愛の対象への自己投影を過剰に使うようになったと私は考える。そしてこのために，人々を強く欲するやいなや，自分が人々の中に消えてしまうと彼が感じるようになった。すなわち，「われらは消えゆく，そのひとのうちより，またほとりより。……われらのものがわれらを去

る，さながら熱き煮物を熱の去るに似て」(Rilke 1987: 157)。

この無題の未刊の詩の中で，リルケはいかに 'meine Mutter reißt mich ein'——これは「母はわたしを粉々にする」と訳されている——であるかを描いている。ドイツ語では *reißt* が建物の破壊を表すのに使われることを知れば，この語の本当の語感がもっともよくわかるだろう。

あぁ，何という苦しみ，母はわたしを粉々にする。
石の上に石をわたしは積んだ，自己を築こうとして，
そしてわたしは小さな家のように立っていた，日の光に囲まれて，
さあ母がやってくる，やってきてわたしを粉々にする。

母はわたしを粉々にする，やってくることで，そして見ることで。
誰かが築き上げるものが彼女には見えない。
わたしの石の壁をまっすぐ通りぬけて，彼女はわたしの方に歩いてくる。
あぁ，何という苦しみ，母はわたしを粉々にする。

頭上の鳥たちはもっと軽やかにわたしの空間を満たす。
見知らぬ犬たちはそれを感じることができる……
母だけが知らない
ゆっくりと増したわたしの顔を。

(Rilke 1981: 65)

この詩のすぐ後に書かれた第4の悲歌は，最も絶望的である。その詩の主張は挑戦的で痛切で，かつ禁欲的である。また，妥協の半端な人生を拒否している。にせの中途半端に満たされた人間のドラマよりも，人形のショーの方がいいという。「詰め物をした胴にも，それを操る針金《はりがね》にも，外貌《がいぼう》だけのその顔」にもじっと堪え抜こうとリルケは言う：

……さあ，わたしは控えている，人形の舞台を前に。
たとい劇場《こや》のランプがすっかり消え，「もうおしまいだよ」と
声がしようとも，たとい舞台の上から「むなしさ」が，
灰いろの隙間風《すきまかぜ》といっしょに吹きおろして来ようとも，
また，たとい物言わぬわたしの祖《おや》たちもすべて去り，
女性らすべて，そして茶いろの眼のやぶにらみの
あの少年までもが観劇の座を離れても，
しかもわたしは踏みとどまろう。ただひたすらに凝視《ぎょうし》して。

(Rilke 1987: 169（手塚富雄訳『ドゥイノの悲歌』))

最近ベケットは作品の中で，外見上空虚な世界の表象の真実に価値を置くことで，その世界への忠誠をこの悲歌と全く同じように示している。「おそらく彼らは，私のストーリーの入口に私を運んできたのだろう」とベケットは『名づけえぬもの』で書いている：

わたし自身のストーリーに通じるドアの前，そのストーリーはわたしを驚かすだろう，ドアが開けば，そのストーリーはわたしである，沈黙である，わたしのいるところ，わたしは知らない，これから知ることもない，あなたの知らない沈黙の中で，あなたは続けなければならない，わたしは続けられない，これから続ける。

(Beckett 1979: 382)

それからリルケの論点が現れる。すなわち，人生における無の存在を認識することで，私たちはその存在を変形し統合する。そうやって，人生の四季の中に冬の場所を見出す。リルケは幼年時代の両親に問う：「そのわたしは是認されていいのではないでしょうか，／人形の舞台を前にしてひたすら待とうとする」(Rilke 1987: 171)。リルケは父親が自分のことを好きになれなかったと思ったが，その父親に彼は問う：

わたしは是認されていいのではないでしょうか。わたしゆえにあれほどの生のにがさを，
わたしの生を味わいながら味わわれたあなた……

(Rilke 1987: 171 (手塚富雄訳『ドゥイノの悲歌』))

リルケはしつこく問いつづける：「わたしは是認されていいのではないでしょうか」と，彼は「女性のあなたがた」に問う。彼女らは彼を愛したが，その面立ちには虚空があり，虚空は彼女らがもはや存在しない「宇宙空間」——「アイデンティティを持たない」ことを意味するリルケの「不在」の概念——へと変った。それからリルケはまた問う：

……そのわたしは是認されていいのではないでしょうか，
人形の舞台を前にしてひたすら待とうとする，いな，
まったく眼をこらして凝視《ぎょうし》そのものになろうとするわたしは。こうして
ついにわたしの凝視の重みに対抗せんため天使が出現する，

人形の胴体を高々と踊らせる演戯者《えんぎしゃ》として。わたしの凝視がそれを呼び出さずにはいないのだ。

(Rilke 1987: 171（手塚富雄訳『ドゥイノの悲歌』))

リルケの『悲歌』の天使についてはたくさんのことが書かれてきたが，リルケ自身の述べていることが一番わかりやすいだろう。

『悲歌』の天使は，その内部で，私たちが今やっている，見えるものから見えないものへの変形がすでに完了しているように見えるもの……見えないものにおける高次元の現実の認識を保証する存在です。――それで，天使は私たちにとって「恐ろしい」のです。天使の恋人であり天使を変形させる者である私たちは，見えるものに実際まだしがみついているのですから。

(Rilke 1969: 375)

私はこの天使を，プラトンのイデアの詩的化身，あるいはビオンの前概念の前駆体と考える。手紙の中でリルケは心理的存在に神学の像を使うことをはっきりと述べ，神が無意識の投影なら，形而上学はメタサイコロジーになると述べたフロイト(Freud 1904: 259) とほとんど同じことを言っている。リルケはまた死の恐怖を投影として理解し，外界の壊滅の恐怖は死の本能の投影の結果生じる，というメラニー・クラインの理論を予期しているようである。彼は次のように書いている：

それでおわかりのように，死も全く同じでした……死も押し出されたのです。すなわち，死はおそらくあまりにも私たちに身近なので，日常の私たちから遠ざけられ，攻撃しようと虚空のどこかに潜む外的なものにならないと，私たちは死と内部の生命の中心との距離を定めることが全くできないのです。……

神と死は今や外にあり，別のものであって，私たち自身は今や，この神と死の排除という犠牲のもとに人間らしく，やさしく，可能となるように見える日常生活でした。……私たちが神と死をこころの世界の考えに過ぎないものとして遠ざけておくことができたなら，これはまだいくらか意味をなしたかもしれません。しかし自然は，このように神と死が取り除かれているのを全く知りませんでした。

(Rilke 1969: 148-9)

これで「マリオネットの悲歌」の奇妙な詩行は意味をなす。

天使と人形，そのときついに演戯は現前する。

そのとき，たえずわれらがわれらの存在そのものによって
分裂させていたものが合体する。そのとき，
われら人間の四季のめぐりは，はじめて
全《まった》き運行の円環《えんかん》となって結ばれる。
(Rilke 1987: 171（手塚富雄訳『ドゥイノの悲歌』))

言いかえれば，私たちは，否認と投影によって，日常の心地よくはあっても本当ではない自己を成し遂げる。私たちは自分の熱望から，天使を，身体と人間の限界に妨げられない純粋な精神と考える。心的生活と，あこがれや苦痛といった心的生活に伴う根絶できないものから自由な存在への願望から，私たちは自分自身を人形と考える。このように，剥奪された日常の自己を，自らの肉体の中に，自己満足と妥協で作られた半端な人生の状態で存在させておくことによって，自分の精神生活への欲望とその精神生活から自由でいたいというあこがれが出会うのを私たちは妨げている。私たちは天使と人形が一緒になるのを妨げている。光り輝いている最も障害された，身体を否認する心的生活，あるいはこころのない生命の人形の方が，本当で完全なふりをする，家庭に慣らされ半端なこころで芝居がかった存在の，中途半端な家よりましだとリルケはこの悲歌の中で主張する。

死へあゆみつつあるわれら人間よ，
われらがこの世でなしとげるすべてのことは，
いかに仮託《かたく》にみちているかを，われらは思い知るべきではないか。そこではいっさいが
それみずからではない。
(Rilke 1987: 171（手塚富雄訳『ドゥイノの悲歌』一部改変))

こうしてリルケは，たとえ空虚や死のようなものを見出すことになろうとも，内部を見なければならないと決意した。というのは，空虚と非存在を同定し，これらのすみかを見出すことは，空虚と非存在を変形し含み込む方法だからである。これが，『悲歌』の創作を後になって説明する際に，リルケのこころにあったものだと私は思う：

二つの奥深い体験はこれらの悲歌の創作に決定的でした。すなわち，私の精神の中でどんどん大きくなった，生を死に対して開かれたものにしておく決意と，狭い人生行路で可能だったもの（これはただ，死を別のものとして閉め出しただけでした）とは違ったやり方で，愛の変形をこの広い全体としての人生に据える，

もう一方の側の精神の欲求でした。

(Rilke 1969: 330)

これはまた新たな目論見だったが，リルケがこの目論見を果たせたのは何年も後のことである。『悲歌』の最後のグループは1922年2月になって初めて，創造性のほとばしりのように現れ，『オルフォイスへのソネット』もこのとき作られた。彼はスイスのミュゾットの塔で自分を孤立させており，悲歌の残りを完成させるのに必要とした，純粋な孤独と「冬の体験」が愛着によって弱まるのを恐れて，犬と一緒にいることさえ差し控えた。最後に，ルーへの祝いの手紙の中でリルケは，第10の悲歌の完成後ペンを「置くこと」を述べた：「今はもう自分自身がわかります。悲歌がここになかったころは，本当に心臓が切り刻まれたように感じました」(Rilke 1969: 292)。

これらの最後の第8，9，10の悲歌は別のものなのだが，溶け込んでいる。見える外的世界を見えない内的世界に変形するのは私たちの役目だという考えをリルケは繰り返し述べる。しかし，彼には今やこの変形が創造し償うものであることがわかっているので，楽観的である。銘記し，体験し，今や新たな考えとして名づけるために，「このうつろいやすい世界で，この地上に存在するすべてのものが，われわれ人間を必要としているらしい」(Rilke 1987: 199）と言明することで，リルケはこの変形の意義を著しく高めている。

だから，たぶんわれわれが**地上**に存在するのは，言うためなのだ。家，
橋，泉《いずみ》，門，壷，果樹，窓――と，
もしくはせいぜい円柱，塔と……。しかし理解せよ，そう**言う**のは
物たち自身もけっして自分たちがそうであるとは
つきつめて思っていなかった**そのように**言うためなのだ。

(Rilke 1987: 199-200（手塚富雄訳『ドゥイノの悲歌』))

私たちは，名づけることで，ものごとに新たな生命を与えなければならない。その結果，ものごとは一時的な物質としての存在を越えた生命を得る。経験や感情は，名を必要とするものごとのうちのひとつであることをリルケは明らかにする。天使はすばらしい情動を取り扱えるが，ものごとは扱えないことを彼は理解し始める。天使は何も知らない，もう一つの経験の領域があるとリルケは結論づける。彼は今やそれに多大な価値を与えるが，その領域とは悲嘆である：

……われわれ，悲痛を浪費《ろうひ》するものよ，

悲痛に逢ってもわれわれは，その悲しい持続のさなかに，
はやくそれの終熄《しゅうそく》のときを予測する。しかし悲痛こそは
われらを飾る常盤木《ときわぎ》，濃緑の冬蔦《ふゆづた》なのだ，
それは秘められた，心のうちの季節のひとつ，——いな季節であるばかりでない，それはまた
所在地，集落，塒《ねぐら》，土地，住家《すみか》なのだ。

(Rilke 1987: 205（手塚富雄訳『ドゥイノの悲歌』))

これが第10の悲歌の結論と解決になる。驚くべき寓話の中で，「嘆き」たちが天使に代わって，信頼のおける最後の案内役を果たす。嘆きたちは女性像で，その父祖《おや》たちは「原苦《ウアライト》の山」に鉱山をもっていた。原苦の山の麓には，喜びの源泉がある。

……人の世に
あなたはおりおり，磨《みが》かれた「原苦《ウアライト》」の一塊を見いだすでしょう，
または太古の火山から噴《ふ》き出てそのままあらあらしい化石となった「憤怒《ふんぬ》」を。

(Rilke 1987: 207（手塚富雄訳『ドゥイノの悲歌』))

これは抑うつポジションのリルケのバージョンだと私は考える。彼が到達したのは，悲嘆に価値を置く能力である。それは，嘆き悲しむ中でリルケが，失ったものや一度も得たことのないものに価値を置くからである。後者の，彼が一度も得たことのないものは極めて重要である。というのは，リルケが世界のためにする必要があると結論づける，まさにそのものを彼のためにする人が彼には欠けていたと思われるからである。リルケが必要としたのは，ものごとに名づけ，存在するものを銘記し，体験を見えるものから見えないものに変形し，なくなったものを哀悼し，生きているものと死んでいるものを区別することであった。これがリルケの母親が彼のためにできなかったことだと私は先に述べた。おそらく，特に母親は，死んだ女の子を葬り，男の子に生命をもたらすことができなかったのだろう。リルケは『悲歌』のこの地点に辿り着くやいなや，『オルフォイスへのソネット』をほとんど自動的に，ものすごい早さで書いた。このソネットの「生まれは悲歌と同じ」であり，「夭折した少女に関連して」現れた，と彼は書いている（Rilke 1969: 373)。すなわち，この死はソネットを，私たちが死者やこれから来る人々と共有する領域に近づけた，と彼は述べている：「今ここにいる私たちは……私たちに先立った人々，私たちの起源，私たちの後に続くように見える人々の方へと絶え間なく進んでいます」(前掲書)。

これによって，『悲歌』を完成した後でリルケは，自分の生まれる前に死に，自分がいつも混同されていた姉をついに葬ることができたという考えが浮かぶ。このように彼が長い間姉を葬れなかったのは，母親が姉を哀悼しそこなったからだけでなく，死んだ赤ん坊の姉との空想上の同一化が，死を欲し，生まれる前の胎内に永久に住みたがる彼自身の一部の居場所を彼にもたらしていたからでもある。

リルケのソネットのメッセージは2つの部分からなっている。一つは，冥界にいるユーリディスが，死者との関係やその関係を新たにすべき冬の季節を私たちにもたらしているのを，私たちは喜ばなければならないということである。そしてもう一つは，死の体験さえも歌に変形する声をもつオルフォイスは，詩があればいつも生きているということである。リルケはこのテーマを第1の悲歌で予期し，リノス[訳注6)]の死に際しての痛ましい泣き声が音楽の誕生であったという伝説を生き生きと描き出している：

あの言いつたえはよそごとだろうか，むかしリノスの死のための慟哭《どうこく》が
ほとばしる最初の音楽となって，
ひからびた凝固《ぎょうこ》のすみずみにまで滲《し》みとおったということは。
……そこに生じた空無は……

(Rilke 1987: 155（手塚富雄訳『ドゥイノの悲歌』))

ソネットにおいてリルケは，新たに見出した自分の声と，その声が彼に与えるオルフォイスとしての立場を祝う。それで，死者と現実化しなかったもののために表現することによって，彼は正当な場所をもつし，それらに名づけることによってついに自分自身の欠損を包み込むことができる。

ワーズワースの「嬰児」は幸運な存在だった。愛し理解してくれる対象を見出したいという嬰児の期待は，母親との最初の出会いのうちに現実化した。そのとき母親は，期待された対象の化身そして体現であり，世界はそのように愛し理解してくれる対象をいつも含んでいるという信念を嬰児に与えた。一方，リルケのような乳幼児にとって，愛し理解してくれる対象という前概念は，負の現実化としか出会うことがなかった。そのため，この前概念は，永遠に出会うことのない対象，純粋の精神，つまりリルケの，全知だが実体のない天使という考えのうちにしか保存されない。

このような人間には，**存在しないもの**を本当に認識し，**無**を受け入れることに大きな価値があると私は思う。リルケ自身，『オルフォイスへのソネット』（Ⅱ, 13)

訳注6：ギリシア神話の音楽家・詩人で，旋律・リズムの創始者。その名は「悲しきかなわれら」を意味するという。

の中で書いている：'Sei - und wisse zugleich des Nicht-Seins Bedingung' (Rilke 1987: 244)。大まかに訳すと，これは「存在せよ――そうして存在しないことがどういうことであるかを知れ」という意味である。内的虚空の体験――それは，リルケのようなこの体験の犠牲者にはとても恐れられる――は，あるものによって一度も占められたことのない自己の内部の潜在的空間，現実化されたことのない生得的な希望，形を与えられたことのないイメージのない期待に触れることに由来する。このような空虚，つまり *Nicht-Sein Bedingung* を非充足の体験と考えることによって，存在し知ることの感覚は再確立される。ビオンの用語を使えば，「O における（すなわち，存在の）現実化」は非存在の「Kにおける（すなわち，認識の）現実化」と共存する。

'*absence*' というフランス語の意味を適切に捉えることばが自国語にないので，『悲歌』を書いた後，フランス語で書き始めたとリルケは述べている。決して具体化することのないもののために空の状態に保たれている空間に彼がどれだけ価値を置いたかは，『オルフォイスへのソネット』（II，4）の一角獣――つまり，知られてはいても見られたことのないものの哲学者のパラダイム――によってもっともよくわかる。

おお　これは存在しない獣。
なるほど存在してはいなかった。だが人びとが愛したから生じたのだ，
一頭の純粋な獣が。人びとはいつも空間をあけておいた。
そしてこの澄んだ　取っておかれた空間のなかで，
それは軽やかに頭をもたげ　そしてほとんど
存在する必要がなかった。人びとは穀物ではなく
いつもただ存在の可能性だけでそれをはぐくんだ。
(Rilke 1987: 241（田口義弘訳『オルフォイスへのソネット』))

この章の補遺として，フロイトのすばらしい文章を付け加えよう。私が『悲歌』についての考えを論じていたとき，あるドイツ人の同僚が，リルケは，フロイトがエッセイ「無常ということ」(Gekle 1986）の中で言及している匿名の詩人であることを教えてくれた。フロイトが「悲哀とメランコリー」を完成して間もない1915年に書いたこの論文からの文章を引用してみよう。「無常ということ」は，リルケが最初のグループの『悲歌』を書いた数カ月後，そして上述した『転換点』を書く前の1913年夏のドロミティ・アルプスにおけるハイキング休暇について述べたものである。「寡黙な友だち」はルー・アンドレーアス・ザロメであり，彼女の友だちは「すでに名を成した」詩人，リルケだったことが推定される。

しばらく前に私は，寡黙な友だちと若いけれどもすでに名を成した詩人と一緒に，夏の晴れやかな田舎の風景を楽しむハイキングに出かけた。詩人は周囲の風景の美しさに感嘆したが，楽しめなかった。この美がすべて消える運命にあり，すべての人間の美と同じように，冬がくれば消滅するという考えのために詩人は楽しむことができなかった。……私は万物が無常だということに異議を唱えようとは思わなかったし……。しかし，美しいものの価値がその無常さゆえに失われる，という詩人の悲観的な考えには実際異議を唱えた。……自然の美は，冬のために破壊されても翌年にはまた甦るので，私たちの一生の長さに較べれば，永遠と見なすことができる。……友だちと詩人が楽しめなかったのは，こころの中に悲哀の過程に反するものがあったからに違いない。……このように考え，価値あるものが長続きしないことがわかったために，それを永遠に捨てようという気になっている人は,失われたものを哀悼している状態にあるに過ぎないと私は思う。ご存知のように，悲哀はどれほど苦痛なものであろうとも，自ずと終息するものである。悲哀によって，失われたあらゆるものが捨てられたとき，悲哀自体は消耗してしまうし，私たちのリビドーはもう一度自由の身となる。

(Freud 1916a: 303-7)

これはリルケに当てはまるようである。失われた対象と現実化されなかった希望，つまり「黙ってこころから出て行ったものと暴力的に破壊されたもの」への哀悼は，『悲歌』の創作を通じて達成されたようである。「芸術家にとって，芸術作品は，抑うつポジションから生ずる罪悪感や絶望感を和らげ，破壊された対象を修復する最も完璧で満足のいく方法である」(Segal 1952: 198) とハンナ・スィーガルは述べている。彼女はまた，「偉大な芸術作品における死の本能の否認は，他のどの人間活動においてよりも程度が軽い」(前掲書：204) とコメントしている。リルケの『悲歌』が確かにこれを例証しており，死の本能が詩の中で完全に表現されるまで，彼は死の本能に捕らわれたままだった。死んだ対象を捨てる，あるいは放棄するには，死者と一体となっていたいという願望をこのように完全に認識すること，つまり「私の精神の中でどんどん大きくなった，生を死に対して開かれたものにしておく決意」(Rilke 1969: 330) が必要である。フロイトが悲哀について述べているように，「悲哀によって，失われたあらゆるものが捨てられたとき，悲哀自体は消耗してしまうし，私たちのリビドーはもう一度自由の身となる」(Freud 1916a: 307)。

このようなことがリルケに当てはまったようである。フロイトとのハイキングの9年後についに『悲歌』を完成した後，詩的エネルギーのとてつもない大波がリルケに押し寄せた。1926年12月に白血病で死ぬまでの4年間，リルケは，ソネットやドイツ語の他の多くの詩に加えて，400編ほどの詩をフランス語で書き続けた。

終わりに，「なぜなら美は／怖るべきものの始めにほかならぬのだから。われわれが，かろうじてそれに堪え」(Rilke 1987: 151)，という『ドゥイノの悲歌』の始まりの行についてのリルケ自身の後記を引用しよう。このコメントは 1923 年 4 月の手紙の中に含まれている：

> いつか人生の恐ろしさを……完全に了承しないものは誰も，私たちの存在の，言葉に尽くせない豊かさと力を手に入れることはできません。そういった人は存在の縁を歩くことができるだけで，やがて審判が下されるとき，これまで生きても死んでもいなかった，ということになるでしょう。
>
> (Rilke 1987: 317)

記

原注 1　タイプ原稿は，メラニー・クライン・トラスト所有のメラニー・クライン文書館に保存されている。

13

ミルトンの破壊的自己愛者，あるいはブレイクの本当の自己？

心というものは，それ自身一つの独自の世界なのだ，——
地獄を天国に変え，天国を地獄に変えうるものなのだ。
(Milton 1975: 16（平井正穂訳『失楽園』))

形而上学をもっとメタサイコロジーとして扱い，メタサイコロジーをメタ神学に応用するというフロイトの提案を受け入れるとしたなら，ウィリアム・ブレイクは自らを主観主義の代弁者として推奨するだろう。主観主義は今日，自己心理学や真正なもの the authentic についての主張となって現れているし，主観主義での病理的な危険とは，強大な対象への偽りの服従であると見なされる。一方ミルトンは，「良い対象」との関係に救いを求め，破壊的自己愛を良い対象との結合への障害と見なすような人々を代弁するだろう。愛の一次性——つまり，神は愛の化身であるという信念——はブレイクとミルトンをつなぐ。だが，神性が見出されることになるところが，彼らを分かつ。ブレイクとミルトンはまた，真理の源に関して意見を異にする。すなわち，ミルトンにとっての真理は，天国の神に由来するし，ブレイクにとっての真理は，神性をもつ自己に由来する。ブレイクは，自己とは全く分離したものの崇拝を愚行と見なし，また邪悪の源と見なした。一方ミルトンは，自己崇拝を罪の源と見なした。ブレイクにとって，誰の父でもないもの Nobodaddy，つまり法を与える天の神は存在せず，神は人間の幻想の創造物であり罪の真の源であった（Keynes 1959: 171)。ミルトンの記述では，神と人間の間に入ったのはサタン，つまり自尊，羨望，プライドの化身であった（Milton 1975)。精神分析にもっと馴染のある言葉では，人間の問題は，**偽りの理想対象**（教会の神）との依存関係を求めようとして，私たちの理想的な**本当の自己**（神性をもつイメージ）を無視することから起こるとブレイクは見なした。一方，人間の転落は，私たちの**自己愛**（サタン）が私たちの**理想対象**（神）の崇拝と対立することから生じるとミルトンは見なした。

ブレイクはミルトンの『失楽園』のサタンに共感し，サタンが神に公然と反抗することによってなしたのは，神への屈辱的な隷属から逃れることだと論じている。これに反して天使アブデル Abdiel[訳注1] は，『失楽園』の中でミルトンを代弁し，神（道徳の父）や自然（現実の母）が命じることをなすことは隷属ではなく，自分は自己隷属，つまり自分自身の「とりこ」になっているだけだとサタンに言う。言いかえれば，ミルトンは，サタンの軍勢を**破壊的自己愛**という病理組織体だと診断する。一方，ブレイクにとって，主観的なものが真正であり，自然な道徳や客観的現実を理由に主観的なものを否定するものは偽りである。

ミルトンの想像力は地獄を生み出すが，ブレイクにとって，神性の源としての「想像力」は天国を創造する。ブレイクの「想像力」は，この物質世界の経験を幻影の世界，つまり楽園への回帰に代えることによってブレイクを救う。ブレイクにとっての地獄は，敵対者，つまり自己の心的現実に異質な心的現実を押しつける「他者」の想像の所産に過ぎない。『天国と地獄の結婚』（Blake 1927）においてブレイクは，ミルトンの『失楽園』を逆転させて「地獄の格言」を作り，お馴染の地獄のイメージを作り出すのは神の役人，つまり良い天使の知覚に過ぎないと主張する。住人である悪魔は，地獄を心地よいところと知覚する：

> 私が地獄の火の中を天才の楽しみ，それは天使たちには責苦と狂喜のように見えるのだが，を楽しみながら歩いていた時，私は彼等の格言の幾つかを集めた。或る民族の中で用いられることわざが，その性格を目立たせる如く，その如く地獄の格言は，地獄の知恵の性質を示すと考えて。
>
> (Blake 1927: 6（梅津濟美訳『天国と地獄の結婚』一部改変））

ブレイクにとっての文学上の英雄ミルトンは，『失楽園』を書いていたとき，自分では知らずに本当は地獄と同じ側にいた，とブレイクは主張する：「注。ミルトンが天使と神について書いた時は枷にかかって書き，そして悪魔についての時はのびのびしていた理由は，彼が本物の詩人であり，そのことを知らないで悪魔の一党であったためである」（前掲書（梅津濟美訳『天国と地獄の結婚』一部改変））。

黙示録，つまり最後の審判と最終啓示についてのブレイクの神学的バージョンにおける勝利とは，（自己の）「神性をもつ想像力」の「敵対者」（サタン）の想像力に対する勝利である。ブレイクの眼には，サタンの罪悪は罪を犯すことではなく，罪を作り上げることである。そのため危険は，他者のこころ，さらには個人的な信念や道徳以外のものからブレイクの心的宇宙論に入り込んでくる。この危険に対する解決策は，個人それぞれが自分のこころの創造物を愛し，自分の創造物を他者の

訳注1：この名は「神の僕《しもべ》」を意味する。

創造物と折り合わせようとしないことである。二つの臨床モデル，**破壊的自己愛組織体**と**本当の自己／偽りの自己構造**はお互いが対称の反対物だという考え，つまり「良い」あるいは「悪い」と解釈されるもの，「本当の」あるいは「偽りの」と解釈されるものは本質的な自己 essential self が置かれる位置によって変わるという考えが私のこころに浮かんだのは，数年前に『天国と地獄の結婚』の彫版に基づいた『良い天使と邪悪な天使』と題するブレイクの絵画を見ていたときのことである。この絵画の描写とブレイクの絵へのコメントによって，私の意味することは明らかになると思う。

一見すると，白くて明るい良い天使は，暗い色合いの悪い天使から護るために，（人間を表象する）幼児を抱きしめているように見える。悪い天使は，その子に手を伸ばそうとして，鎖で繋がれた炎から立ち上がっているように描かれている。この絵画は，ミルトンの『失楽園』における堕落の記述の本質を描いているように思われる。『失楽園』でサタンは，良い天使，ラファエルあるいはミカエルの保護の腕の中にある幼児のアダムを自分の手中に収めようとする。この絵は，転移上の親である分析家の保護から幼児の自己を盗もうとするローゼンフェルド（1987）の破壊的自己愛組織体の臨床的記述を，寓話を通して完璧に描いているように思われる。しかしながら，ブレイク自身の絵の説明は全くこの逆である。うわべは「良い」白い天使は，幼児の人間を人間自身から盗んでいる悪魔のような組織化された宗教の表象であり，人間を解放しようとしている「悪魔」は「エネルギー」を表象するとブレイクは言う（Blake 1927: 4）。

これら二者択一の神学の心的配置は，1960 年代より双方とも精神分析に大きな影響を及ぼしてきた，二つの対照をなすメタサイコロジカルなモデルに似ている。一つのモデル，ハーバート・ローゼンフェルドの破壊的自己愛組織体の概念は，ミルトンによって描かれた「サタンとその軍勢」に似ている。もう一つのメタサイコロジカルなモデル，つまりウィニコットの，外界に服従する偽りの自己によって覆われ裏切られた本当の自己という概念は，ブレイクの，自己を閉塞させる幽霊の記述に似ている。

一つ目の，ローゼンフェルドの破壊的自己愛の臨床定式をとりあげると：

> 自己愛患者には，自己愛的で破壊的な自己部分が，残りのパーソナリティからスプリット・オフされている精神病構造，あるいは精神病組織体に結びついているものがいる。……全体の構造は，自己愛的な自給自足に献身し，どんな対象関係にも全く背を向ける。……このようなタイプの自己愛患者に進展が起こり，分析家に対して依存関係を形成すると，激しい陰性治療反応が起こる。これは，自己愛的で精神病的な自己部分が，患者に現実感覚と思考能力を失わせる精神病的

で万能的な夢幻状態に，依存的自己を呼び戻そうとすることによって，現実を表象する分析家に対する力と優越性を発揮するからである。

(Rosenfeld 1987: 112)

ミルトンの『失楽園』のサタンは，破壊的自己愛の化身であることがわかると思う。サタンは，神の天国から閉め出されるが，その追放を，自分自身の邪悪で自己愛的な王国に意気揚々と入ることだと断乎として主張する：

……幸福《さち》多き天国よ，さらばだ！……
この奈落……
今こそ，汝の新しき主《あるじ》を迎えよ！　この主《あるじ》は，場所と時間の如何に
よって変るような心の持ち主ではない。心というものは，それ自身
一つの独自の世界なのだ，——地獄を天国に変え，天国を地獄に
変えうるものなのだ。……
……ここでなら，われわれも安心して
支配できる。思うに，支配するということは，充分野心の目標
たりうる，——たとえ，地獄においてもだ。天国において奴隷たる
よりは，地獄の支配者たる方が，どれだけよいことか！

(Milton 1975: 16（平井正穂訳『失楽園』))

これから同じようにして，ウィニコットの「本当の自己／偽りの自己」の記述と，ブレイクの「不滅の自己」とその「幽霊の外殻」を組み合わせよう。「偽りの自己は，今や防衛と見なすことができる。これは考えられないものに対する防衛であり，本当の自己の搾取である。そして，この搾取は本当の自己の壊滅を招きかねない」(Winnicott 1960b: 146-7) とウィニコットは書いている。ブレイクは，神性をもつ自己を覆い隠し裏切る，幽霊の自己の考えを発展させている：

否定は幽鬼，人間の中の論証をする力だ
これは偽りの肉体，私の不死なる霊にかぶせた一つの
外皮だ，一つの自我だ，それは脱ぎ捨てられて滅却し去られねばならぬ

(Keynes 1959: 533（梅津濟美訳『ミルトン』))

この章で後ほど明らかにするように，これらのメタサイコロジカルな記述は双方とも，分析で特徴的に現れる特殊なパーソナリティ組織体の確かな臨床記述だと私は考える。これらの記述については後でさらに述べてみたい。しかしながら，これ

らの記述的な構造は双方とも，ときとして，もっと一般に応用できるモデルと考えられてきた。そしてどちらの記述とも，標準的なものとして考えられるならば，神学者の間で起こったであろうのとちょうど同じように，分析家の間での理論に関する議論の土台となるだろう。一次ナルシシズムを個人の発達の出発点ととれば，「本当の自己／偽りの自己」モデルは採用されやすいし，思いがけないできごとは主体の真正さへの攻撃と知覚されよう。一方，原初の対象関係を発達の起源と見なせば，破壊的自己愛は採用されやすいし，発達への潜在的障害は個人の自己愛と見なされよう。

ブレイクの信念体系は，客観的な世界を隷属的に受け入れる服従的な偽りの自己によって覆い隠された，神性をもつ永遠の自己という考えに基づいていた。彼の信念体系は，私が**知的自己愛** *epistemic narcissism* と呼ぶものの文学的表現である。私は知的自己愛者を，自分の考え**しか**信じない人，愛の領域のリビドー的自己愛者に対する知識の領域の自己愛者と定義する。次章においてブレイクの信念体系をさらに探究することに専心するが，この章ではミルトンの，サタン的な自己崇拝によって虐げられ中傷された人間の姿を論じよう。しかしながら，破壊的自己愛や知的自己愛をさらに論ずる前に，自己愛の概念と，その概念が精神分析においてどのように発展してきたかを簡単に説明する必要がある。

フロイトは「ナルシシズム（自己愛）narcissism」という用語をポール・ネッケ Paul Nacke から採用した。ネッケは1899年に，性的対象の身体が通常取り扱われるのと全く同じように，自分の身体を取り扱う人の態度を表すためにこの用語を使った（Freud 1914: 67）。フロイトはさらに続けて，自己愛が人間の性発達の通常の過程に一つの地位を占める可能性を示唆し，愛の対象が自己であって他者ではない，自己愛的と呼べる心的状態を記述している（前掲書）。このナルシシズムという用語は，ギリシア神話の美青年，ナルキッソス Narcissus に由来している。ナルキッソスは，水に映った自分の姿に恋をし，そこを離れられずに，死んで花と化した。オウィディウス Ovid[訳注2] の説明では，これはナルキッソスを愛したすべての人たちを，とりわけニンフのエコーを彼が拒絶したことへの懲罰である。エコーはナルキッソスに拒絶されたあと，身をやつし，人の言葉を繰り返すことしかできない声だけになってしまった。『失楽園』では，アダムに出会う前，水に映る自分の像にすっかり魅せられるのはイブである。実際アダムに出会ったときイブは，新たな異なる対象，つまり男性よりむしろ，水の中の自分の姿に一時的に引き戻される。このようにミルトンは，自己愛を私たちの女性の始祖に位置づける。イブの自惚れは

訳注2：ローマの詩人（43 BC-AD 12?）で，アウグストゥス帝に追放され客死。

後に蛇に利用され，私たちの転落へと通じる。

フロイトは，「ナルシシズム（自己愛)」という用語を採用し，それを臨床的に使った。情緒的備給が自己の外のどんな人や物からも撤収されてしまっているように見えるこころの状態を説明するのがフロイトの目的だった。「大まかに言って，自我リビドーと対象リビドーの間には対立が見られる。一方が使われると，それだけもう一方は消耗する」とフロイトは書いている（Freud 1914: 76)。フロイトは，一方の極に「パラフレニア」[訳注3)] として現れる絶対的自己愛を見，もう一方の極に「恋をしている状態」によって表される対象へのリビドーの絶対的備給を見た。フロイトが日常生活の精神病理と見なした，恋をしている状態では，個人は恋する対象のために自分自身のパーソナリティを放棄しているように見える。これとは対照的に，パラフレニアの患者は自分の外の世界への心的備給をすべて放棄する。この結果，外的世界の没落の空想が生じる。パラフレニアに見られる妄想は，この「世界没落の破局」に二次的なもので，個人を外的世界の対象との関わりに戻そうとする回復の試みの一部であるとフロイトは示唆している（前掲書：74)。こういった意味では，ニンフのナルキッソスはパラフレニア的であり，エコーは恋のために自己を消耗させた重症例である。

精神分析の実践で見られる自己愛の臨床状態は，個人が対象関係を拒絶したことに二次的に付随するものだとフロイトは考えた。しかしながら続けて彼は，対象関係より先に存在する，乳幼児のこころの原状態が存在するという仮説を立てた。フロイトはこの仮定した状態を**一次ナルシシズム**と呼び，また，乳幼児の誇大妄想とも呼んだ。一次ナルシシズムはこれまで，そして現在も，精神分析理論における検討領域である。ある種の外的対象関係が生下時より存在すると信じたメラニー・クライン，フェアバーン Fairbairn，バリントといった分析家たちは，対象関係に先行する一次ナルシシズムの段階に異論を唱え，自己愛を，対象関係と共存しこれに反対するもの，あるいは対象関係に対する防衛と見なした。

私が一次ナルシシズムに言及するのは，特に，ブレイクが彼自身の見地から一次ナルシシズムの存在をとてもはっきりと信じ，それへの回帰を救済と見なしたからである。こういった意味では，ブレイクの発達系は，一次ナルシシズム（無垢）に始まり，対象関係（経験）が続き，一次ナルシシズムの回復（贖い）に終わる。フェレンツィの推論による一次ナルシシズムの精神分析的記述は，ブレイクによる私たちの起源の詩的記述にほぼ等しいと私は思う。フェレンツィは次のように書いて

訳注3：パラフレニアは，クレペリンが早発性痴呆，ブロイラーが精神分裂病と名づけた疾患に相当することを「ナルシシズム入門」でフロイトは述べている。

いる：

> 乳幼児のこころへの共感によって，私は次のような仮説に辿り着いた。どのような痛みからも無垢に保たれている乳幼児にとって，全存在はひとつの統一体——言わば，一元的——と見えるに違いない。「良い」と「悪い」，自我と環境，内界と外界の区別はこの後に初めて生じるだろう。すなわち，この段階では，異質なものと敵意は等しいだろう。
>
> (Ferenczi 1926: 371)

ブレイクの記述によると，神性をもつ自己は，幻影的想像力によって知覚の世界から解放されるまでは，**経験**という異質な環境に住まざるを得ない。

私は，破壊的自己愛と本当の自己／偽りの自己パーソナリティ構造の双方を病理組織体と見なす。一つ目の破壊的自己愛の病理組織体は，私が第２章で述べた患者，Ａさんに容易に認められる。彼女は，自分の内部からの脅しによって，自分の考えをすっかり空にせざるを得なかった。自己の一部であるにもかかわらず，自分を脅したりおだてたりし，時には自分を人質にする敵がいるとＡさんはこころの中で信じていた。彼女の心的世界は，神のように良い母親とサタンのように邪悪な父親に支配されていた。明らかにこの破壊的自己愛組織体は，彼女の父親についての空想と父親に同一化した彼女自身の側面に基づいていた。Ａさんの良い対象関係は，歴史的にいっても，外的にも内的にも母親とのものであり，この関係は主に転移で再生された。良いものは，母親によって人格化されたが，悪魔の邪悪な力に較べて弱々しく，母親の物理的存在を必要とした。自分の羨望的で敵意のある衝動全てを父親と大規模に投影同一化させた結果，父親の内的表象が常にＡさんのこころに存在した。そのため彼女の分析の構造は，知識や自分の残虐な考えからの救済を命がけで分析家に請うものであった。分析家によって表象された良い対象への服従は，Ａさんが求めた解決だったが，悪い内的対象への服従もまた彼女の問題であった。

これらの二つ目の病理組織体である本当の自己／偽りの自己は，ドナルド・ウィニコットによって多くの箇所で述べられている。私のコメントは主に1949年，1954年，1960年b，1971年の彼の論文に基づいている。私自身の臨床体験をこれらの論文につなげてみると，二つの幾分異なるタイプの患者がこの標題の下に含まれているという印象を持つ。一つは，ヘレネ・ドイチュの用語，「アズイフ」パーソナリティ（第５章）の下に私が述べた特質を持ち，もう一つは，第４章で述べた「薄皮の」自己愛パーソナリティ，あるいはボーダーライン・パーソナリティの特徴を持つ。ブレイクとともに，「私は一つの体系を創造しなければならない，でなければ他の人のによって奴隷にされねばならないのだ」(Keynes 1959: 629（梅津濟美訳『エルサレム』)），と言うのはこの後者のグループの患者たちであろう。

宗教の観点から見ると，「アズイフ」パーソナリティの人々は，ブレイク学派の精神的自己の権威のこころからの信者や唱道者ではなく，信念と不信の双方を保留できる心地よい教会を求める遵奉者であろう。ボーダーラインのグループの患者との分析体験はとても異なる。すなわち，ウィニコットは「混沌からいつも脅かされていた」(Winnicott 1954: 280) と書いている。この記述でウィニコットは，患者に適応することがいかに必要であるか，さらに，患者の信念体系がウィニコット自身の考え方にどれだけ莫大なインパクトを与えるかを強調している。すなわち，「今の私は，この分析を始める前の私とは違わざるを得ない」(前掲書)。これは一般的な現象だと思うし，このグループの患者は，精神分析の理論と実践に，彼らの数とは不釣合いなほどの影響を及ぼしてきたというのが私の考えである。このような莫大な影響はこの症候群自体の不可欠な要素のようである。そしてこのことは，患者の心的現実に道を譲るために分析家は自分自身の心的現実を排除しなければならない，という確信がこのような患者の分析の重要な要素だと考えられる場合，驚くに当たらない。

「私は一つの体系を創造しなければならない，でなければ他の人のによって奴隷にされねばならないのだ」(Keynes 1959: 629 (梅津濟美訳『エルサレム』)）という信念は，独立した他者による悪意に満ちた誤解への恐怖が絶対的な意見の一致を必要とし，この一致が暴虐，服従，あるいは魔法でしか達成できないという事実によることを私は第4章で示唆した。これはコンテインメントの失敗に源があり，その後，抑うつポジションとエディプス状況を通り抜ける際に問題が生じることを私は最初から論じてきた。これは，破壊的自己愛，本当の自己／偽りの自己，「アズイフ」パーソナリティすべての共通項である。これらそれぞれを組織体として区別するものは，防衛的信念体系の性質と，「意志」とでも呼ばれる力と意図の所在である。コールリッジは，ミルトンの『失楽園』を，当時の道徳界における邪悪の性質と人間の意志のありかに関する論争の一部と見なした。ミルトンは，予定説[訳注4)]を支持するでも，完全な自由の理論を支持するでもない方向をとったとコールリッジは考えた。すなわち，「ミルトンは，意志自体の行為による意志の奴隷化への支持を宣言した」(Coleridge 1818: 497)。意志は，「自由な意志と同様に，人間の最も貴重な所有物である。……しかしながら，極度に妨げられ，その結果として劫罰の状態にあるとき，意志はサタンのようなプライドと反抗的な自己崇拝になる」(前掲書) とコールリッジは続ける。これは破壊的自己愛の定義の代わりとなるだろうし，

訳注4：この世に起こる一切は神により予定されている，とするキリスト教の説。

コールリッジはミルトンのサタンをこのような破壊的自己愛の化身と考えた。私たちが臨床で見るのと同じように，「行為のただ一つの絶対的動機——この動機の下に，内部と外部からのあらゆる他の動機が従属させられたり，粉砕されたりすることになる——を自らの中にだけ見出そうとする，恐ろしい決意によって」（前掲書）破壊的自己愛が働くことをコールリッジは記述している。曖昧に意志と呼ばれる自我の諸機能は，内的投影同一化によって，自己愛組織体の中に置かれ，そこでは倒錯的に自我に反するように使われる，と精神分析では言えよう。しかしながら，ミルトンの『失楽園』を内的世界の記述と見なすならば，唯一のもう一つの可能性は，意志を残酷で無慈悲な神に位置づけることである。言いかえれば，破壊的自己愛の内的サタン主義に唯一代わるものは，メランコリーの内的自己叱責であろう。

ミルトンはサタンの描写を通して，邪悪という問題への答えは，邪悪がプライドと羨望から生ずることであることを示唆している。私はプライドと羨望の関係を探究したいのだが，そのためにミルトンのサタンを使うことにする。神との不和が始まるのは，サタンが寵児として優遇された地位のプライドのせいで，キリストに与えられた地位に腹を立てるときである。

> サタンは……
> ……高い天使の階級に属し，
> 寵愛と名誉においても偉大な存在であった。しかるに，この日，
> 御子《みこ》がその父なる神によって栄光を与えられ，油を注がれし王，
> 即ち救世主《メシア》と宣示され給うに及んで，嫉妬にかられ，傲慢にも
> 御子の姿を見るに堪えずとばかりに忌避し，自分が不当に
> 貶黜《おとしめ》られたと思い込んでしまった。
>
> (Milton 1975: 131（平井正穂訳『失楽園』))

いろいろなできごとが重なって，私たちが自分の限界に晒されたり，自分自身への期待，さらには他者の評価や愛情に私たちが占める地位にまつわる信念が真実に基づかないとわかるとき，プライドは傷つけられるものである。私たちのプライドは傷つく，あるいは今の言葉で言えば，自己愛の傷つき narcissistic wound をこうむる。

プライドは，羨望が起こる瞬間に現れ，羨望を引き起こす状況とその状況が引き起こす羨望という感情の間に割り込むと私は考える。羨望という感情体験を特徴づける，不毛で正当化されない敵意という痛烈な感情の代わりに，傷ついたプライドの感覚がある。プライドが傷つけられ，これに伴う憤懣の感覚が維持される限り，羨望の感情は遠ざけられたままである。傷ついたプライドにより，痛み，憤怒，非

難のし返し，独善，復讐の衝動が生まれる。対象による置き換えや剥奪の後にプライドの傷つきが生ずる場合，対象は，自己の属性という意味でひとつの所有物だという信念が存在することをそれは意味する。このため，憤怒がこの後に起こり，単なる激怒よりむしろ憤り，そして無力感を伴う。対象は自己の所有物であり，望む対象関係は自分の属性だという信念が存在する限り，羨望は起こらない。いろいろなできごとが重なって，対象との関係における個人の優遇された場所や地位が奪われても，プライドは傷つき不正は感じられるが，羨望は体験されない。これが，苦しみが歓迎される理由の一つであり，プライドを維持し，当然の権利があるという信念の放棄を妨げると私は考える：

> 支配するということは，充分野心の目標
> たりうる，——たとえ，地獄においてもだ。天国において奴隷たる
> よりは，地獄の支配者たる方が，どれだけよいことか！
>
> (Milton 1975: 16（平井正穂訳『失楽園』))

羨望に持ちこたえられないという恐れ——そしてそのために，どんなことがあっても羨望を回避すること——は，単にパーソナリティの一要素としての羨望の絶対量の問題であるばかりでなく，羨望をコンテインする個人の能力に相対的な羨望の量の問題でもある。不安や攻撃性と同様に，羨望は圧倒されてしまう恐れをときに引き起こす。羨望は不安と同じように，自然な人生の一部として受け入れられなければならない。これに必要な条件は，観察の正確さについては容赦はないが，判断においては理解と思いやりのある内的対象の存在である。ミルトンの神は，これらのうちの一つ目の特性は有しているが，二つ目の特性に著しく欠けている。鋭敏だが暴虐な親のように，ミルトンの神は，自分の子どもが自分の優越性を認めたがらないのを感じ取り，情け容赦なく服従を要求する。異議を唱えられてしまった最高に重要な地位へのサタンの信念は傷つくが，彼のプライドは壊滅させられるよりも刺激される。春に厳しく剪定され，夏には意気揚々と反抗し復讐するかのように開花する植物にサタンは似ている。彼の羨望の感情は，プライドと不運を楽しむことによって遠ざけられたままである。サタンの復讐は，自分のきょうだい，新生のアダムとイブを堕落させることによって神，つまり父親の満足を否定することである。しかしながら，サタンの羨望は，神の全能ではなく，「今日，わたしは，今わが独子《ひとりご》と／宣言する者を生み，この聖なる山においてその頭に油を注ぎ，／王と定めた。彼は汝らが見るごとく，今わたしの右手に坐っている」(Milton 1975: 129（平井正穂訳『失楽園』)）という神の宣言によって刺激される。サタンは「嫉妬にから

れ，傲慢にも御子の姿を見るに堪えずとばかりに忌避し，自分が不当に貶黜《おとしめ》られたと思い込んでしまった」（前掲書）と天使のラファエルを通してミルトンは語る。ひとたびこの不正の考えが確立されると，プライドは羨望に置き換わり，サタンの反抗心を刺激するようである。これでサタンは，真実を通してではなく，神の超越した力による敗北とプライドの傷つきに耐えるのを選ぶことによって，羨望を刺激する新たな現実の力から逃れることができる。

サタンの羨望が痛々しく刺激される状況がもう一つあるが，それは彼が人間のカップルの性交を目撃しなければならないときである：

……羨望の余り，妖魔《サタン》は
横を向いた。だが，嫉妬と悪意にみちた流し目で二人を
見，次のようにその悶々の情を自らに向かって吐露した。
「なんという憎悪《にくむ》べき光景だ！　なんという他人《ひと》の心を
苛《さいな》む光景だ！　こうやって，この二人は，幸《さち》多きエデンの園の
中にありながらさらに幸多き園ともいえる，その固い抱擁の
世界に沈湎《ちんめん》し，祝福につぐ祝福を心ゆくばかり味わうことができる。
しかるに，わたしは地獄に投げ込まれている——そこには喜悦《よろこび》も
愛もなく，永劫《えいごう》に充たされない恐ろしい欲望の苦しみが（それも
それに劣らぬ多くの責苦の一つにすぎないのだが）あるだけだ。
そして，この欲望の充たされんことを焦り求める苦痛に，わたしは
憔悴《しょうすい》その極に達した。

(Milton 1975: 99（平井正穂訳『失楽園』))

神への自分の恨みを晴らす手段として，アダムとイブの転落をたくらもうとするサタンの気持ちを新たにするのはこの状況であるが，今度は，原初カップルの至福を奪おうという動機が付け加えられる。

今でこそ幸多き夫婦よ，生命《いのち》ある限り生きて
いるがよい！　わたしが戻るまで束の間の悦楽《たのしみ》を味わうがよい！
やがて長い苦悩の時が，必ずそのあとやって来るからだ！」
サタンはそう言ってから，蔑《さげす》むかの如く，その向きを変え……傲然たる足どりで……

(Milton 1975: 100（平井正穂訳『失楽園』))

これらの数行においてサタンはまた，疑うことを知らないカップルの転落を蔑むかのように想像することによって，プライドを回復する。そして，このプライドが

再び確立されるやいなや，サタンは羨望と嫉妬の感情の苦しみから自由になる。これは再び，今このカップルによって占められている場所，つまり彼らの「祝福の座 room of bliss」は本当はサタンとその「邪悪な軍勢」のものだという信念に結びついている。

「ああ，地獄だ！　こみあげてくるこの悲しみに曇る
わたしの眼は，いったい何を見ているというのか？　われわれが
享《う》けていた祝福の座にかくも高くあげられているこれらの者は，
われわれとは異なった本質をもった，恐らくは土から生まれた者
に違いない。天使でないことは確かだ。

(Milton 1975: 95（平井正穂訳『失楽園』))

サタンは「祝福の座」――その存在が私たちの不在の上に成り立つがゆえに永遠に「もう一方の部屋」であり，空想されたできごとが原初カップルの間で起こるところである，想像上の空間，あるいは想像のための空間――を，自分が追放された天国の場所だと主張する。「もう一方の部屋」のもう一つの心的バージョンは地獄であり，サタンは，いかなる場所も地獄にすることによって，「祝福の座」にまつわる自分の主張についての信念を保つ。

このようにプライドは傷ついた状態で回復される。そして，他者が分離した存在であって,望ましい特質を自己のものとして所有していることへの苦痛な気づきと，この気づきが生み出す人生への限りない嫌悪と共に，経験としての羨望は回避される。

「おお，太陽よ，何ものにもまさる栄光の冠《かんむり》を戴き，
この新しき宇宙を統《す》べる神のごとく，その孤高の王座から
下界を睥睨《へいげい》する者よ。お前の前にあっては，すべての星が
光を失い，その面《おもて》を覆いかくしている。わたしはお前に
呼びかける，――だが，親しげな声をもってではない。
わたしはさらに重ねてお前の名を呼ぶ，おお太陽よ，だが，
それはお前の光をいかにわたしが憎んでいるかを告げるためだ。

(Milton 1975: 86（平井正穂訳『失楽園』))

『失楽園』の第4巻でミルトンは驚くべきことに,「クライン派」の言葉では抑うつポジションと呼ばれるような状態にあるサタンを呈示する。部分対象，プライドと羨望の化身，邪悪の見本，妄想分裂ポジションの悪い対象の実物のように見えていたサタンは，ひとつのまとまった人物となり，葛藤，悔恨，強い恐れを体験す

る。

第 4 巻の初めでサタンは，原初カップルに創造主を裏切るように誘惑することによる神への復讐をもくろみながら，楽園に到着する。ヨハネの黙示録の悪竜としてのサタンの未来が呼び出され，サタンの，人間の魂を巡る神との将来の争いと，凄まじい破壊性を読者に思い起こさせる。激しい怒りに燃えて到着したとき，サタンは復讐を堅く決心しており，憤りによって，疑い，恐れ，憐れみから防護されている。彼は単に激怒しているだけではない。すなわち，憤怒している。サタンの傷ついたプライドは，彼が不当な扱いを受け，強奪され，不自然に剥奪されたと語り，彼の地位が最高であるという以前から存在した信念は問い質される必要はないと語ることで彼を保証する。この保証を信じ続ける限り，サタンは恥辱からだけでなく羨望からも護られる。しかしながら，復讐の企てが生まれ出ようとするとき，サタンのたぎり立つような感情は：

> 豈《あに》図らんや，あの悪魔の装置たる砲熕《ほうこう》のように彼自身に跳ね
> 返ってきた。恐怖と疑惑が千々《ちぢ》に乱れた思いを翻弄し，彼の
> 内なる地獄を底の底から揺り動かした。彼は自分の内部に，
> 自分の身の周辺に，常に地獄を持っており，たとえ
> 場所が変っても自分自身から抜け出せないのと同じく，
> 地獄からは一歩も抜け出せないからだ。今，心中の奥深く
> 隠れていた良心が，眠っていた絶望を呼びさまし，かつての
> 自分への悲痛な思い出を，いや今の自分への，また今後さらに
> 悪《あ》しくならざるをえない自分への，思いを呼びさましてゆく。
> より悪しき行為から，より悪しき苦悩が生ぜざるをえないのだ。
>
> （Milton 1975: 85（平井正穂訳『失楽園』））

サタンはその報いが自分自身に跳ね返る。すなわち私たちの言葉では，サタンは投影するのをやめ，地獄が自分の内にあって，不当に押しつけられた牢獄ではないことに気がつく。サタンの引き続く破壊性のための説明を見出すために，自分の内の人間性を見たという意味において，ミルトンもまた，登場人物のサタンと同じように，その報いが自分自身に「跳ね返った」。絶望と堪え難い羨望が混じり合い，複雑で変転する抑うつポジションにおいてミルトンはこれを行なう。ミルトンはサタンを人間らしくし，この短い節で，なぜ他ならぬこの人間が抑うつポジションに留まれずに，メランコリーか，もしくは破壊的自己愛者の役の選択しか残されないのかを明らかにする。

悔い改めて許されれば，自分はもう一度羨望に刺激されて反逆的攻撃を行なうだ

ろうという考えにサタンは持ちこたえきれない。サタンは，自分の気持ちをコンテインし，その気持ちを自分の認識した賞賛や感謝と統合することができるとは思わない。心理的な意味において，ミルトンはこの節で邪悪という問題への一つの答えを描いている。邪悪の問題は，避けられない敵意を和らげようとコンテインするのに失敗し，その代わり，愛を憎しみからどんどんスプリットさせ，ついには良いもの全てに対する憎悪の純粋培養を生み出すことを選んだ結果である。人間の普通の悪さや攻撃性は避けられないが，邪悪は**連続的スプリッティング**の結果初めて生ずる。意地悪はよくあるものだが，純粋の悪意は蒸留の産物である。この節で私たちは，この過程をサタンに見る。

ミルトンは私たちに，プライドと羨望の関係と，この両者の抑うつポジションとエディプス状況との相互作用に対する彼の洞察から学ぶ，すばらしい機会を与えてくれる。『失楽園』の第4巻では，抑うつポジションのワーク・スルーの失敗の結果の破壊的自己愛の発生と，その後の，第6章で D(n) → Ps（病理）と表された，特定の妄想性の防衛組織体への退行を見ることができる。

14

ウィリアム・ブレイクと知的自己愛

そして，信仰が疑うことも，希望が絶望することもできないところで
私が礼拝するのは誤りだろうか
私自身の魂が私の祈りを聞き入れることができるのだから。
(Emily Brontë 1992: 23)

ウィリアム・ブレイクは偉大な作家だったと私は思う。彼はまた偉大な信じる人でもあった。ブレイクはしばしば幻を見る詩人 visionary poet と呼ばれる。この用語は，ワーズワースのような，イギリスのロマン主義運動のメンバーと見なされる他の人たちにも使われる。しかしながら，ブレイクの場合，この用語は特別な意味を持つ。というのは，ジャンヌ・ダルクやルルドのベルナデット Bernadette of Lourdes[訳注1] と同じように，幼児期から人生の終わりまで，ブレイクはさまざまな幻 vision を見たからである。彼はそれらの知覚的現実性と内容の正当性を主張した。ブレイクは一人宗教，あるいは恐らく二人宗教を持っていた。それは，彼の妻，キャサリン・ブレイク Catherine Blake が，ブレイクのナルキッソスに対して，徹底的にエコーを演じたからである。

永遠性からの悲惨な転落から人間を救済するのに必要な宗教体系とブレイクが見なしたもの――私ならこれを精神病理組織体と見なすのだが――は，心的破局を補修するもくろみであったことをこの章で示したい。例えば『永遠の福音』や『最後の審判の一幻想』のような著作の中で，ブレイクは自分の体系が宗教的信条であるとはっきりと述べている。預言書の中で，ブレイクは，彼の神学の登場人物に関する一連の叙事詩の形で，心的破局と精神の補修を述べている。彼はこれらの叙事詩が寓話ではなく，幻だと主張した。さらにブレイクは，神性はこころの中だけに存在するので，人間の堕落と贖いは心的なできごとだと信じた。彼の意識的信念体系は，ある無意識の目的にかなっていたと私は思う。つまりその体系は，彼を恐怖や絶望に陥れるような既存の無意識の信念から彼を護り癒すようにできていた，対抗

訳注1：フランスの修道女（1844-79)。1858年ルルドで聖母マリアの幻を見たことから，この地が巡礼聖地となった。

的な信念体系であった。恐れられる心的状況は実はすでに起こっていたものであり，ブレイクは，叙事詩による堕落の記述の中でその状況を述べている。彼の防衛的で補修的な信念体系は，私が前章で**知的自己愛**と呼んだものの記述であり，非常に洞察に富んでいる。私は知的自己愛者を，自分の考えしか信じない人，愛の領域のリビドー的自己愛者に対する知識の領域の自己愛者と定義した。

私の意図は，ブレイクを自己愛者と分類することではなく，彼が記述し唱道した信念体系を知的自己愛と呼ぶことである。同様に，ブレイクの心的破局の記述は個人的な体験に由来すると思われるが，私の出典と主題は，詩の記述，つまり彼の文章であって，彼の人生ではない。

エリオット T. S. Eliot は，エッセイ「ウィリアム・ブレイク」の中で書いている：

> （彼は，）言語の独創的で優れた感覚と音感を伴う，人間性に関してのすばらしい理解の能力と幻覚的幻という才能の持ち主であった。これらの能力と才能が，非個人的な理性，共通感覚，科学の客観性の尊重によってコントロールされていたなら，彼にはもっと良いものとなっただろう。彼の天才が必要とし，悲しいかな欠けていたものは，彼が自分自身の哲学に耽るのを防いだであろう，一般に容認された伝統的な考えの枠組であった。
>
> (Johnson and Grant 1979: 509)

エリオットは，問題は単純で，ブレイクにおける個人的教育の欠如とイギリスにおける地中海文化の欠乏だと考えた。エリオットはブレイクを，イギリス哲学のロビンソン・クルーソーと見なした。このいくぶん横柄な説明はあまりにも皮相的だと私は思う。ブレイクは深い心理的な理由で，非個人的な理性，共通感覚，客観性を避けた。そうすることで，恐らくは高い教養があり地中海文化を吸収しさえしているが，それでも自分の主観的体験が他者の客観性によって壊滅させられるのを恐れる多くの人々を代弁した。ブレイクが精巧に作り上げる信念体系の根本にあると私が考えるのは，主観性と客観性が統合された後に起こる混沌への恐れである。この基礎にある恐れについては第4章で述べた。

ブレイクは自分の想像を神性の源，創造者と見なし，**信じること**を創造の行為と見なした。彼は自己疑念を破壊と見なした：

> もしも太陽と月が疑うことがあったら
> それらは即座に消えてしまうであろう
>
> (Keynes 1959: 433（梅津濟美訳『無垢の占い』))

ブレイクは信念を真実と見なし，それは想像力によって作られたもので，知覚によって得られたものではないと考えた。すなわち，見ることが信じることではなくて，信じることが見ることなのである。ブレイクは，「幻は想像の世界であり，永遠である。幻は存在するものすべてである」と書き，「精神的なものだけが本物である」と主張する。目は投影のための器官であり，知覚のための器官ではない：

魂のこの人生の薄暗い窓は
天を極から極までゆがめる
そしてあなたを導いて嘘を信じさせる
あなたが目をもって見る時に目を通してではなく
(Keynes 1959: 753（梅津濟美訳『永遠の福音』))

真実として扱われた信念は，ブレイクにとって，限りのない虚空の限界膜であり，創造の行為の後に精神が完全に崩壊するのを食い止める唯一のものであった。創造の結果，見当がつき限りのある物理的世界としての物質界の幻想に結びついている，知的自己の原初の統一体が内部から分離する破局が生じると彼は考えた。ブレイクは，『ユリゼンの書』『アハニアの書』『ロスの書』からなる，聖書に代わる彼の『地獄の聖書』において，天地創造を描く形で，乳幼児期の破局を語る。聖書の「創世記」には天地創造のバージョンが二つあるのとちょうど同じように，ブレイクにはこのような破局のバージョンが二つある。一つ目のバージョンでは，知性の化身のユリゼンは，永遠の自己の一つにまとまった身体から自分自身をもぎ取ることによって，計り知れない虚空をパーソナリティの中に創る。二つ目の記述では，想像の化身のロスは，ユリゼンによって創られた，貫通できない物質的客観的世界に直面する。ブレイクはこれを，固い揺るぎのない対象との直面と呼ぶ。ユリゼンによって創られた，この黒く，金剛石のように堅く，貫通できない岩に，ロスは我慢できずに激昂してしまう。ロスは岩を粉々にし，そうやって限りない深淵を創り，その中に落ち込んでしまう。すなわち，一つ目のバージョンでは，身体感覚に結びついている精神生活の部分が自らを身体感覚から引き剥がし，自己の内部に深淵を残すことによって，出生前の穏やかな心的統一体が破られることが主観的に描かれている。二つ目の記述は観察者の立場からのものである。すなわち，乳幼児の想像は，貫通できない，黒い，冷たい，固い原初対象に対する欲求不満と嫌悪のあまり，その対象を粉々にし，その結果生じた深淵に落ち込んでしまう：

……ロスは落ちそして落ちた

真っ逆様に沈んでいった重く下へ下へと
時代が時代に重なって，夜が夜に重なって，日が日に重なって
真は限界を持つ。誤りは持たない，落ちてゆく，落ちてゆく，
年月が年月に重なって，そして時代が時代に重なって
なおも彼は虚空の中を落ちた，……
……なおも一つの虚空が……

(Keynes 1959: 258（梅津濟美訳『ロスの書』))

この二つ目のバージョンは，心の断片化の状態を引き起こす，内的対象への破壊的攻撃とメラニー・クラインが述べたものによく似ている。「自我の一部が他の部分を壊滅させる機制が……**世界没落の破局**の基礎をなすことを私は示唆する」(Klein 1946: 24）とクラインは書いている。対象だけでなく，攻撃を加えている人の心的装置も崩壊すると感じられるほど暴力的に，患者が対象を攻撃するというこのクラインの考えを，ビオンはその著作で何度か強調している。ブレイクの詩は，これとこれに引き続く症状をとても生き生きと描いている。

ブレイクは落下の記述を続ける：「絶え間なくこの落ちてゆく心は苦しんだ，それ自らを組み立てながら」(Keynes 1959: 258（梅津濟美訳『ロスの書』))。その結果，「落ちてゆく心」ロスによって，落下を止めるようにもくろまれた組織体は，物理的な大きさと身体的特徴を備えた，想像上の知覚世界である。これは，ロスの誤りであり，人間がやがて閉じ込められることになる物質世界における物理的存在についての**人間の幻想**の基礎だとブレイクは考える。

この劇的なストーリーは，こころの中の固くて屈しない対象として表象され体験される最微な心的事実を，暴力的に断片化した結果生じた破局についての，洞察に満ちた記述だと私は思う。こころは，こうして生じた「無知」の深淵に落ち込む。こころは落ちながら，真実として扱える信念体系，落下を止めるのに必要な「限界」を作ろうと苦しむ。先にブレイクは絶対的主観性の公式見解を提起しており，それによると，「信じ得るあらゆるものは真なるものの姿である」(Blake 1927: 8（梅津濟美訳『天国と地獄の結婚』))。それで，こころが創り出す「真なるものの姿」の信念体系は，自らの安全ネットと混沌や虚空への補修の役を果たす。そのため，信念の敵は自己存在の敵であり，混沌の創造者である。疑う者，ブレイクの言う「尋問者」はこころの敵である。経験哲学や自然哲学などのプロの尋問者――特にベーコン，ロック，ニュートン――はサタンの手先である。なぜなら，ベーコンは，啓示とは反対の，理性を通じて真実を求め，ロックは，「人間はすぐに植えられ，そして播かれる状態にある庭である」(Johnson and Grant 1979: 443）というブレイクの信念とは反対の，経験を通じて学ぶことを強調し，ニュートンは，ブレイクの嫌

悪する物質界の自然の法則を公式化し，ブレイクの軽蔑する数学で証明したからである。「科学は死の木である」(Keynes 1959: 777) とブレイクは書いている。

この章では，ブレイクの詩の特性よりむしろ，彼の信念の性質と内容を私は問題にしている。しかしながら，ブレイクの考えを重大な過ちのもとに導かれたものと見なせば——実際私はそう見なしている——，そして，詩は真実の吟味によって判断されるべきだと考えれば，私がしているように，彼の詩を高く評価するのはどういうことなのだろうか。自らが著名な詩人で，詩のすばらしさは結局そのリアリズムによって証明されると確信していたルイス・マクニースがこの疑問を唱えたのは，奇妙な確信をもつもう一人の偉大な詩人，イェーツの作品を検討していたときである。「詩は信念から本体を得る」が，「それは必ずしも，それが正しい信念だからではない」とマクニースは書いている。「詩のすばらしさを証明するのは，信念の絶対的妥当性あるいは客観的妥当性ではない。すなわち，正しい信念が詩を良くし，誤った信念が詩を悪くすると主張するのは余りにも過剰な単純化である」(MacNeice 1941: 231) と彼は続けて書いている。

どのようにして誤って導かれた信念が偉大な詩の基礎となりうるのか，という疑問に対する私自身の答えは，本当の表象 a true representation と真実についての表象 the representation of the truth を区別することにあるだろう。ブレイクの詩は，真正の心的態度と信念体系についての本当の，生き生きとした，洞察に富む記述である。すなわち，ブレイクの詩の記述は本当の表象である。私がこの心的態度を，偽りで防衛的であり，擁護できない信念体系に基づいていると見なそうとも，この態度は宗教的信条の基礎を形成する。すなわち，この心的態度を，意識的には相当多くの個人が，さらに無意識的にはもっと多くの個人が持っている。ブレイクは偉大な詩人だったので，彼自身の考えを晒すことによって，恐怖などから自らを護る類似のニードや類似の信念体系をもっている他者のこころを覗きこむ，特別な機会を私たちにもたらしている。

先に私はブレイクの信条を，恥じることなくまとまって知的自己愛を例証するものだと述べた。彼の信条は，私的啓示によって真実を得るという主張に基づいている。すなわち，彼の信条の現実性は，その主観的妥当性によっており，それだけに基づいていて，他の既知の真実との調和とは無関係で，自らの外のものとの意見の相違にも無頓着である。精神分析の観点からすると，心的現実こそが真実だと主張するのであるが，それは，心的現実が内的に妥当で，外的現実とのいかなる調和とも無関係だからである。ブレイクの永遠の自己の記述を，自らにだけ真実である**本当の自己**の記述と言い換えることができよう。

そして調べ美しい詩句の中に私は
腰をおろしそして叫ぼう。私は。私は。

(Keynes 1959: 600（梅津濟美訳『公衆への訴え』))

この自己は，外側からは，自分自身の現実以外のいかなるバージョンの現実にも反対するように見えよう。内側から見ると，本当の自己の信念に反対するどんな信念も，本当の自己の信念を壊滅させるおそれがある。その結果，預言の詩『エルサレム』の中で書いているように，ブレイクは自分自身を次のように見なしていた：

体系と戦いながら個々人をその体系から解放するために
私は一つの体系を創造しなければならない，でなければ他の人のによって奴隷にされねばならないのだ。
私は論証し比較することはしまい，私の仕事は創造することだ

(Keynes 1959: 629（梅津濟美訳『エルサレム』))

ブレイクは恥じることもなく，精神分析では乳幼児の誇大妄想と呼ばれるものを，救済の方法として提起する。この誇大妄想の状態では，私たちは自分が想像する通りの自分であり，私たちの想像は私たちに分け与えられた神性であると彼は公言する。乳幼児の無垢の状態では，私たちは人を意識することなくこのことを信じるし，贖われれば再びそうする，とブレイクは論ずる。彼は『無垢の歌』の中でこういうこころの状態を祝う。詩集のもう一方の『経験の歌』では，事情が全く異なる。これらの詩の中で，ブレイクは人間性の残酷さと摂政時代[訳注2)]のロンドンの恐怖を見事に捕らえている。

あらゆる人のあらゆる叫びに，
あらゆるおさなごの恐怖の叫びに，
あらゆる声に，あらゆる呪詛に，
心が鍛えた枷のひびきを僕はきく

何と煙突掃除の子どもの叫びが
あらゆる黒ずみゆく教会をぎょっとさせることか，
そして運なき兵士のため息が
血となって王宮の壁を走りくだることか

(Keynes 1959: 216（梅津濟美訳『経験の歌』))

訳注2：ジョージ3世の治世末期に皇太子ジョージ（後の4世）が摂政をつとめた時期（1811-20)。

ブレイクの考えでは，経験は何も教えない。経験は剥奪，苦痛，挑発で腐敗し，無垢な自己中心性に，羨望，嫉妬，強欲へと場所を譲るよう強要する。ジーン・ハグストラム Jean Hagstrum が書いているように，「経験はそこなわれた無垢である。……経験は，社会的恐怖，政治的恐怖，心理的恐怖，不自然な恐怖の集合である。……その暗闇にさす一筋の光線は，経験を破壊しに来る審判の光である」(Johnson and Grant 1979: 529)。

何が経験の代価なのか。人々はそれを歌の代わりに買うのか
それとも知恵を街上の踊りの代わりに。いやそれは人間が持っている
すべてのもの，彼の家，彼の妻，彼の子どもたちという代価を払って買われるのだ
知恵は誰も買いに来ない荒れ果てた市場で売られるのだ
又農夫が空しくパンのために耕すひからびた野で
(Keynes1959: 290（梅津濟美訳『四人のゾアたち』一部改変))

ブレイクにとっての人生の流れは，始まりがあり，成熟と充足が起こり，ついには年をとって死に至るというパターンの悲劇的な幻の流れではない。彼の人生の流れは黙示録的な循環である。この循環では，ノーソップ・フライ Northop Frye が述べているように，「悲劇は，無垢な幻の消滅とともに，人生の中期にやって来て，ストーリーは無垢な幻の再確立で終わる」(Johnson and Grant 1979: 520)。ブレイクにとって，創造は堕落である。すなわち，堕落世界に特徴的なこころの状態の絡み合いから自由な，自己の永遠で穢れのない本質をもう一度信じるよう，私たちは啓示や想像によって補修されなければならない。生物学的な見方では，受胎――出生ではない――は堕落である。伝統的な見方では，堕落は，アダムとイブによる楽園の喪失ではなく，アダムとイブそれぞれの創造である。私たちの住む堕落世界を，ブレイクは「世代」と呼んだ。この身体性と限りある時間の「人間の幻想」の世界には，自己の神聖な再結合への障害が特に二つあった。すなわち，性別と世代の存在である。これらはまさに，精神分析がエディプス状況の必須の要素――つまり，私たちの願望的思考に不愉快な必然性と異論を避けられない未来を突きつける，変更できない最初の人生の事実――であることを見出した二つの構成要素である。世代の相違と性の相違の現実は，ブレイクの叙事詩でユリゼンによって創られ，ロスが直面し粉々にしてしまったものと同じように固く，揺るぎのない金剛石のようだった。

ブレイクのさまざまな考えや，それらの精神分析理論との一致について引き続き述べる前に，ブレイクとその家族のおかれた歴史，文学，宗教での背景について簡

単に述べよう。ブレイクは1757年に生まれ，1782年に結婚し，子どもを持たずに，1827年に死んだ。よって彼は，アメリカ革命とフランス革命，およびその後の人身保護法と言論の自由の停止を伴うイギリスの反革命の時代を生き抜いた。その時代は，20世紀アメリカのマッカーシー McCarthy の反共主義時代に似ている。詩人のリー・ハント Leigh Hunt は，その著作のために投獄された。当時は階級意識がとても強く，「ブラックウッズ」[訳注3)] の真面目な文芸評論家は，「わが国の偉大な詩人は全て，社会の相当な階級出身の人たちである……しかるにハント氏は，卑しい生まれや習慣の**特殊な言葉遣い**を露呈することなしには，献呈の辞，あるいは覚書さえも著わすことができない」(Coote 1995: 102 にて引用) という理由で，キーツやリー・ハントの詩を退けることができると思ったほどであった。ロンドンは暴力の地だった。貧困とホームレスが蔓延し，残酷にも子どもを煙突掃除人として使役することが立派なことと見なされた。ジェーン・オースティン Jane Austen を読むとき，彼女がブレイクと同時代の人だということを思い出せば，一つの国に知的にも社会的にもこれほど異なる世界が存在したことに衝撃を受けるだろう。

ブレイクは，他のロマン派の詩人たちよりずっと低い階級の出身だった。彼は，ソーホーの小店主の家に，7人きょうだいの一人として生まれた。ブレイクは3番目の子どもだった。兄は死に，姉が一人いた。弟たちについては，ブレイクは一人を敬愛し，もう一人を憎み「邪悪な弟」と見なしたと言われる。家族内の虐待や犠牲の証拠はないが，ブレイクは，叙事詩『エルサレム』の中で，ユダヤ人たちに次のように説明する：

> 人の最悪の敵は彼自らの
> 家と家族の者たちだ
>
> (Keynes 1959: 652 (梅津濟美訳『エルサレム』))

両親は「邪悪な弟」のジョンの方を好んだとブレイクは思った。ブレイクは両親のことをほとんど語らず，ピーター・アクロイド Peter Ackroyd がその伝記でコメントしているように，「人間が自らの創造者であるかのように」(Ackroyd 1995: 21) 振舞ったシェイクスピアのコリオレーナス[訳注4)] のような感覚を自分に持っていた。彼の最初の伝記作家であるフレデリック・テイサム Frederick Tatham は，ブレイクの死の5年後，「彼が拘束や規則をあまりに嫌ったので，父親はあえて彼を学校にやらなかった」(前掲書：23 にて引用) と書いている。ブレイクは，彼が公言し

訳注3：ウィリアム・ブラックウッド William Blackwood が1816年に創業した出版社。
訳注4：紀元前5世紀のローマの将軍の伝説に基づくシェイクスピアの悲劇の主人公で，傲慢な武将。

たかったように，独りで受胎した訳ではなかったが，独りで学んだのは確かである。後にブレイクは，「教育は役に立たないし，間違いだと思う。教育は大罪であり，善悪の知識の木の実を食べることである」（前掲書）と主張する。自分の幻が現実のものだと言い張ったため，ブレイクは明らかに一度母親に殴られている。父親は彼が同じように言い張るとき不安になり，彼を殴りたくなりはしたが，両親ともこれ以降一度も彼を殴らなかった。たった一度の殴打が，一生の憤懣となって彼のこころに残った。

ブレイクの親は彼を10歳のときに絵画の学校にやり，5年後に彼は彫刻師の徒弟となった。これを終えるとブレイクは，新しく創設されたばかりのロイヤル・アカデミー・スクールへの奨学金を獲得した。ロイヤル・アカデミー会長のジョシュア・レイノルズ卿 Sir Joshua Reynolds は後に，ブレイクの私的で知的な射撃場での恰好の攻撃目標の一人となった。レイノルズの犯罪の一つは，ロックの影響を受けていたことである。ブレイクは次のように書いている：

> レイノルズが考えているのは，人間は知っているすべてを習得するのだということだが，私が言うのはちょうど反対で，人間は持っている又は持ち得るすべてを自らと共に現世の中にたずさえて来ているのだということだ。人間はすぐに植えられ，そして播かれる状態にある庭のように生み落とされる。この世は一粒の種子を生むにも余りに貧弱なのだ。
>
> (Keynes1959: 471（梅津濟美訳「『サー・ジョシュア・レイノルズ著作集』に対する書き込み」一部改変))

ブレイクはレイノルズの論文の端に「この文章を生み出しおおせたこころは哀れである……私は本当に神に感謝する，私がレイノルズのようにはないことを」(Keynes 1959: 471）と書いた。ブレイクの著作集の中の書き込みは，絶え間ない知的軍事作戦の砲弾のようなものである。彼の最初の伝記作家，フレデリック・テイサムは次のようにコメントしている：「人によっては，思いをめぐらし，それを思考と呼ぶものもいる。しかし……人が家を設計したり，将軍が地図を調べて戦いに備えて軍隊を配備するように，彼の思考は行動のためだけのものであった」(Johnson and Grant 1979: 494)。

ブレイクの考えは散漫で，矛盾しており，故意に脈絡を欠くとよく言われるが，私はそうは思わない。彼は，矛盾の必然的な理論的共存という考えを抱いていたが，これは彼の個人主義的主観主義の体系の唱道の一部であり，彼自身の思考において信念が動揺する傾向にあったわけではない。ブレイクが受けた影響について多くのことが書かれている。再洗礼派の神学と同様に，パラケルスス Paracelsus[訳注5)]，ベーメ Boehme[訳注6]，ライプニッツといった思想家の考えが確かにブレイクの作品に見出される。しかしながら，明らかなのは，ブレイクは，自分の思考に合ったものだけを他者から取り入れ，自分の思考を否定しそうだと感じるものは全て激しく攻撃した。他者は，ブレイクの考えの組織体を脅かさない限り，好きなことを信じることができた。すなわちブレイクは，他者の考えを共有したり挑戦したりすることなく，いつも他者の考えを許容することができた。他者が幻を見ると告白し，それと引き換えに，進んでブレイクの幻の妥当性を認めるなら，彼は他者を歓迎した。

ブレイクは自らの神学と形而上学を持つ一人宗教団体で，彼の信条は「私は一つの体系を創造しなければならない，でなければ他の人のによって奴隷にされねばならないのだ」(Keynes 1959: 629) であった。しかしながら，彼自身の宗教体系の基となった，古い宗教体系との関係の中に彼を置いてみるのは有益だろう。ブレイクは，逸脱はしていたが確かなキリスト教の伝統の出であり，特に下層階級で盛んな急進的プロテスタントが国教会に反対していた時代の出である。ブレイクの両親は二人とも，反国教会のキリスト教徒の家の出身であった。

ブレイクは精神的なものだけが本物であると主張し，想像力は「実在するそして永遠の世界で，この植物的生の宇宙はその弱々しい影にすぎない，そしてその中に我々は我々の永遠の又は想像力による肉体の状態で住むことになるであろう，これらの植物性の死すべき肉体がもはやなくなった時に」(Keynes 1959: 717 (梅津濟美訳『エルサレム』一部改変)) と述べた。宗教の言葉で言えば，ブレイクはグノーシス主義だった。グノーシス主義は，文字通りには，霊的な神秘についての特別で直接の知識を持っているという意味である。グノーシス派は，霊的なものについて優れた知識を持っていると主張し，聖書を神秘哲学によって解釈した早期キリスト教の一宗派である。彼らの中心的な考えは，物質界は神の創造物ではなく，第二の力，デミウルゴスの創造物だということである。紀元1世紀に，ドウシーチーと呼ばれたグループは，キリストの人間の性質と姿は見せかけに過ぎず，そのためキリストの行為と受難は見せかけに過ぎない，という特有な信念をグノーシス主義から採用した。2世紀に，シノーペー[訳注7]のマルキオン Marcion の継承者たちは，旧約聖書の神をデミウルゴス，法の神（エホバ）として拒否し，イエス・キリストだけを愛の神として崇拝した。そして，キリストの使命はデミウルゴスを打倒することだった。3世紀に，マニ Mani の継承者のマニ教徒は，世界は二つの相反する力，

訳注5：スイスの医学者・錬金術師（1493-1541）で，医科学の祖とされる。
訳注6：ドイツの神智学者・神秘主義哲学者（1575-1624)。
訳注7：黒海南岸に沿う小アジア北東部にあった古王国ポントスの都で，現在はシノプと呼ばれる。

つまり光あるいは（神と同一化された）善と暗闇，混沌，あるいは邪悪によってコントロールされていると信じた。キリストは世界に光を取り戻し，暗闇を追い払うためにつかわされた。ブレイクは徹底したグノーシス主義者であり，彼の宗教体系は自己流に練り上げられたグノーシス主義の思考を含んでいる。

> 誤りは創造されるのである。真理は永遠なのである。誤り，即ち被創造物は焼き尽くされるのであろう……人間たちがそれを見ることを止めるその瞬間。私は私自身に関して断言する，私は外面の被創造物を見ないということを，そして私にとってそれは妨害物であって行動ではないということを。それは私の足についたほこり同様である，私の一部ではない。
>
> （Keynes 1959: 617（梅津濟美訳『最後の審判の一幻想』一部改変））

ブレイクは「必要なのは愛，愛だけ／必要なのは愛だけ」と歌うビートルズに賛同していただろう。ブレイクの詩のスタイルと象徴性《シンボリズム》は1968年の宣言では大幅に取り除かれているが，彼の詩の多くは，ビートルズと同じ自由意志論者，つまりリビドー的精神のものであり，多くの同じ信念にみなぎっている。『アルビオンの娘たちの幻想』においてブレイクは，嫉妬の三角形に代わる喜びの三角形をもつ自由な愛によって，悲しみを追い払えると期待する：「私は叫びます，愛！　愛！　愛！　幸せな，幸せな愛！　山の嵐のように自由な愛！」（Keynes 1959: 194）

有名な左翼の歴史家，トンプソン E. P. Thompson（1993）が，ブレイクを反律法主義者と呼んだのは正しい。トンプソンはブレイクを，17世紀初頭に急速に発展したさまざまな反国教会の宗教グループを形成した，聖書に基づく反体制のプロテスタントの中から生まれた詩の天才と見なした。必要なのは愛，神の愛だけというのは，反律法主義者の信条だった。そして，彼らの中のある者にとって，人間の性的な愛は神の愛の現れであり，よって救済への道であった。反律法主義者は，神の恵みのもとに生きるキリスト教徒は道徳律に縛られないと信じた。この宗派はもともと，自由の恵みの教義のもとに，1535年にドイツで起こった。イギリスの反律法主義者，ジョン・ソルトマーシュ John Saltmarsh は1645年に，「キリストの聖霊は，信仰者が天国にいるかのように，信仰者を地獄，律法，束縛から解放する」と言うことで，自由の恵み，あるいは「キリストの血の罪人《つみびと》への流れ」が正しいことを証明した。そして，信仰者は「信じる」だけで「解放される」（前掲書：15）とソルトマーシュは言う。トンプソンはブレイクを，教会や国の覇権と戦った人民の宗教の見本と見なしたがった。この反律法主義者の宗教は，「制度や一般に是認された世才の権威を個人の内なる光[訳注8]の権威に置き換えた」（前掲書：5）とトンプソンは書いている。しかしながら，彼らはまた，宗教的期待においては黙示録的であり，聖書の解釈においては選択的に原理主義者であり，そしてリーダーの幻体験に導かれていた，と私なら付け加えるだろう。このようなリーダーが，ブレイクが短い間所属していた宗派を創設した，スウェーデンボルグ Swedenborg であった。このような黙示録的な宗派が私たちの時代に，特にアメリカで再び急速に発展してきている。アメリカでは現在，このような宗派は，これらが反対する確立された教育の価値や公共の秩序に対する脅威と見なされている。

在俗の自由意志論者で社会主義者であるトンプソンは，反律法主義者を是認し，彼らの宗教が，「確立された文化を憚らない頑固な懐疑主義，つまり，国や洗練された学識を憚らずにキリスト教徒を支持するのに充分な，誘惑や迫害をものともしない不屈の精神を個人が持つことを可能にした」(Thompson 1993: 5) と考えた。しかしながら，ブレイクはトンプソンの考えを全面的には是認しないだろう。というのは，ブレイクはトム・ペインと彼の『人間の権利』を擁護したが，ペインとヴォルテール双方の在俗の自由意志論を批判しているからである。ブレイクは「我々は，死すべき運命の世界にいる限り，苦しまねばならない」と言い，「あなたは，あなたが道徳的美徳と呼ぶものなしには，この世において自由を持つことができない。また，あなたは，人間種族のうち，あなたが道徳的美徳と呼ぶものを憎む［半分ー消］あの半分[訳注9]を奴隷状態にすることなしには，道徳的美徳を持つことができないのである」(Keynes 1959: 615-16（梅津濟美訳『最後の審判の一幻想』一部改変)) と続けている。ブレイクは，急進的な人々，特に自由意志論者で左派の傾向のある人々の偶像となったが，人間の問題に対する彼自身の解決は，この限りある世界を社会的に改革することによるものでは決してなかっただろう。

ブレイクが考えた唯一の解決は，神性をもつ自己や別のさまざまな自己の神性を信じる，彼自身の体系であった。これらの神性をもつさまざまな自己は，共有された永遠性を持つことで，お互いに結びついていたが，決して相互に関連するはずのない主観的信念においては，別々なままであった。これらの自己は，ライプニッツの描いたモナドにとてもよく似ている：「(モナドは，) 自らの内にひとつの完全性をもつ……モナドの内には，無形の自動装置とでも呼べる，モナドを内的行為の源にする自給自足性がある」(Ayer and O'Grady 1992: 249 での引用)。ライプニッツの体系のモナドは，独自の方法で神に関連しているだけで，体系の外から判断することはできないようである。よって，私たちにどのように見えようとも，モナドは神にとって全く満足のいくものであり，神の完全な創造物の一部である。心理学の

訳注 8：各人の魂の内にあって，霊的・道徳的に人を導くと考えられるキリストの光。
訳注 9：原稿に初めは「半分」と書かれていたが，消されて「あの半分」に改められていることを示す。

用語で言うと，このライプニッツの体系では，共有された客観的世界が全くなく，主観的体験の集合しかないので，個人の主観的現実を客観的評価に晒すことができない。このモナドの体系は，現代の社会学の考えや，間主観性についての精神分析的理論化のあるものに入り込んでいる。そうすると，この体系は全くポスト・モダン風である。ブレイクはモナド論を一意専心に取り入れ，特殊性が全てであり，一般的な真実などはないと主張した：「一般化はばか者のすることである。特殊化だけが価値を識別する」(Johnson and Grand 1979: 440 での引用)。ブレイクが『永遠の福音』に書いているように：

> おんみが実際に見るキリストの幻は
> 私の幻の最大の敵だ
> おんみのはおんみののような大きな鉤鼻を持っている
> 私のは私のに似た獅子鼻を持っている
>
> (Keynes 1959: 748（梅津濟美訳『永遠の福音』))

神性をもつさまざまな自己は，それぞれが共有された永遠性を持つことで，お互いに結びつくことになる。一方，それらの主観的現実は決して相互に関連するはずがない。

> 両者共バイブルを日夜読んだ
> しかしおんみは私が白と読んだところを黒と読んだ
>
> (Keynes 1959: 748（梅津濟美訳『永遠の福音』))

自由な愛の空間，そしてそこは「相反するものが同等に真実である」(Keynes 1959: 518) 空間でもある，ベウラにおいてこれが成し遂げられる。精神分析を知っている読者は当然，フロイトの無意識体系の記述を思い出すだろう。そこでは：

> さまざまな本能衝動は……お互いに影響されることなく並存しており，相互矛盾を免れている。……この体系では，否定も疑惑もなければ，確実性の度合いというものもない。……無意識体系の過程には**時間がない**。……（無意識の過程は同様に,）ほとんど現実を顧みない。それは快感原則に支配されている。
>
> (Freud 1915: 186-7)

ベウラは，リビドー的自己愛と知的自己愛の双方が完全に実現されうるが，「互いに神の愛に包まれて，私はあなたの中に，そしてあなたは私の中にある」(Keynes 1959: 622) ので，一種の対象関係は保たれている空間である。愛することは他の全ての愛する人たちと一体となることであり，信じることは他の全ての信じる人たちと一体となることである。『天国と地獄の結婚』でブレイクが言うように，「信じ得るあらゆるものは真なるものの姿である」(Blake 1927: 8) し，全ては特殊である。すなわち，一般性はない。客観性が試みられ，さまざまな考えの調整が要求され，さまざまの一般的な真相が公表される経験の世界と，このベウラの空間は全くの対照をなす。この経験の堕落世界，「世代」は，世代と性の相違が破壊と殺害をもたらすところである。

ブレイクが詩的預言の中でエデンに還る道と見なすのは，ベウラである。イザヤ書[訳注 10]では，ベウラは恵まれた結婚の地の名である (Isaiah 62: 4)。『天路歴程』の中でベウラは，死の川を渡って天の都に行くのを待つ巡礼者たちの，この世の最終目的地として描かれている：

> ベウラの空気はとてもさわやかで気持ち良かった。……ここで彼らは，鳥たちが絶えずさえずるのを聞き，花々が毎日咲くのを見，降り立ったキジバトがやさしく鳴くのを聞いた。この国では太陽が夜となく昼となく輝いている。そのため，ここは死の影の谷のかなたにあり，絶望巨人も手が届かず，疑いの城もここからは見ることすらできなかった。……この地ではまた，花嫁と花婿の結婚の契約が更新された。
>
> (Bunyan 1684: 161)

ブレイクにとってのベウラは，やさしい月の輝き，およびやわらかな性的妄想の領域であり，「相反するものが同等に真実である空間」(Keynes 1959: 518) であった。ベウラは，人間が堕落世界に住むのを運命づける，二つの重要な相違から私たちを解放した。つまり，性の相違と世代の相違である。ブレイクの未刊のあからさまな性的絵画と彼が原文において「男－女性 male-females」「女－男性 female-males」に言及していることから判断すると，雌雄同体性がベウラでは優勢であった。しかしながら，もう一つのベウラの記述の中でブレイクは，この地上の楽園は「母親の胸にいるかわいいおさなごの如く抱きかかえられて，各々の地域の内部に」(前掲書) 最もはっきりと現れることも明らかにしている。しかし，ブレイクにとって乳幼児期は次のように感じられているので，これは矛盾するものではない：

> 幼き日よ，恐れを知らない，欲情に満ちた，仕合せな！　歓喜を求めて
> 快楽のひざに顔をうずめる
>
> (Keynes 1959: 193 (梅津濟美訳『アルビオンの娘たちの幻想』))

訳注 10：イザヤは紀元前 8 世紀後半のイスラエルの大預言者。

ブレイクはおとなの性愛を乳幼児期のものの再生だと見なした。彼は次のように表す：

> お前の至上の喜びを取れ，おお人間よ！
> そうすれば快くお前の味覚はなり，そして快くお前の幼き日の喜びは甦るであろう！
>
> (Keynes 1959: 193（梅津濟美訳『アルビオンの娘たちの幻想』一部改変））

世代という堕落世界から，ベウラを通って，エデンに進むというブレイクの考えは，おとなの人生から，性的白日夢を通って，まだ生まれていない永遠の状態に向かう途上の，官能的な乳幼児期への想像上の退行であることが明らかになる。フロイトの言葉では，自我からイドへ，知覚－意識体系から無意識体系への退行である。精神分析の著作に描かれている，いわゆる自己愛的空想のあるものに，この考えはとても近い。これらの精神分析の用語では，ブレイクの一連の発達の流れは，一次ナルシシズム（無垢）に始まり，対象関係（経験）が続き，一次ナルシシズムの回復（贖い）に終わる。

フェレンツィの推論による一次ナルシシズムの精神分析的記述は，ブレイクによる私たちの起源の詩的記述にほぼ等しいと思う，と私は第 13 章で述べた。フェレンツィは乳幼児について次のように書いている：

> 原初の自己愛的な自己過信の状態では，乳幼児はまだ自分自身しか知らない。すなわち，乳幼児は自分の外の対象の存在について何も知らない。これにはもちろん，母親さえも含まれる。そのため乳幼児は，外の対象に対して，好意や敵意などの感情を全く抱けない。
>
> (Ferenczi 1926: 371)

フェレンツィの記述では，乳幼児の知識と愛に無垢な状態は，自分自身の外の世界の認識の侵入によって，突然中断される：

> 乳幼児は環境と平穏に調和して生きたいと欲する。しかし，そうすることは「心を乱す対象」の存在によって妨げられる。これによって乳幼児の諸本能の解離が起こり，その結果，攻撃的で破壊的な構成要素が表面化する。
>
> (Ferenczi 1926: 371-2)

ブレイクの体系でも同様である。彼は，『ロスの書』を，以前は存在したが失われた，黄金時代への哀悼で始める：

おお遠き時代よ！
あの頃は恋と喜びは崇拝であった
そして何も不潔なものは考えられなかった，
目のない貪欲も
薄い唇の嫉みも
毛を逆立てた怒りも
巻き毛の多情も

(Keynes 1959: 256（梅津濟美訳『ロスの書』))

黄金時代を文化現象として見るか，個人の発達のストーリーとして見るか，常に二つの見方がある。一方は回想されるものであり，もう一方は創作されるものである。一つ目は本当に失われ，今や思い出となっているものであり，二つ目はかつて一度も存在したことがなく，現在の変遷に対して私たちを支えるために築かれた白日夢である。それで，黄金時代は精神分析の理論の中にある。すなわち，一次ナルシシズムという乳幼児期の黄金時代を私たちは失ったと考える人たちと，黄金時代を，ありがたくない現在からの避難所として使われる架空の過去と考える人たちがいる。ブレイクは確かに，この問題に関して自分の立脚するところを私たちに示した。つまり彼は，私たちが黄金時代からやって来て，そこに所属したし，そこに戻らなければならないと信じた。

実際ブレイクはもっと先に進んだ。すなわち，楽園が失われたのは，原罪の後ではなく，創造の瞬間——心理学的には，出生の瞬間でさえなく，受胎の瞬間——であると彼は言う。ブレイクの詩的で宗教的な考えは，ウィルフレッド・ビオンの描く，ある精神病患者の妄想的で自己愛的な信念にとてもよく似ている：

患者は……精神分析家が行なうあらゆる解釈が本当は自分の考えであることを示す例をいくつか挙げるだろう。もちろん自分の分析家も含む，他者によって書かれた文書や本が本当は自分から盗まれたという信念を，患者はあらわにするだろう。この信念は，もっと普通の患者ではエディプス状況と見えるものにまで及ぶ。親の性交……の事実を認める限り，患者は糞塊，つまりカップルの生産物に過ぎない。自分自身を自分の創造者と見なす限り，患者は無限のものから進展してきた。患者の人間的特質（限界）は，性交によって患者から（神に等しい）患者自身を盗む親に起因する。

(Bion 1967: 165)

私ならこれを，ナルキッソスが自分が生み出したと信じる自己の映像をじっと見る，ナルシシズムの究極のバージョンと見なすだろう。これに対する神話中の罰は，ナルキッソスが，老いゆく自己とその衰えゆく美を見なければならなかったことである。彼は，屋根裏部屋に自分の肖像画とともに閉じ込められて死を待つドリアン・グレイ[訳注 11)]に似ている。ブレイクにはこれに対する救済策がある。すなわち，神性をもつ自己は永遠の自己である。『ヨハネの黙示録』は，ブレイクの全ての『預言書』や，「もはや死，そして悲しみも嘆きもなからん。また，痛みももはやなからん」(Revelation 21:4) という彼の信念の基礎をなす聖書の原典である。

ブレイクは彼の受胎，子宮内での発達，出生によって犠牲になる神話的母親に訴える。ブレイクは，彼が**女性空間**と呼ぶものを**無限空間**を奪う人として描く。それは『経験の歌』の中で彼がテルザと呼ぶ，不快にさせる母親である：

僕の死に定められた部分の母であるあなたは，
残酷さをもって僕の心臓を形作った，
そして偽りの自分を欺く涙をもって，
僕の鼻孔，目，及び耳を縛った。

僕の舌を感覚のない粘土に閉じ込めた
そして僕を死に定められた生へ売り渡した，
イエスの死が僕を自由にした，
それならば僕はあなたと何の関係があるか。

(Keynes 1959: 220（梅津濟美訳『経験の歌』一部改変))

ビオンによると，普通の状態では，考えが考える人を必要とするし，考えに対処するために考えることが進展してくる。知的自己愛においてこれに相当するものは，全ての考えが考える人によって作り出されるという信念である。ブレイクの体系では，全ては，幻を見る考える人である自己によって作り出される。

もし精神分析運動の中でブレイクに相当するする人を見つけるとしたら，それはジョージ・グロデック George Groddeck であろう。彼はニーチェにならって，普通「イド」と訳される，'*das Es*'（「それ」）という語を作り出した。フロイトはこの用語を借用し，パーソナリティの三分画の記述に含ませて，自我，「それ」，超自

訳注 11：オスカー・ワイルドの小説『ドリアン・グレイの肖像』の主人公。美男子で快楽を求め，悪徳の限りを尽くす。

我とした。グロデックは喜び，公的にはフロイトが自分の用語を使ったのを賞賛したが，非公式にはフロイトは「それ」を過少評価していると考えた。すなわち，グロデックは「私の『それ』の建設的な側面を彼は考慮に入れていない」(Gay 1988: 410にて引用）と愛人に書き送っている。グロデックにとっての「それ」は，本当の自己，考えの源，および考える人が一体となったものである。つまり，弱小の自我は，理性と道徳によって教化された奴隷である。私（私たち）という自己は，「それ」によって生かされている，あるいは生かされなければならないとグロデックは考えた。フロイトにとって，人生の悲劇の英雄，つまり生物学，道徳，現実に襲われる究極の個人の主体は自我である。ビオンの体系では，自我は考える人であり，その活動は，「それ」，つまり欲望と刺激の源によって生み出される考えに対処するのに必要である。自我は，自我の経験する考え，知覚，空想のあるものに信念という権威を持たせる能力をもつと私は第1章で述べた。自我は自我自らの体験の源ではない。すなわち，自我はその心的現実を組織化し容認するが，その実質を作り出しはしない（Britton 1995b)。しかしながら，外的現実でも心的現実でもない白日夢の際のように，自我は現実に代わるものを作り出す能力を持つようである。そして，そのような構築物に信念の地位が与えられると，心的フィクションが心的事実として扱われるようになる。

第13章で示唆したように，ハーバート・ローゼンフェルド（1987）の，個人の良い親対象との関係や現実との関係を永遠に堕落させる破壊的自己愛組織体の概念は，ミルトンの『失楽園』に文学上の標本を持つ。この作品において，サタン，つまりプライドと羨望の化身は，神として表象される自分の創造者と争っている，破壊的で自己愛的な自己と見なされる。このサタン的自己は，アダムとして体現された，対象を崇拝する自己を断固として妨げる。

ミルトンはブレイクの崇拝の的であり，ブレイクの気持ちを鼓舞してくれる人であったが，第13章で述べたように，『失楽園』においてミルトンは，ブレイクが全く忌み嫌った原罪と堕落の記述を提示した。ブレイクは並外れた方法でミルトンを正すことを企てた。ブレイクは，『天国と地獄の結婚』で全てを逆転させ，ミルトンは彼自身も知らないうちに悪魔の仲間であったと主張した後，さらにミルトンを作り変えた。『ミルトン』と題された叙事詩の中でブレイクは，天国では落ち着かないという評判のミルトンを天国から呼び戻し，自分の詩の英雄にした。この英雄のミルトンは，自らの影の自己，ユリゼン，およびベーコン，ロック，ニュートンからなるサタンの仲間たちを打ち負かす。それからミルトンは，自らとの融合に抵抗する女性性の側面を壊滅させるが，その融合は，分身が堕落してしまっていた，原初の普遍的で完全な人間，アルビオンとして彼が復活を果たすのに必要であった。

そのためブレイクは，ミルトンの破壊的自己愛のモデルを採用し，これを逆転させて，知的自己愛のモデルを生み出す。知的自己愛のモデルでは，善と真実は自己の内にだけあり，今にも外的対象世界に盗まれようとしている。この原始的楽園のモデルでは，対象は存在せず，全てが異なり全てが基本的には同じの，別のさまざまな主体だけが存在する。自己の外に神は存在せず，サタンは全ての教会に崇拝される天の神である。そしてサタンは，モーセの十戒に象徴される過酷な道徳律の創造者である。ミルトンによると，人類の楽園からの転落は不服従に起因するが，ブレイクによると，それは服従に起因する。

ローゼンフェルドの破壊的自己愛組織体の概念は，ドナルド・メルツァー Donald Meltzer によってさらに発展した。メルツァーは，パーソナリティ内の想像上の自己愛的ギャングを記述したが，ミルトンの用語では，これはサタンとその仲間のモーロックやベルゼブブたちであろう。この概念は，メルツァーのもっと現代の悪霊論では，内的マフィア（Meltzer 1968），すなわち，誘惑と脅しを仕掛け忠誠を要求する内的ギャングとして特徴づけられた。ジョン・スタイナーは，ジョアン・リビエール（1936）によって初めて記述された防衛組織体の概念でこれを統合し，病理組織体という概念を生み出した。スタイナーが述べたように，これらの組織体は，妄想分裂ポジションと抑うつポジションの不安に対する防衛システムとして機能するばかりでなく，パーソナリティの自己愛的要素と対象破壊的要素のコンテイナーとしても機能する（Steiner 1987）。

病理組織体は，自らの潜在的信念から個人を護るように，現在と未来の知識を組織化する対抗的な信念体系によって維持されることを私は第1章で示唆した。これらの対抗的な信念体系が最も際立ち，激烈なまでにはっきりと表現されるのは，それらが，心的混沌や心の深淵を生み出す破局と個人との間の唯一の障壁だと信じられる場合である。この混沌は，この対抗的な信念体系を絶えず支持することでしか食い止められないと感じられ，この信念体系に疑惑を投げかけそうなものは全て，暴力的に阻止されねばならない。ブレイクは非暴力を信じた人であったが，自らの信条と，疑惑に反対する必要性を猛烈に信じた。すなわち，「私は推論したり比較したりはしない。私の仕事は創造することだから」（Keynes 1959: 316）。このような死にもの狂いで攻撃的な信念の主張が，今日世界の多くの場所で，物理的暴力と知的暴力の双方を引き起こしているのを私たちは見ることができる。

信じることは，意識的空想および無意識の空想に心的現実の地位を与える，正常な自我機能であることを私は第1章で主張した。先に述べたように，クライン（1946）とビオン（1963）は，重症の患者によっては，対象ばかりでなく，攻撃を加えているパーソナリティも崩壊すると感じられるほど暴力的に対象が攻撃されることと，その様子を記述した。この崩壊とは，その結果，患者が現実を認識できるようにする装置を自ら破壊してしまったことを意味する。信じる機能は，この「装置」の一部であり，信じられるものに対する劇的な陰性反応として壊滅させられ，その結果，第1章で述べたように，個人に心的現実感覚を達成する手段を残さないことがある。ブレイクの体系は，教条的な考えからなるまとまりのある枠組をもたらす試みであり，それは，自然な信じる能力の喪失を補修するために，宗教的信念だと主張されたことを私はこの章で述べている。すなわち，「真は限界を持つ。誤りは持たない，落ちてゆく，落ちてゆく」(Keynes 1959: 258)。落ちてゆくのを終わらせ，体験に限界を与えるための真実が見出されないのではないかと恐れられるとき，強引な信念が真実の模造となる。自分の信念体系に対する疑惑を少しでも認めれば，終わりのない不確かさと果てしのない混乱が起こり，その結果，心の深淵に落ち込んでしまうことをブレイクは恐れたように思える。そのため，繰り返し繰り返し主張することが，そこに生き，そこからより良い世界に進む，発展しうる心的世界への信念を回復し維持する唯一の手段となる。

ブレイクは，乳幼児期の破局を，二つのバージョンの人類と世界の創造のストーリーとして語る。一つ目のバージョンでユリゼンは，永遠の人間の一つにまとまった身体から自らをもぎ取ることによって，計り知れない虚空を創る (Keynes 1959: 225-6)。二つ目の記述では，想像の化身のロスは，貫通できない，固い，金剛石のような事実と理性の対象に直面したときに，その対象を粉々にし，そうして創られた深淵に落ち込んでしまう（前掲書：257-8)。一つ目の記述では，身体感覚に結びついている，理性の前駆体（ユリゼン）である精神生活の部分を，出生前の穏やかな心的統一体から引き剥がすことが主観的に描かれている。ユリゼンは，フロイトの知覚－意識，つまり，フロイトの記述では自我とイドとに分かれる自我の概念的前駆体にとてもよく似ている。ブレイクの二つ目の破局の記述では，乳幼児の想像力という観察者は，貫通できない，固い原初の心的対象に対する欲求不満と嫌悪のあまり，その対象を心的装置もろとも粉々にしてしまう。

ブレイクの記述では，ロス，つまり想像力は，知覚的身体と物理的世界の幻想を作り上げることで，永遠の落下からこころを救うが，やがてこの物理的世界はこころを収容し閉じ込めてしまう。それからロスは，彼をエディプス状況へと導く，発達過程にも閉じ込められる。ブレイクは再び，多少異なる二つのバージョンのエディプス神話を語る。それにはロス，妻のエニサーモン，息子のオークがかかわる。ブレイクはエディプス神話をプロメテウス神話と結合させる。息子は，一つ目のバージョンでは乳幼児であり，二つ目のバージョンでは14歳の少年であるが，これらのバージョンは本質的には同じストーリーである。ロスは，母親と子どもの関係を目撃し，胸を締めつける堅い帯を毎夜感じる。毎朝，夜の帯が垂れ下がり，ロスの胸から伸びる鎖の新たな一部となる。それは嫉妬の鎖だ，と妻は彼に言う。それでロスは妻を伴い，息子を鉄の山の頂に連れて行き，そこに彼を釘づけにする。鎖はロスの胸から山の上に落ち，それをロスは息子を山に結びつけるのに使う。その後ロスとエニサーモンは，「親が感じる全ての悲しみを感じ，子どもを解き放ちに山へと急いだ」。時すでに遅く，鎖は根を生やし，彼等は自分たちの息子を嫉妬の鎖から解き放つことができなかった（Keynes 1959: 307-8）。

これまで述べてきたことを要約するために，ブレイクの作品の解釈を分析状況の記述さながらに述べてみたい。そうする際，ブレイクの作品に，ブレイクがミルトンの『失楽園』に対して行ったことを勝手ながら試みよう。すなわち，彼の作品を逆転させてみたい。ブレイクの作品の流れは以下のようである：最初に，原始的自己愛，二番目として，破局と堕落，そして最後に，贖いと一次ナルシシズムの回復。この代わりに，ブレイクの著作から成る臨床素材を示す患者の，想像上の進行中の分析では，次のような流れを私は示唆する：最初に，分析前の乳幼児期の破局，次に，知的自己愛組織体の発展，分析をしばらく行った後の，破局の場面への回帰，そして最後に，殺害を引き起こす家庭生活という堕落世界の探究。

世代の相違と性の相違の存在する世界にいる人類は嫉妬と殺害の運命にある，とブレイクは見なす。私たちがこの運命から救われるのは，幻によって強められた贖いの信念，および，永遠の世界に向かう途上で，ベウラのやわらかな性的妄想とやさしい月の輝きを通過することによってのみである。永遠の世界では最終的に，主体と客体，男性と女性，自己と他者，人間と神の区別が廃絶されている。

ブレイクは，自分自身や自分と同様に苦しむ人々を経験から救うために執筆した。彼の気質は，乳幼児の毎日の生活の移り変りが煉獄の苦しみであるのと似たようなものだったのではないかと私は思う。ブレイクは自分自身に次のようなことを語った人である：

> 他者には些細に見えるものが
> 私を微笑みと涙でいっぱいにする
>
> （Johnson and Grant 1979: 461）

そして，友だちへの手紙には次のように書いている：

おお，どうして私は違った顔で生まれたのか。
どうして私は，他の仲間たちのようには生まれなかったのか。
私が見ると皆が飛び上がり，私が喋ると相手を不快にさせる；
それで黙って受身でいると，友だちを皆なくしてしまう。

それで私は，自分の詩をはずかしめ，自分の絵を嫌い，
自分の人柄を貶め，自分の気質を責める；
そして，ペンは私の恐怖であり，鉛筆は私の恥である；
すべての才能を私は葬り，私の名声は死んでいる。

私の評価は低すぎるか高すぎるかのどちらかだ；
得意になると羨まれ，控えめになると嫌われる。

(Johnson and Grant 1979: 469)

この手紙からは，ブレイクは，何ものにも増して愛を尊んだが，分離し分化した対象関係があまりにも困難に感じられるために，対象関係の本質を保存しようとしながらも，その必要性を否定せざるをえなかった人のような感じがする。すなわち，人間内部と人間同士に固有な葛藤への認識が苦痛なあまり，共有された「客観的」世界の自己は「偽りの肉体」，神性をもつ永遠の主観的自己にかぶせた「一つの外皮」(Keynes 1959: 533) だと主張する人である。この主観的自己は，別のさまざまな主体全てと一体のものであり，現在では間主観性と呼ばれるようなものの無限の状態にある。つまり，私たちは皆，一体となった，はっきりと異なるメンバーである。単に信じるだけでこの状態は達成できる，とブレイクは主張した。信じれば，邪魔物，つまり記憶，理性，物理的知覚といった「腐ったぼろ」(前掲書) から私たちは解放されるのだった。

15

公表の不安

公表することと最初の考えの関係は，産科病棟と最初のキスの関係のようなものである。

(Friedrich von Schlegel,『アテナイオン断片』, Ayer and O'Grady 1992: 407 中)

この章は，口述や記述による公表という行為にとりわけ関連する心理的問題がテーマである。考えることや書くことの難しさ，あるいは，臨床症例の素材の公表に関わる，複雑で難しく重要な倫理上の問題のことを私は述べているのではない。これらの問題は双方とも公表に影響を及ぼす。書けなければ公表できないのは明らかである。また，書いたものを公表することが倫理にかなうと納得しなければ，自由に公表できないだろうし，倫理にかなわなければ，公表すべきではない。私たちには患者の匿名性を守る義務がある。

しかしながら，その人だとわからないように患者を守り，患者のインフォームド・コンセントを確かなものにしても，精神分析の著者としての私の罪悪感は和らがないし，これは他の分析家にとっても同様であることに私は気がついた。私たちは裏切って秘密を漏らしているとは感じないが，仲間を裏切っているという感じが残るだろう。分析家は，許可を得ることで，患者や患者と同一化している人たちの目からすっかり解放されるわけでもない。分析的二者関係の私的所有物のように思えていた知識が他者と共有されてしまう。すなわち，間主観的体験のように思えていたものが，吟味の対象として提示される。私的関係の心的内容のように思えていたものが，他者のこころのための生の素材になってしまう。一つの関係にとっての内的なコミュニケーションが，もう一つの関係が発展するのを促す手段となってしまう。この究極の形は，イーピゲネイアの神話に最もうまく表わされていよう。彼女の父親，アガメムノーンは，トロイア戦争への途上，神々から順風を得，自分の仲間たちをなだめるために自分の娘をいけにえにした。ただそれでも，ある人たちの例にならって，分析での体験を著作に用いることを全く控えれば，他の何かを裏切っていると感じるようになることも私は知っている。共有された主観性に忠誠を尽くせば，過去や現在の分析の同僚および精神分析自体と共有された客観性への責務を裏切ることになるだろう。第4章で述べたように，客観性が主観性の死を意味すると感じられる状況や，主観性が客観性の生存を脅かすと感じられる状況がある。このような一方への忠誠と他方への忠誠の葛藤が分析の中で見られるのは，分析家が患者の主観的世界を客観的にとらえると，その主観的世界との共感的な結びつきが脅かされると感じられる場合である。分析の先人たちや仲間たちと結びついている分析家自身の側面との内的コミュニケーションは，一方の親が，もう一方の親との結びつきを維持するために，患者への共感的な理解を犠牲にしたという患者の子どもの頃の確信をさらに確かなものとするようである。このような葛藤が特に激しい場合，患者の個人史において，この普遍的な疑惑を支持するものが存在していることが多い。これは神話では，イオカステが夫を護るために進んで乳幼児のエディプスを犠牲にするところに表されている。この章では，公表によって喚起されるこれらの問題——主観性と客観性の葛藤，および不安，裏切り，罪悪感，恥を必然的に伴うエディプス状況の喚起——の遍在性を強調したい。

1989年，詩人で故シルビア・プラス Syliva Plath[訳注1)] の夫，テッド・ヒューズ Ted Hughes[訳注2)] は，「インディペンデント」紙[訳注3)] への手紙に次のように書いた：「我々それぞれが自分の人生の事実の所有者であることを，私は望む」(*Independent*, 1989年4月10日)。彼は，死んだ妻についての著述がどんどん増えていくにつれて，この苦悩に満ちたコメントを書かずにはおれなかった。プラスの詩と自殺はともに，文学における特別な地位を彼女に与え，彼らの結婚と生活についての推測的でかつさまざまな情報に基づく多量のコメントを解き放っていた。プラスの伝記について考察した『沈黙した女』という本の中で，ジャネット・マルコム Janet Malcolm は次のように書いている：「しかし私たちは，自分の人生の事実の所有者では全くない。本当の所有権は，生まれて初めて誰かに観察される瞬間に，私たちの手を離れるのである」(Malcolm 1995: 8)。観察される乳幼児というこの印象的なイメージは，患者の明らかでなかった側面の出現に関わった後で，今度は観察者として第三者に向けて患者を記述しよう考えている分析家の，そういった考えによって喚起される感情と共鳴する。

分析家のこのような感情は，実践では次のような事実によっていくらか相殺され

訳注1：米国の詩人（1932-1963）。

訳注2：英国の桂冠詩人（1930-1998）で，本書が出版された直後に死去。彼との離別後プラスが自殺したため，その後彼女がフェミニストの偶像となったこととも相俟って，ヒューズは非難の的となった。彼は長い間沈黙を守っていたが，死の直前に出版された詩集 'Birthday Letters' で初めて，プラスについて多くのことを表現した。

訳注3：英国の高級日刊新聞。

る。すなわち，執筆し公表を考えているとき，分析家は自分が，人目に晒すのではなく人目に晒されるという，全く異なる状況にいることを主観的に感じる。状況は逆転される。今や，自分のコミュニケーションの望み通りの対象，つまり空想上のよくわかってくれる聴衆ばかりでなく，このコミュニケーションの試みを観察する人々にもあらわにされようとしているのは，著者の私的な考えや意見なのである。

患者の世界観，これに対する分析家自身の新たな見解，および分析家が分析仲間と共有する見解といった，相対立する心的忠誠の要求を含む分析家の描写は，どこか馴染のあるものに聞こえるかもしれない。もしそうだとすれば，この描写がフロイトの「自我とイド」の一節と共鳴するからであろう。フロイトは次のように書いている：

> この同じ自我も，三人の主人に仕えていて，その結果，外的世界，イドのリビドー，超自我の厳格さからの三つの脅威に曝される，かわいそうな存在であることがわかる。三種の不安がこれらの三つの脅威と一致するのは，不安が脅威から逃れることの表現だからである。自我は，境界領域に位置するものとして，世界とイドの間をとりなそうとする……，自我は分析治療中の医者のようにふるまう。すなわち自我は，現実世界に注意を向けながら，イドに対してリビドー対象として自らを差し出し，イドのリビドーを自らに付着させようとする。自我はイドの援助者であるばかりでなく，主人の愛を求める従順な奴隷でもある。……自我は，イドと現実の中間の立場にあって，真実を知っているが自分の人気を保ちたい政治家のように，しばしば，おべっかをつかい，ご都合主義になり，嘘をつきたいという誘惑に負ける。
>
> (Freud 1923a: 56)

これは，私たちには皆，真実と現実への愛着，つまり**ものごとのありよう**を発見することへの愛着があることを示唆している。このものごとのありようは，私たち自身の願望に基づく思考，つまり**私たちが願うものごとのありよう**と相容れないし，また，道徳に基づく信念，つまり**私たちがそうであるべきだと考えるものごとのありよう**とも相容れない。言いかえれば，現実原則は快感原則，およびその高級バージョンである道徳原則とは常に相容れない。

私はこれらの力の相互作用を，公表の際に体験される困難を考察することによって，論じたい。公表の問題で明らかなのは，公表を恐れる人もいれば，むやみに公表する人もいることである。また人によっては，公表に固有の葛藤のために，原文の歪曲や逸脱が生ずることもある。**公表の不安**は，躁的防衛の一部として否認されなければ，自然なことだと私は思う。この躁的防衛の結果，むやみに公表することが起こったりもする。

公表の不安はどこにでもあり，これには二つの起源があると考えられる。一つは，本来目的とした聴衆から拒否される恐れである。もう一つは，親密な関係にある仲間からやり返され，追放されるのではないかという恐れである。**本来目的とした聞き手から拒否される恐れ**が強い場合，極めて重症であれば概念化することができなくなり，この制止が軽症であれば，執筆できなくなると考えられる。この恐れが比較的軽く，思考や執筆に制止がない場合でも，口述，記述の別を問わず，著しい公表の恐れが存在することがある。状況を明確にするために，この二つ目の状況を**公表の不安**と呼び，これをさらに論じたい。この公表の不安は，権威と見なされる第三者から批判される恐れと，著者が密接なつながりの必要性を感じている仲間から仲間はずれにされる恐れから生ずると私は思う。この結果，著作の出版や公衆の面前で話すことができなくなることがある。たとえこの制止が克服されても，公表の過程において，原文の歪曲や逸脱がこの不安のために生じうる。公表の不安が過剰だと制止が起こり，過剰でない場合は歪曲，逸脱，乱れが生ずる。

公表の不安が否認されれば，原文は浅薄でひとりよがりなものになる。原文の内容によっては正当化されないのに，むやみに公表する傾向は，雑誌の編集者にはお馴染のことである。ここでは，素材，考え，説明の不適切さ以上のこと，特に盲目的で自信過剰な信念について私は述べている。それは，著者が述べたり書いたりするものは何でも広く認められるはずだし，必ずそうなるという信念である。これは通常，凡庸さと関連している。私が考えているケースでは，著者の能力の欠如よりもこの現象自体が，原文を貧困にする原因である。そのためこの現象は，かつて成功していた書き手や潜在的には才能のある著者を悩ますことがある。これは，躁的防衛の一部として生ずることのある，一種の知的自己満足である。この現象は，自分が優れた力の特別な代理人であるという無意識の空想の結果として生ずる。この想像上の優れた力はそれ自体，人や学派といった実際の対象に空想上の全知の自己を帰属させる投影同一化によって得られる。このような投影同一化は，全能や全知を自己のものだと主張しなくても，この力と特別なつながりを持っているという感覚を人に与える。こうやって人は，預言者のような力を手に入れることができるという信念を維持しながらも，現実感覚を保つ。この投影同一化は，正統性への忠誠という形をとることがあり，その場合の著者個人は**聖職者**の機能を持つ。これはまた,新たなものの魂は神の啓示の知的に優れたバージョンから発すると感じられる,偶像破壊主義の形をとることもある。この場合，著者は**預言者**の機能を持つ。

自己満足は，過去の，ある著者の権威が著者の考えと一緒に吸い込まれ，著者の思考の中に吸収されてしまう，のみこみ型の同一化に由来する場合もある。この吸収は，知的同化ではなく，もともとの著者への知的恩義の消失や独創性の幻想を結果的に生み出すような過程によって起こる。ウィリアム・ブレイクはこの過去の著者の空想上ののみこみを『預言の書』で描いている。そこでは，ミルトンが自分の左足に入り込んで，自分をミルトンの想像力の所有者にしたとブレイクは主張する。私の同僚のある患者は，自分の真実を見通す力は，英知が左足から自分に入り込んだ結果だという考えを抱いている。このような知的構造には，よくあることではあるが，常に危うさが存在する。というのは，考えの由来は欠如し，権威が同一化によってしか獲得されないからである。そのため，いかなる異議申し立ても権威的アイデンティティとしての主張を引き起こすだけに終わる。すなわち，我あり，故にそれあり！[訳注4）]

公表によって喚起される特定の不安は，公表時における著者の科学の専門分野の知的文脈に影響を受けるが，この知的文脈に沿って著者の所見が現れる。すなわち，これは**ものごとをまとめる働きをする中心理論** *central organising theory* の地位にある。あらゆる専門分野やその下位分野をまとめ上げて正当と認める，このような中心理論のためにクーン（1962）が造り出した，「パラダイム」という用語を私は使いたい。クーンが『科学革命の構造』（前掲書）で行なっている科学の発達の特質の説明は，説得力があるし，小規模ながら精神分析に当てはまると思う。科学の発達の自然なサイクルにおける異なる局面をクーンは記述している。科学は次のように進むと彼は示唆している。すなわち，ある新しいパラダイムが確立され，それが発展し適用される時期を経て，例外の蓄積によってそのパラダイムが不安定となる。その後，次の新しいパラダイムが最終的に現れるのを支持して，このパラダイムは解消する。書き手の公表の不安は，書き手の科学がその時にあるこのサイクルの段階——すなわち，書き手の科学が，確証，自信，まとまりを特徴とする段階にあるのか，あるいは，不一致，疑い，断片化を特徴とする段階にあるのか——に影響を受けるのは避けられない。

あるパラダイムが確立され，これがその科学を判断する定義をもたらすとき，「通常科学 normal science」は始まるとクーンは述べている（Kuhn 1962: 10)。「通常科学」には，関連する事実を蓄積すること，難問に取り組むこと，および発見をすることが含まれる（前掲書：37)。しかしながら，発見は，パラダイム，つまり中心理論それ自体における例外を明らかにするので，問題を引き起こす。例外は蓄積していき，ついには例外が生み出す新しい理論がパラダイムをばらばらにする。そしてこれは，「通常科学」を再定義する新しいパラダイムが現れるまで，当の専門分野を混乱と不確かな状態に陥れる。「一般に，新しい理論が現れる前に，専門

訳注4：デカルトの「我思う，故に我あり」からきたものと考えられる。

分野が著しく不安定な時期がある」(前掲書：67-8) ことをクーンは認めている。

そのため，クーンのサイクルで最も大きな公表の不安と関連している可能性があるのは，主題に関する例外が蓄積して現存のパラダイムを不安定にする段階，あるいは，科学の状態が以前隔離していた理論や事実を統合するのを必要とする段階である。私がこれを述べているのは，私たち自身の専門分野では，精神分析の異なる学派の理論を統合しようとする圧力の存在が，以前は自信をもって保持されていた精神分析のパラダイムが不安定になっている時期に私たちがいることを意味しているからである。

サイクルのこの段階にいる科学論文の書き手は，自分の公表がパラダイムの保護者の権威を損ない，仲間の意気を阻喪させるのではないかと恐れたり(抑うつ不安)，保護者の復讐や仲間からの追放を恐れたりする (迫害不安)。私はこれを，エディプス状況という鋳型の中の鋳造物と見なす。書き手は (科学の) 原初対象についての自分の見解を公表したいと願う。この原初対象の自分のバージョンが唯一無二であって欲しいと思うのは，もしそうであれば，書き手がこの対象を所有することになるからである。すなわち，書き手だけが対象の真実を知っていることになる。他方で，書き手は先駆者の承認を切望するし，この対象について自らの見解を持っている，科学の仲間と一体でありたいと願う。全体の真実の一助となり，しかも共有された知識によって書き手をその仲間と結びつける個人的な貢献を行なうことによって，真実の共有を主張することが，通常望まれる折衷案である。

この折衷案は，クーンが「通常科学」と呼ぶ段階の間は維持できる。パラダイムがもはや満足のいくものでない場合，新しい事実を公表する著者は，自分が悪いニュースの使者ではないかと恐れる。また，新しい理論を公表する研究者は，自分の主題を破壊したり，科学というわが家から自らを疎外する危険を冒していると感じる。サイクルの早期で，パラダイムに権威があり限りなく拡張できるように見える場合，「事実」を追加してそのパラダイムを拡張したり，例証したり，洗練するのを嬉しく思う人々には，公表はたやすい。これが「通常科学」の段階である。もっと変化を求めたり，野心があったり，断固として独創的な精神を持つ人々は，この段階で，自分の創造性のための空間がないのではないかと恐れる。

この問題は，詩に適用されて，ハロルド・ブルーム Harold Bloom の「影響の不安」(Bloom 1973) という概念の中で，エディプス状況の観点から取り扱われている。彼はこれを詩人の中の恐れと呼ぶ。これは，自分の潜在的な詩が現れることを望む領域が，(ミルトンのような) 群を抜いて優れた先達にすでに占有されているのではないかという恐れである。アブラムズ Abrams は『文学用語辞典』の中で，ブルームの概念を論じている：

「遅れて来た詩人」の先駆者に対する態度は……アンビバレントで……愛や賞賛だけでなく，父の詩人が息子の詩人の想像の空間を先に占有していることへの憎しみ，羨望，恐れも混じり合っている。……（詩人は）親の詩を意識的認識を超えて歪曲するように，防衛的に読むことによって，自分の自律と先取権の感覚を保護する。しかし詩人は，できそこないの親の詩を，これまでにない独創的な詩を書こうとして失敗する運命にある自らの試みで具体化するのを避けられない。すなわち，遅れて来た詩人のうち，最も優れた詩人でさえ，詩をとても「強烈に strong」書いて，先取権の幻想をもたらすことくらいしかできない。

(Abrams 1957: 82)

手紙から判断すると，この「影響の不安」は，メラニー・クラインが新しいパラダイム，つまり妄想分裂ポジションと抑うつポジションの理論を生み出した直後の1952年に，ドナルド・ウィニコットがクラインとの関係で感じたものだった。新しい世代の分析家がこのパラダイムのまわりに群がり，急速にそれを利用し適用した。そして，クライン派として知られるようになった。アンナ・フロイトとメラニー・クラインの双方に送られた手紙の中で，ウィニコットは「柔軟性に欠けるパターンは……偶像破壊者あるいは閉所恐怖症者を生み出します」と述べ，「多分私もその一人でしょう」(Rodman 1987: 72 にて引用）と付け加えている。1952年11月，ウィニコットはクラインに次のように書いている：「人々が自らの方法で発見し，発見するものを自らの言葉で提示することによって，あなたの仕事が言い換えられることがとても大切だと私は個人的に思います」(前掲書：34 にて引用)。その後（1956年2月3日）ウィニコットは，自分のかつての分析家で，クラインの最も信頼できる協力者であったジョアン・リビエールに，自分がクラインの貢献に一助となるものを持っていることを彼女らが認めようとしないと手紙で訴えている：

あなたとメラニーは私に話しました。あなたの口ぶりは親しみのあるものでしたが，それから，最早期の心理を詳述するのにメラニーがずっと行っている興味深い試みに対し，私ができる価値ある貢献は何もないとあなた方が二人とも全く確信していると思いました。私がメラニーに言うように頼んでいることそのものを，実際彼女が言っているのを私が認識できないことが問題だとあなたは仄めかされたのでしょう。言い換えれば，私の方に障害があると。

(Winnicott; Rodman 1987: 94 にて引用)

ウィニコットは，私が先に追放の恐れについて指摘したことに当てはまる文章を付け加えている：

> 私が精神分析の理論に貢献するのであれば，必ずしもあなたやメラニーに私が受け入れられる必要はありません。でも，どんなに小さくとも私に価値ある貢献が本当にできるかどうか，また，これがあなたやメラニーに受け入れられないのかどうかが実際ものすごく気になるのです。
>
> (Winnicott; Rodman 1987: 96 にて引用)

この時，ウィニコットには「熱心な支持者」がいず，自分で書こうと計画していた論文のために聴衆を用意してくれるかどうかをすでにアンナ・フロイトに尋ねていた（1955年11月18日)。この論文では，「クライン夫人が生得的な羨望と呼ぶもの，つまり不定の遺伝的要因という考えに関連するものについての，彼女の当座の（であることを私は願う）主張」（前掲書：93）とウィニコットが呼ぶものを批判することになっていた。この挑戦を公表するのに，かつての権威者からの拒否をウィニコットは恐れ，そうした拒否を中和するのに支えとなる力を彼が必要としたのは明らかである：

> 手紙を差し上げているのは，私がこの短い論文を書き，それを討論できる人たちのグループを，あなたがお持ちだろうかと考えているからです。私がこの論文を書き，あなたに送るのが一番いいでしょう，とあなたがおっしゃって下さればとても嬉しいのですが。……私には少なくとも一人の聴衆が必要なのです，そうすれば私の考えを発表する方向に持っていけますから。
>
> (Winnicott; Rodman 1987: 94 にて引用)

しかしながら，クラインが現に出会っていた，彼女の考えに対する敵意に満ちた反対に立ち向かうためには，支持者のグループが必要だとクラインが感じるだろうとは，ウィニコットは思わなかったようである。ウィニコットは手紙の中で，「クライニズム」を非難し，クラインに「クライニズムをなくす」ことを請いながら，ダーウィンをクラインに，そしてダーウィニズムをクライニズムに暗になぞらえている。(以下に述べるように，ダーウィンは支持者のグループを得て初めて自説を公表する気になった。）ウィニコットはクラインに次のように書いている：

> 誰がどんなことを私に尋ねようとも，あなたは最も優れた分析家であり，精神分析の運動で最も創造的な分析家である，とこころの底から言うことに私には何の問題もありません。しかしながら，あなたに欠けているものは，クライニズムに反対することです。以前の私は，クライニズムはグラバー Glover のでっち上

げに過ぎないと思っていました。でも今では，英国協会の科学的思考の発達にとっての障害として，クライニズムの存在を認めないわけにはいきません。それは，ダーウィニズムが，ダーウィン自身の仕事に大いに刺激された生物学の発達にとって障害であったのと同じです。

(Winnicott; Rodman 1987: 37 にて引用)

ダーウィンは，例えばハクスリー Huxley などの支持者の熱烈さにときどき不安にはなったものの，ダーウィニズムをこのようには見なさなかっただろう。すなわち，ダーウィンはダーウィニアンの支持に依存していた。

科学を変えることや例外的な事実という文脈で，著者が急性の公表の不安に襲われ，その結果制止を蒙る状況の例証として，チャールズ・ダーウィンと長い間遅れた進化論の公表を取り上げたい。クーンの見方では，新しいパラダイムのダーウィンの進化論が起こったのは，博物学の「通常科学」が，その一般理論には納まりきれないほど多くの例外的な事実に出くわしているときだった。ダーウィンは，自分の理論に魅せられたが，そもそもそれを公表するという考えには恐れおののいた。これは，彼が草案を鉛筆書きする数年前ですらあった。そして，進化論を書いた17年後，ついにそれが本として出版されようとしていたときでさえ，ダーウィンはまだ自分の理論を「種の起源と自然淘汰を経過した変種に関する小論の要約」と呼びたがった。ダーウィンの出版者のマレー Murray は自分の仕事をよく知っており，『種の起源』というタイトルでその理論を世に出した。しかしながら，ダーウィンの悲観的な考えと自信のなさに影響されて，マレーはたった500部しか出版しなかった。最後になってもダーウィンは，友人で門弟のライエル Lyell に，「私の本は主題のせいで避けられないところはあるにしてもそれほど非正統的という訳ではない，とマレーに言った方がいいと思いますか」(Desmond and Moore 1992: 47 にて引用) と尋ねている。

自分の理論を公表するという考えに苦しみ，もし公表すれば自分と周りの大切な人たち皆に破局が訪れると確信していた，驚くほど大胆な思索家をダーウィンに見る。彼は神経症の症状，うつ病，心身症に大いに悩まされた。これらは，公表とその結果に対する恐れに歩調を合わせるように，激しく動揺した。一連の葛藤は手紙やビーグル号の航海中に考えが芽生えた瞬間の日記から明らかである。ダーウィンはもともとは自由思想の家柄に生まれたが，宗教上の信念の正統性と敬神の実践に逆戻りしていた社会に住み，そのような教育を受けていた。彼は，同時に英国教会の牧師のメンバーでもある博物学者たちの団体に加わることになっていた。進化は，英国の急進派によって喧伝されたが，ダーウィンが科学上の支持を得ようとした博物学者の体制派からは，支持できるものとは考えられていなかった。たとえ進化が正統の特殊創造説[訳注5)]の場で受け入れられても，オーエン Owen のような生物学の権威者からは，ある種の創造の行為は繰り返されていると考えられることになった。ダーウィンが学び賞賛した人物たちは，彼ら自身の定義内での，とても優れた「科学者」であった。すなわちこれは，正確な仕事，念入りな収集，詳細への精通，さらには包括的な考えの嫌悪を意味した。密かに自分の考えを発展させ，批判を予期していたダーウィンは，収集，事実の調査，詳細の吟味をあらん限り行なうことでこれに備えた。彼がこれらの全てを必要としたのは，新たな考えを得るためではなく，すでに抱いていた考えを実証するためであった。ダーウィンはこれらの詳細な仕事と観察を公表し，その結果，大きな名声を得た。しかし，将来門弟となるジョゼフ・フッカー Joseph Hooker を得るまでは，彼の包括的な進化論は全く内密にされていた。

ダーウィンは，ビーグル号の航海による研究家としての経歴の最初から，自分の所見や，その所見が生み出した科学上の考えに対してアンビバレントであった。彼は科学の同僚から孤立し，地質学，古生物学，生物学における正統の見解とますます矛盾する所見を生み出していた。ダーウィンは，一方では偉大な発見の空想を抱き，他方では科学の分野での家長，ヘンズロー Henslow の不承認の一言が自分の科学者としての命を絶つことを恐れた。ダーウィンは，1835 年にヘンズローに手紙を書いたとき，自分の信じられない所見について述べ，「以前なされた推測で私の判断をゆがめるものは何もありません」(Desmond and Moore 1992: 165) と誓っている。ところが彼は，父親や姉妹には，自分の所見は「世界の成り立ちに関わる理論にとって」(前掲書：165 にて引用) 決定的なものとなるだろうと言って自慢している。まだ自分の覚書に対するヘンズローの反応を待っている間の 1836 年に，ダーウィンは次のように書いている：

> ヘンズローが威厳のある顔つきで私の覚書の価値について決断を下すときを，私は僅かの不安もなく待っている。彼が首を横に振って認めないことを示せば，すぐさま私は科学をあきらめたほうがいいとわかるだろう。なぜならば，科学が私をあきらめてしまうのだから。
>
> (Darwin; Desmond and Moor 1992: 183 にて引用)

ヘンズローの反応は熱狂的なものだった。ダーウィンはそれから，科学の仕事でますます成功していき，幸せな結婚をしたが，心配事には悩まされ続けた。彼は，

訳注5：万物は，全能の創造主によって創造されたとき，本質的に現在の姿の通りだったのであり，進化・発達したのではないという考え。

「種の起源と変種の解明に役立ちそうな」（Desmond and Moore 1992: 286）あらゆる種類の事実をたゆまず収集していた。1839 年には，ダーウィンの考えは進み，確信は大きくなり，不安は増しつつあった。彼の所見と理論は，街の不信心者の耳には快く響いたであろうが，ヘンズローの耳にはもちろんそうは響かなかった（前掲書）。1842 年 5 月にダーウィンは，35 ページの進化論の草稿を鉛筆書きで仕上げた。1843 年の終わりと 1844 年の初めに，「私の最初の考えに全く反して，種は不変ではないこと（これは殺人を告白するようなものですが）を今はほぼ確信しています」（前掲書：314 にて引用）と彼はジョゼフ・フッカーに告白している。敵意のない興味を示すフッカーの反応に安心して，ダーウィンはその草稿を 189 ページの完全な小論に発展させた。周りに支持者のサークルができていったにもかかわらず，この小論はずっと公表されず，ダーウィンが 1858 年に初めてそれをどうにかせざるを得なくなったのは，彼が長い間秘密にしていた自然淘汰の理論に似たものをウォレス Wallace が生み出したという不快なニュースを聞いたときだった。これに促されてダーウィンは，友達で支持者だったフッカーとライエルに，注意深く選ばれた比較的小さなリンネ協会でこの理論を公にするのを許した。フッカーとライエルは，ダーウィンの小論からの抜粋――彼が 1857 年にこの主題に関してグレイ Gray に書き送った手紙の一部――とウォレスの論文をおおよそもの分りの悪い協会で読み上げた。とうとう 1859 年 11 月に実際の公表がなされ，ダーウィンはこれを「わが子のお目見え」（前掲書：476 にて引用）と呼んだ。彼は不安のあまり，前もってヘンズローに，「あなたが自分の教え子を認めないのではないかと心配です」と書いている。また，他の地位のある同僚たちには，「あなたは呪詛を爆発させるでしょう」「ああ，どれほどかんかんに怒られるでしょうか……いかに私を生きながら礫にされるでしょうか」「（あなたには）それが忌まわしい行為に思えるでしょう」（前掲書：476 にて引用）といった文章を書いている。

ダーウィンは公表の結果について二つの恐れを抱いた。一つは，自分を育てた科学の体制派が自分を抹殺するのではないかという恐れであり，もう一つは，権力に対する無政府主義の勝利とその結果としての社会の破壊が，自分の責任になるのではないかという恐れである。自分の科学の父親たちが知らない世界の起源の秘密を自分が知っていることを明らかにするよう，ダーウィンが内面から強く駆り立てられたのは明らかであろう。彼は自分の考えに魅せられたが，それを公表するといういかなる考えも彼を病気にした。ダーウィンは，年少の「きょうだいたち」の一団に支援を受けるまでは，自分の考えを人目に晒さなかったし，そのときでさえ，父親たちに対する恐れは残っていた。しかしながら，ダーウィンは自分の思考に妥協しなかったし，仲間との親密な関係を促進しようとして原文を歪曲することはなかった。ダーウィンが人に信じてもらいたがった一つの虚偽は，自らの願いと以前の確信に反し，証拠が蓄積するにつれて，仕方なくゆっくりと自分の結論に達せざるをえなかったのだということである。実際には，彼の途方もない研究努力は，自分の理論を試し，その理論に反駁の余地のない証拠をもたらし，非科学的な推論に過ぎないといういかなる非難からも自分を護るためのものであった。

公表の完全な制止から離れて次には，公表された原文の**歪曲**を生み出す，同様の力による影響の可能性を考察しよう。私のこころにあるのは，重要な同輩のグループや親にあたる人物との親密な関係を維持あるいは促進したいという願望から起こる，直接のコミュニケーションを乱し歪曲する効果である。私の意味することを例示するために先ず，カール・アブラハム Karl Abraham の重要な論文「精神障害の観点から見たリビドーの発達の小研究」(Abraham 1924) の一部を用いたい。これを選んだ理由は，それが，率直さと独立した思考ゆえに私が無条件に賞賛する分析家の公表だからである。にもかかわらず，アブラハムは，重要な異種の考えを述べる際，不安のために原文をぐらつかせ，弱めている。

アブラハムは当時，全く彼独自の主題であった「メランコリーの心因についての覚書」(Abraham 1924: 418-501) を書いていた。彼はフロイトとは違って，多くの躁うつ病の患者を分析しており，その所見をフロイトと共有した。フロイトが革新的な論文「悲哀とメランコリー」(1917c) と「自我とイド」(1923a) にこれらの所見を用いたのは疑いない。しかしながら，アブラハムがこの論文を書いていた当時，去勢コンプレックスと父親コンプレックスは，フロイトの理論化，例えば「17 世紀のある悪魔神経症」(Freud 1923b) と「幼児期の性器体制：性欲論への補遺」(Freud 1923c) において日の出の勢いだった。アブラハムは，全く異なる強調を含むあることをまさに言おうとしていた。メランコリー患者の全心理過程は母親の周りに集中しているとアブラハムは考え，次のように言っている：

> メランコリー患者の自分の母親への敵意を最大限に理解し，患者の去勢コンプレックスの特性を理解したければ，母親の乳房の撤回は「原去勢」である，というシュタルケ Starcke の理論を私たちはこころに留めておかなければならない。
>
> (Abraham 1924: 463)

この論文でアブラハムはまさに，こころの抑うつ状態の理解が築かれることになる，精神分析の基礎を変換しようとしており，そのため当時行き渡っていたパラダイムを脅かした。このことに対する，原文の歪曲の危険を伴う，アブラハムの不安を私たちは感じ取ることができる。アブラハムは歪曲の危険から立ち直ることができたようであるが，執筆の過程で論文の率直さと力をいくらか失った。いくつかのフレーズは，それらのトーテム[訳注6)]的な重要性ゆえに，フロイトとの親密な関係を強調するために使われている。取り入れられた（父親ではなく）母親が恐ろしい超自我を形成することを意味する節の直後に，明らかにフロイトをなだめるような脚注がある。アブラハムは次のように主張を始めている：

> これまで分析してきたあらゆる男性のメランコリー患者で，患者の去勢コンプレックスはほとんどもっぱら母親と関連していることを私は確信できている。一方，他の種類の患者の去勢コンプレックスはもっとはっきりと父親と関係している場合が多い。
>
> (Abraham 1924: 460)

それからアブラハムはこれを和らげている：

> しかしながら，去勢コンプレックスの母親との関連は二次的なもので，エディプス状況を逆転させる傾向の結果であるということを私は見出すことができた。完全に分析された場合，メランコリー患者の母親への敵意は，エディプス・コンプレックスにルーツがあることが理解される。実際，メランコリー患者のアンビバレンスは両親双方に同じように向けられる。そして父親もまた，取り入れの過程の対象である。例えば自己非難といった，多くのメランコリーの症状は，両親とのもともとの関係を極めて明瞭に示している。
>
> (Abraham 1924: 460-1)

アブラハムは再び自分の主張を行なう：

> 今私が述べたことは，メランコリー患者の全心理過程は主として母親をめぐるものであるという，私の先の主張を無効にする訳ではない。ただ，この過程が一つ以上の決定要素を持つという事実を強調しようとしているだけである。
>
> (Abraham 1924: 461)

アブラハムは続けて，母親の声色と言い回しを使う患者を引用しつつ，**自我理想**が，取り入れられたもともとの愛の対象である，母親の上に築かれることを極めて明らかにしている。彼が以下のような丁重な脚注を付したのは，古典的エディプ

訳注6：（氏族などの）人間集団や個人が，自分たち（の祖先）と特別な結びつきがあるととらえている自然物・事象。

ス・コンプレックスを受け継ぐ超自我の概念が最も問題となる，この節においてである：

患者は，自分の自我理想をその上に築いていた，もともとの愛の対象を取り入れている。それで，その対象は，患者の良心――病的に形成されたものではあるが――の役割を引き継いでいる。私たちの素材は，メランコリー患者の病的自己非難がこの取り入れられた対象から発していることを示すのに役立つ*。

* フロイトの論文「自我とイド」は，私がこの部分を執筆してまもなく発表された。論文の中でフロイトはこの過程をとてもわかりやすく説明しているので，私は読者にそのページの参照を促すだけでよいだろう。フロイトの説明を要約すれば，それを不明瞭にすることになろう。

(Abraham 1924: 461)

この論文が**読者**に向けて書かれているのは明らかであり，アブラハムのこころの中や原文の中でのフロイトの存在は，これらの論点を逸らす役を果たしている。父親の一次的重要性が原文の中でほぼ回復されていることや，アブラハムの思考が違う方向に明らかに進んでいるその瞬間に，去勢コンプレックスの優位性が暗示されているのは意味のあることだと私は思う。私がこのことを指摘するのは，アブラハムを批判したりフロイトを咎めたりするためではなく，私たちの公表に遍在すると思われるものを例示するためである。小さな歪曲，用語のトーテム的使用，不適切な参照による迂回，論旨と明らかには関係のない他の業績との関連づけはすべて，私たちの，仲間との親密な関係を求める気持ちや追放の恐れによって誘発される。

重要性は低いが同じ力動が働いている，この問題の最後の例証として，1983年に英国協会のクライン派グループで発表された，比較的最近の論文の冒頭の短い一節を取り上げよう。

筆者は初め，患者が知識と感情を投影同一化によって取り去った，分析のある状況を描いた。筆者は，この臨床状況についての分析技法の意味合いを提示し，ある変化を示唆しようとしていた。彼はジレンマを描くことによって始めている：

分析での以前の経験から生まれた知識には，今や分析家の中にしかすみかはないのかもしれない。この知識が，今や明らかに分析家のこころの中にしか存在しない，愛することができコミュニケーションを望む人の存在に関するものであれば，分析家は，自らの孤独や欲求不満に促されてこの知識を認めるように患者に要求したり，患者にこの知識を売りつけようとしたくなるかもしれない。

それから，先人に言及するという形で論旨が逸らされている。

> 分析の現行の状況を見分けるために，記憶と欲望を手放すことを私たちに命じるようビオンを促したのは，恐らくこのような状況だったのだろう。

筆者はそれから自分の論を唱えている。

> しかしながら，逆説的に，これらの瞬間にはその状況は，分析家自身の言葉にされない知識と現実の分析家による確固たるコンテインメントに依存しているように見える。これは，私たちが患者の承認や黙認を必要としなくても自らの見地を維持する能力とともに変動すると私は思う。このように自らの見地を維持することによって，私たちは患者のものの見方を自由に明示できるし，そうする私たちの能力や準備性の中に私たち自身の立場を暗示することができる。

しかしながら，これに続く2つの節は論旨を混乱させた。というのは，「スプリッティング」，「排出」，「断片化」，「壊滅」，および「万能的な空想」の結果起こる多くの状況を明らかにすることが述べられたからである。考えの自然な流れは完全に中断されていたが，このような用語の連発の後には，これがクライニアンの論文であることを疑うことは誰にもできなかった。筆者はまたこの過程で，ローゼンフェルド，ジョゼフ，スィーガルによる貢献への言及を10行の間に成し遂げた。その結果，論文の主題の再開は，これらがなされなかった場合に較べて，ずっと不明瞭になった。

問題となっているこの論文の筆者が私自身でなかったなら，これほど自由にはコメントできなかっただろう。吟味するのに自分の論文を選んだのは，そのためである。この論文で提起された考えは，先人たちへの不適切で仲間内的な言及という迂回をせずに，もっと広い文脈で，数年後に出版に辿り着いた。しかしながら，私が1983年にこの自分の考えを口頭で公にしているときは，不安のあまりに自分を先人たちや仲間たちと結びつけ，ほんの20行の間に，馴染のある共有された多くのクライン派の概念，1人の主要なトーテム的人物，自分の分析のスーパーヴァイザーの3人全てにそれとなく触れることによって，自分自身，そして恐らくは他の者皆の注意を逸らすことに成功していた。

多くの論文に見られる一種の追従に終わる，公表の不安のありふれた例として私はこの論文を挙げている。原文において起こりうる，もっと深刻な歪曲がある。その場合，共有された考えの承認，共有された敵への攻撃，または共有された起源の宣言が，仲間との親密な関係を得たいという願望を満たすのに必要だと感じられる。これは，ただ言葉を損なうだけのこともあれば，論文の意味を変えてしまうこともある。

仲間との親密な関係についての不安は，理論上のグループ分けと思考上の学派の間に大きな動きが起こっている，今日の精神分析で高まっていると私は思う。精神分析理論が崩壊するのか，あるいは再び統合されるのかについての不確実感があるように思われる。このような状況では，公表の不安と葛藤が大きくなり，その結果，原文に偽装や歪曲が起こることが予想される。私が第6章で使った用語によると，私たちはたぶん Ps(n+1) ポジションにいるのだろう。そこでは，忍耐と信念 faith が必要とされるが，その信念とは，忠実な信者たちの再結集地のような働きをする，重ねて主張されるまとまりのある信念 belief 体系ではなく，さまざまな精神分析の考えの今後の発展への信念なのである。

訳者あとがき

本書は，Ronald Britton 著 ***Belief and Imagination: Explorations in Psychoanalysis*** (Routledge, London, 1998) の全訳である。

まず，著者が私に送ってくれた覚書や私の知り得た情報をもとに，監訳者による著者の紹介を補足しておこう。ロナルド・ブリトンは，詩人，ウィリアム・ワーズワースで有名な「湖水地方」に近い，北西イングランドの古くからの都市，ランカスターに生まれた。彼は，ランカスター・ロイヤル・グラマー・スクールを卒業し，ロンドン大学で医学を学んで，1956年に医師免許を得ている。その後，当時の義務として軍務に就いている間，神経学，そして成人および児童精神医学を専門とし，最終的には軍の精神医学教授となった。それから，タビストック・クリニックに移った後，精神分析家としての訓練と活躍が始まっている。ブリトンは，自分がビオンの影響を大いに受けていることや，本書でビオンの概念を発展させていることを述べている。彼は現在，英国精神分析協会の訓練分析家，メラニー・クライン・トラストの会員，国際精神分析協会の副会長などの要職にあり，さらに2002年9月からは，英国分析協会の会長にも就任予定である。また，ブリトンは，1957年にアメリカ人のリタクレアと結婚し，3人の子どもと5人の孫に恵まれている。

*

私の本書の印象は，私がドビュッシーの音楽に初めて触れたときの感じに近いものであった。つまり，複雑に絡み合った色彩の世界との遭遇とでも言えようか。このような感覚がどこから来るのだろうかと考えてみると，それは，本書が，三者関係よりなるエディパルなテーマに満ち満ちているからだということに思い至った。これはまさに，ブリトンが，深く傾倒してきたワーズワースの詩（『序曲』の第一部）について述べていることと同じである。周知の通り，エディプス・コンプレックスの概念は，フロイトが創始し，クラインが大幅に拡張したが，その後，クライン派の中ではあまり発展させられることがなかったと私には思える。すなわち，これまでのクライン派は主に，妄想分裂ポジションや抑うつポジションの概念，および病理組織体の概念を精力的に探求してきた感がある。しかし，本書においてブリトンは，主要なところだけでも，第3章で直接エディプス・コンプレックスを論じ，さらには「三角空間」，「第三の立場」，フィクション，想像と「もう一方の部屋」などを論じることによって，この概念をみごとに洗練させ発展させている。そういう意味で本書は，ブリトン一人によって書かれた『エディプス・コンプレックストゥデイ』とも言えよう。

「ドビュッシーは，音楽は『多かれ少なかれ正確な自然の再現のためにではなく，自然と想像力のあいだの神秘な一致のために，供されている』と述べて」（平島生郎「印象主義」『世界大百科事典』日立システムアンドサービス，1998）おり，「彼の音楽では，自然（感覚）と想像力の協働が，しばしば類推によって楽想，旋律，和音を変容しつつ反復し，音楽（影像）の連鎖・堆積として全体の持続を紡ぎあげてゆく。それは，音にイニシアティブをとらせながら，しかも現前する音響のかなたに想像的なものを呼び覚まして，『心象の飛揚するときは「歌」成る』（マラルメ）ような芸術である」（平島生郎「ドビュッシー」『世界大百科事典』日立システムアンドサービス，1998）。このようなドビュッシーの自然と想像力の関係は，ワーズワースのそれにきわめて似ているが，これは決して偶然の一致ではないだろう。それでは，精神分析家，ブリトンにとっての自然とは一体何であろうか。それは，ビオンの言うO（人間の真実）だと私は考える。ブリトンは本書において，人のこころの真実を精神分析的想像力によって探求し，これに近づこうとしているのである。

＊

さて，本書の中の，臨床上とりわけ有用と思われる視点やモデルについて述べてみたい。これらはすべてコロンブスの卵の感があって，言われてみれば「なるほど」と容易に合点が行き，しかも簡単には忘れることのできないものである。しかし，これがブリトンのオリジナリティーのゆえんであると私は思う。

まず，第4章の冒頭でブリトンが「第三の立場」と「三角空間」について述べている部分（57～58ページ）は，本書の白眉である。このくだりについては，私の所属していたタビストック・クリニックのスタッフの一人が，「数ある論文の中でも，最も美しい描写の一つだ」と感動していたのを思い出す。補足のために，この章のもととなったブリトンの論文「欠けている連結」から引用しよう：「両親の相互の関係を認めることにより，子どもの心的世界は統一される。その世界は，両親と共有された一つの世界へと限定され，そこでは様々に異なる対象関係が存在しうる。両親をつなぐ連結を認識することでエディプス三角が閉じられるが，これは内的世界に限定を加える境界を提供する。この境界は，私が『三角空間』と呼ぶもの，すなわち，エディプス状況の三者とこれら三者のすべての潜在的関係によって境界された空間を生み出す」。第三の立場とは「観察自我 observing-ego」の概念やサリヴァンの「関与しながらの観察 participant observation」の概念に通じるものであるが，ブリトンはこれをもののみごとにエディプス状況に結びつけ，臨床上きわめて有用な視点として，包括的でより深い考察を可能にしたのである。

エディプス状況に持ちこたえ，三角空間をゆるぎのない創造的なものにするには，ビオンの言う，母親の適切なコンテインメントが前提となる。第10章において，ブリトンは心的空間が三角空間から起こると考えていることを明らかにしているが，スィーガルは，コンテイナーとコンテインドの関係を心的空間が形成される様式と見なす方が有用だと述べている（新宮一成他訳『夢・幻想・芸術』金剛出版，1994）。彼女はまた，ブリトンも彼女と同様に，コンテイナーが心的空間と関係があると考えていることを示唆し，三角空間の概念を，コンテイナーとコンテインドの概念を拡張したものと捉えている。

次に，第1章では，空想 phantasy の変遷と，その過程で生じる「信じること」にまつわる様々なテーマと病理性が述べられ，ブリトンの英知と長年の思索の帰結がいたるところにちりばめられている。すなわち，空想の内容よりもその地位への注目，信じる行為はもともと無意識のものであるとみなすこと，知覚が物質的なものに現実の地位を与えて物質的現実を創り出すのと同じように，信じることを，空想や考えなどの心的なものに現実の地位を与えて心的現実を創り出す機能とみなすこと，信念には様々な結果が伴うこと，ある考えを信じることはある対象と関係することに匹敵し，それゆえ，最も深い信念が放棄されるのは，最も深い対象関係が放棄されるのと同様に，喪の過程を通してのみだと考えることなどである。そうしてブリトンは，空想が，生み出された場所である無意識から意識へと進むにつれて，考え，信念，知識，というふうにその地位を変えていくことを論じている。

ここでのエッセンスは，信じていること（あるいは信念）が知っていること（あるいは知識や事実）とは異なることに気づくのは，解放の行為だということである。これはまた，現実吟味への第一歩であり，精神分析の一つの機能でもある。しかしながら，信念は初め，それが無意識であればなおさら，事実（知識）として取り扱われる。これが信念に過ぎないと気づくためには，自己がこの信念と関係をもっている（信じる行為の中にいる）ことを外から観察できるような第三の立場を必要とする。そして，これには，エディプス状況に持ちこたえられた結果生ずる，三角空間を要するのである。

空想の内容よりもその地位に注目するという発想や，第三の立場という概念の有用性は，全体状況としての転移に関するジョゼフの主張（松木邦裕監訳『メラニー・クライントゥデイ③』岩崎学術出版社，2000）を私に連想させる。彼女は，患者の語る内容よりも，その語り方に注目する方が，転移の中で治療者と患者の間で起こっていること（とりわけ，両者による無意識の実演）をよりうまく捉えることができると述べている。また，ジョゼフ自身は明確には表していないが，このような無意識の実演に巻き込まれ過ぎることなく気づき，これを理解して解釈するためには，治療者の内なる第三の立場がきわめて重要であることは，私の臨床体験が教えてくれるところである。ブリトンがジョゼフの臨床ワークショップの出身であることを考慮すれば，彼がこのような形ででもジョゼフの影響を受けている可能性は十分にあると考えられる。ところで，第三の立場を保持することは治療者の要件として欠かせないが，これは訓練分析の必要性の論拠となろう。

ブリトンは，知りたいという衝動（好知衝動）を，愛したい衝動や憎みたい衝動とは独立したものと見なし，その構成要素として，探求，認識，信じることをあげている。先に述べた，ある考えを信じることはある対象と関係することに匹敵するという考えも含めて，ブリトンがフロイトやクラインの遺産を引き継ぎ，ビオンの考えを拡張していることは，ここでも見てとれる。すなわち，クラインはフロイトが提唱した生の本能と死の本能の概念を臨床に適用したが，ビオンは，互いに関係のある二つの対象を結びつける要因として，L (love)，H (hate)，K (know) の三つの連結があると考えたからである。人によっては本書が知的過ぎると感じられるかもしれないが，それは，「信じること」にまつわる様々なテーマが探求されているという事情によろう。

最後に，第6章でブリトンが提唱している心的発達と退行のモデル（95ページ）は，私にとって，理論と臨床の両面で圧倒的である。理論上では，クラインの妄想分裂ポジションと抑うつポジションの概念，ビオンの Ps ⟷ D モデル，クライン派の退行の概念，病理組織体の概念，およびトーマス・クーンのパラダイム論が縦横無尽に駆使され，しかもみごとに統合されている。

ここで注目しておきたいのは，このモデルによると，あらゆるこころの状態とその動きが，発達あるいは退行の一部として捉えられるということである。歴史的には，フロイトやアブラハムは本能の発達段階 phase という概念をもとに発達理論を打ち立てたが，クラインは不安，防衛機制，対象関係からなる組織体の変化を考慮したポジションの概念を導入することで，これに修正を加えた。そして，ビオンのモデルによって，ポジションの概念は，体験される年代にかかわりのない「こころの状態」と考えられるまでに，拡張された（Spillius, E. (1994) 'Developments in Kleinian Thought', *Psychoanalytic Inquiry* 14: 324-364）。ところが，ブリトンは，Ps ⟷ D と反転可能で二つの変らないこころの状態という含みを持つビオンのモデルを，生涯にわたる絶え間のない周期的発達・退行の観点から捉え直し，発達モデルに統合しているのである。

臨床的には，治療者は，ビオンの Ps ⟷ D モデルによって，セッション中刻々と変わる患者のこころの状態を把握するオリエンテーションを得たのであるが，このブリトンのモデルでさらに，こころの状態の動きが前向きのものであるか，あるいは後向きのものであるかを判断する道が開かれた。ブリトンは本書の中で詳しく例証し，これを難なく行っているが，私にはそれほど容易ではないように感じられる。その大部分は，治療者としての資質，訓練の質と長さ，経験などの違いからくるものと考えられるが，ブリトン自身も述べているように，大混乱を生む前向きの心的発達と病的退行を臨床的に区別する問題は未解決のまま私たちに残されていることも留意すべきであろう。

なお，ブリトンは，2001年に出版された，Catalina Bronstein編の ***Kleinian Theory: A Contemporary Perspective*** (Whurr Publishers) でもこのモデルを論じており，これはクライン派の中ですでに認められたもののようである。

＊

本書の翻訳を始めてから3年以上も経ってしまったが，こうして何とか終えることができ，喜びと安堵の気持ちでいっぱいである。これはさまざまな方々の援助の賜物であり，あらためてここに謝意を表しておきたい。とりわけ，松木邦裕先生には監訳の作業のみならず，あらゆる面において暖かい，そして粘り強いサポートをいただいた。先生の存在なしには，本書は完成を見なかったことは言うまでもない。故Otto Hollander氏には，本書での英語理解のみならず，英国文化の理解に多大の援助をいただいた。氏の深い教養に感謝するとともに，2001年7月の逝去に際し，こころからご冥福をお祈りしたい。古賀龍暁氏には，私が英国滞在中に入手できなかったリルケに関する参考資料を得るべく，奔走していただいた。賀来博光氏，祖父江典人氏の両氏には，きわめて短期間に訳稿に目を通していただき，数々のたいへん貴重なコメントをいただいた。妻直子は，訳の初稿への助言を行うとともに，私が家庭での多くの時間を翻訳に費やすことを許してくれた。深謝するとともに，この達成の喜びを分かち合いたい。そして，金剛出版編集部の山内俊介氏には，不慣れな私に適切な助言を随所でいただき，大変お世話になった。こころからお礼を申し上げる。

翻訳にあたり，可能な限りの努力を怠らなかったという自負はあるが，完璧は望むべくもない。読者の忌憚のないご批判やご教示をいただければ幸いである。

最後に，今は亡き二人，父宗一と兄悦之に本書を捧げたい。

2002年6月，福岡にて

古賀 靖彦

文　献

Abraham, K. (1924) 'A short study of the development of the libido, viewed in the light of the mental disorders', *Selected papers of Karl Abraham*, trans. Douglas Bryan and Alix Strachey, London: Hogarth Press (1973).
Abrams, M. H. (1957) *A Glossary of Literary Terms*, 4th edn, New York: Holt, Rinehart & Winston (1981).
—— (1971) *Natural Supernaturalism*, New York: W. W. Norton & Co.
Ackroyd P. (1995) *Blake*, London: Sinclair-Stevenson.
Ayer, A. J. and O'Grady, J. (1992) *A Dictionary of Philosophical Quotations*, London: Blackwell.
Bachelard, G. (1964) *The Poetics of Space*, trans. M. Jolas, Boston, MA: Beacon Press (1969).
Balint, M. (1952) 'Early developmental stages of the ego', *Primary Love and Psycho-Analytic Technique*, London: Hogarth Press (1973).
—— (1968) *The Basic Fault*, London: Tavistock Publications.
Barag, G. (1947) 'The question of Jewish monotheism', *Imago* IV: 8–25.
Basch, M. (1983) 'The perception of reality and the disavowal of meaning', *Annual of Psychoanalysis* XI: 125–53.
Beckett, S. (1979) *The Unnameable*, in *The Beckett Trilogy*, London: Pan Books.
Bick, E. (1968) 'The experience of the skin in early object relations', in E. B. Spillius (ed.) *Melanie Klein Today*, vol. 1, London: Routledge (1988).
Bion, W. R. (1956) 'Development of schizophrenic thought', *International Journal of Psycho-Analysis* 37: 344–6.
—— (1957) 'On arrogance', *Second Thoughts*, New York: Jason Aronson (1967).
—— (1959) 'Attacks on linking', *Second Thoughts*, New York: Jason Aronson (1967).
—— (1962a) 'A theory of thinking', *Second Thoughts*, New York: Jason Aronson (1967).
—— (1962b) *Learning from Experience*, Maresfield Reprints, London: Karnac Books (1984).
—— (1963) *Elements of Psycho-Analysis*, Maresfield Reprints, London: Karnac Books (1984).
—— (1966) 'Catastrophic change', unpublished paper.
—— (1967) 'Commentary', *Second Thoughts*, New York: Jason Aronson.

—— (1970) *Attention and Interpretation*, London: Tavistock Publications.
—— (1992) *Cogitations*, London: Karnac Books.
Blake, W. (1927) *The Marriage of Heaven and Hell*, ed. Max Plowman, London and Toronto: J. M. Dent & Sons; reproduced in facsimile from the original copy of 1825–7 in Fitzwilliam Museum, Cambridge.
Bloom, H. (1973) *The Anxiety of Influence*, Oxford: Oxford University Press.
Britton, R. (1983) 'Some technical difficulties in speaking to the patient', unpublished paper read to the British Psycho-Analytical Society.
—— (1985) 'The Oedipus complex and the depressive position' *Sigmund Freud House Bulletin* 9(1): 9–12 (Vienna).
—— (1986) 'The effects of serious parental psychological disturbance as seen in analysis', unpublished paper read to the British Psycho-Analytical Society.
—— (1989) 'The missing link: parental sexuality in the Oedipus complex' in J. Steiner (ed.) *The Oedipus Complex Today*, London: Karnac Books.
—— (1991) 'The Oedipus situation and the depressive position' in R. Anderson (ed.) *Clinical Lectures on Klein and Bion*, London: Routledge.
—— (1993) 'Fundamentalismus und Idolbildung', in J. Gutwinski-Jeggle and J. M. Rotmann (eds) *Die klugen Sinne pflegend*, Tübingen: Edition Diskord.
—— (1995a) 'Reality and unreality in phantasy and fiction', in E. S. Person, P. Fonagy and S. A. Figueira (eds) *On Freud's 'Creative Writers and Day-dreaming'*, New Haven, CT: Yale University Press.
—— (1995b) 'Psychic reality and unconscious belief', *International Journal of Psycho-Analysis* 76(1): 19–24.
—— (1997a) 'Subjectivity, objectivity and the fear of chaos', Melanie Klein Memorial Lecture, at Psychoanalytic Center of California, 11 January (unpublished).
—— (1997b) 'Psychic reality and unconscious belief: a reply to Harold B. Gerard', *International Journal of Psycho-Analaysis* 78: 335–40.
Britton, R. and Steiner, J. (1994) 'Interpretation: selected fact or overvalued idea?', *The International Journal of Psycho-Analysis* 75(5/6): 1069–78.
Brontë, E. (1992) *Emily Jane Brontë: The Complete Poems*, ed. J. Gazari, London: Penguin Books.
Browning, R. (1845) 'The lost leader', *Thirty Poems by Robert Browning*, ed. W. S. Mackie, London: Macmillan (1965).
Bunyan, J. (1684) *Pilgrim's Progress*, London and New York: George Routledge & Sons (1864).
Chasseguet-Smirgel, J. (1974) 'Perversion, idealisation and sublimation', *International Journal of Psycho-Analysis* 55: 349–57.
—— (1981) 'Loss of reality in perversions – with special reference to fetishism', *Journal of the American Psychoanalytic Association* 29: 511–34.
Cohn, N. (1993) *Cosmos, Chaos and the World to Come*, New Haven, CT, and London: Yale University Press.
Coleridge, S. T. (1818) 'Milton', in S. Elledge (ed.) *John Milton: Paradise Lost*, 2nd edn, New York: W. W. Norton (1975).
—— (1985) *The Rime of the Ancient Mariner, Samuel Taylor Coleridge*, ed. H. L. Jackson, Oxford: Oxford University Press.
Coote, S. (1995) *John Keats: A Life*, London: Hodder & Stoughton.

Desmond, A. and Moore, J. (1992) *Darwin*, London: Penguin Books.

Deutsch, H. (1942) 'Some forms of emotional disturbance and their relationship to schizophrenia', *Psychoanalytic Quarterly* 11: 301–21.

Elledge, S. (1975) *John Milton: Paradise Lost*, 2nd edn, New York: W. W. Norton.

Feldman, M. (1995) 'Grievance: the underlying Oedipal configuration', unpublished paper read at the West Lodge Conference, March.

Ferenczi, S. (1926) 'The problems of acceptance of unpleasant ideas in advances in knowledge of the sense of reality', *Further Contributions*, London: Karnac Books (1980).

Fonagy, P. and Morgan, S. (1991) 'Two forms of psychic change in psychoanalysis', unpublished paper read at the Institute of Psychiatry, London, March.

Flew, A. (1979) *A Dictionary of Philosophy*, London: Macmillan.

Freud, S. (1893–5) *Studies on Hysteria* (by Josef Breuer and Sigmund Freud) *The Standard Edition of the Complete Works of Sigmund Freud*, vol. II, London: Hogarth Press (1950–74).

—— (1895) 'Project for a scientific psychology (1950) [1895]', *The Standard Edition of the Complete Works of Sigmund Freud*, vol. I, London: Hogarth Press (1950–74).

—— (1896) 'Letter 46, May 30 1896. Extracts from the Fleiss papers', *The Standard Edition of the Complete Works of Sigmund Freud*, vol. I, London: Hogarth Press (1950–74).

—— (1897a) 'Draft N, Letter 64, 31 May 1897. Extracts from the Fleiss papers', *The Standard Edition of the Complete Works of Sigmund Freud*, vol. I, London: Hogarth Press (1950–74).

—— (1897b) 'Letter 71, 15 Oct. 1897. Extracts from the Fleiss papers', *The Standard Edition of the Complete Works of Sigmund Freud*, vol. I, London: Hogarth Press (1950–74).

—— (1899) 'Screen memories', *The Standard Edition of the Complete Works of Sigmund Freud*, vol. III, London: Hogarth Press (1950–74).

—— (1900a) *The Interpretation of Dreams*, *The Standard Edition of the Complete Works of Sigmund Freud*, vol. IV, London: Hogarth Press (1950–74).

—— (1900b) *The Interpretation of Dreams*, *The Standard Edition of the Complete Works of Sigmund Freud*, vol.V, London: Hogarth Press (1950–74).

—— (1904) *The Psychopathology of Everyday Life*, *The Standard Edition of the Complete Works of Sigmund Freud*, vol.VI, London: Hogarth Press (1950–74).

—— (1907) 'Delusions and dreams in Jensen's Gradiva', *The Standard Edition of the Complete Works of Sigmund Freud*, vol. IX, London: Hogarth Press (1950–74).

—— (1908a) 'Creative writers and day-dreaming', *The Standard Edition of the Complete Works of Sigmund Freud*, vol. IX, London: Hogarth Press (1950–74).

—— (1908b) 'Hysterical phantasies and their relation to bisexuality', *The Standard Edition of the Complete Works of Sigmund Freud*, vol. IX, London: Hogarth Press (1950–74).

—— (1910a) 'Leonardo da Vinci and a memory of his childhood', *The Standard Edition of the Complete Works of Sigmund Freud*, vol. XI, London: Hogarth Press (1950–74).

—— (1910b) 'A special type of choice of object made by men', *The Standard Edition of the Complete Works of Sigmund Freud*, vol. XI, London: Hogarth Press (1950–74).

—— (1911a) 'Psycho-analytic notes on an autobiographical account of a case of paranoia', *The Standard Edition of the Complete Works of Sigmund Freud*, vol. XII, London: Hogarth Press (1950–74).
—— (1911b) 'Formulations on the two principles of mental functioning', *The Standard Edition of the Complete Works of Sigmund Freud*, vol. XII, London: Hogarth Press (1950–74).
—— (1912) 'Recommendations to physicians practising psycho-analysis', *The Standard Edition of the Complete Works of Sigmund Freud*, vol. XII, London: Hogarth Press (1950–74).
—— (1913a) 'The theme of the three caskets', *The Standard Edition of the Complete Works of Sigmund Freud*, vol. XII, London: Hogarth Press (1950–74).
—— (1913b) *Totem and Taboo, The Standard Edition of the Complete Works of Sigmund Freud*, vol. XIII, London: Hogarth Press (1950–74).
—— (1913c) 'On beginning the treatment', *The Standard Edition of the Complete Works of Sigmund Freud*, vol. XII, London: Hogarth Press (1950–74).
—— (1914) 'On narcissism', *The Standard Edition of the Complete Works of Sigmund Freud*, vol. XIV, London: Hogarth Press (1950–74).
—— (1915a) 'Observations on transference-love', *The Standard Edition of the Complete Works of Sigmund Freud*, vol. XII, London: Hogarth Press (1950–74).
—— (1915b) 'The unconscious' *The Standard Edition of the Complete Works of Sigmund Freud*, vol. XIV, London: Hogarth Press (1950–74).
—— (1916a) 'On transience', *The Standard Edition of the Complete Works of Sigmund Freud*, vol. XIV, London: Hogarth Press (1950–74).
—— (1916b) 'Introductory lectures on psycho-analysis: lecture XXII', *The Standard Edition of the Complete Works of Sigmund Freud*, vol. XVI, London: Hogarth Press (1950–74).
—— (1917a) 'A metapsychological supplement to the theory of dreams', *The Standard Edition of the Complete Works of Sigmund Freud*, vol. XIV, London: Hogarth Press (1950–74).
—— (1917b) 'Mourning and melancholia', *The Standard Edition of the Complete Works of Sigmund Freud*, vol. XIV, London: Hogarth Press (1950–74).
—— (1917c) 'Introductory lectures on psycho-Analysis: lecture XXIII', *The Standard Edition of the Complete Works of Sigmund Freud*, vol. XVI, London: Hogarth Press (1950–74).
—— (1918) 'From the history of an infantile neurosis', *The Standard Edition of the Complete Works of Sigmund Freud*, vol. XVII, London: Hogarth Press (1950–74).
—— (1919) 'The uncanny', *The Standard Edition of the Complete Works of Sigmund Freud*, vol. XVII, London: Hogarth Press (1950–74).
—— (1923a) 'The ego and the id', *The Standard Edition of the Complete Works of Sigmund Freud*, vol. XIX, London: Hogarth Press (1950–74).
—— (1923b) 'A seventeenth century demonological neurosis', *The Standard Edition of the Complete Works of Sigmund Freud*, vol. XIX, London: Hogarth Press (1950–74).
—— (1923c) 'The infantile genital organisation: an interpolation into the theory of sexuality', *The Standard Edition of the Complete Works of Sigmund Freud*, vol. XIX, London: Hogarth Press (1950–74).

—— (1924a) 'The dissolution of the Oedipus complex', *The Standard Edition of the Complete Works of Sigmund Freud*, vol. XIX, London: Hogarth Press (1950–74).

—— (1924b) 'The loss of reality in neurosis and psychosis', *The Standard Edition of the Complete Works of Sigmund Freud*, vol. XIX, London: Hogarth Press (1950–74).

—— (1925) 'Negation', *The Standard Edition of the Complete Works of Sigmund Freud*, vol. XIX, London: Hogarth Press (1950–74).

—— (1927a) 'The future of an illusion', *The Standard Edition of the Complete Works of Sigmund Freud*, vol. XXI, London: Hogarth Press (1950–74).

—— (1927b) 'Fetishism', *The Standard Edition of the Complete Works of Sigmund Freud*, vol. XXI, London: Hogarth Press (1950–74).

—— (1927c) 'Humour', *The Standard Edition of the Complete Works of Sigmund Freud*, vol. XXI, London: Hogarth Press (1950–74).

—— (1928) 'Civilisation and its discontents', *The Standard Edition of the Complete Works of Sigmund Freud*, vol. XXI, London: Hogarth Press (1950–74).

—— (1933a) 'New introductory lectures: lecture XXXI', *The Standard Edition of the Complete Works of Sigmund Freud*, vol. XXII, London: Hogarth Press (1950–74).

—— (1933b) 'New introductory lectures: lecture XXXV', *The Standard Edition of the Complete Works of Sigmund Freud*, vol. XXII, London: Hogarth Press (1950–74).

—— (1935) 'Postscript' to 'An autobiographical study', *The Standard Edition of the Complete Works of Sigmund Freud*, vol. XX, London: Hogarth Press (1950–74).

—— (1937) 'Constructions in analysis', *The Standard Edition of the Complete Works of Sigmund Freud*, vol. XXIII, London: Hogarth Press (1950–74).

—— (1938) 'An outline of psychoanalysis', *The Standard Edition of the Complete Works of Sigmund Freud*, vol. XXIII, London: Hogarth Press (1950–74).

—— (1939) 'Moses and monotheism', *The Standard Edition of the Complete Works of Sigmund Freud*, vol. XXIII, London: Hogarth Press (1950–74).

—— (1941) 'Aug. 22 [1938]. Findings, ideas, problems', *The Standard Edition of the Complete Works of Sigmund Freud*, vol. XXIII, London: Hogarth Press (1950–74).

Gardner, M. (1960) *Alice in Wonderland* and *Alice Through the Looking Glass*, in *The Annotated Alice of Lewis Carroll*, London: Penguin Books.

Gay, P. (1988) *Freud: A Life for Our Time*, London and Melbourne: J. M. Dent.

Gekle, H. (1986) *Wünsch und Wirklichkeit*, Tübingen: Suhrkamp Verlag.

Gill, S. (1989) *William Wordsworth: A Life*, Oxford: Oxford University Press.

Goethe, J. W. von (1774) *The Sorrows of Young Werther*, quoted in *The International Thesauraus of Quotations*, compiled R. T. Tripp, London: Penguin Books (1973): 51.

Heimann, P. (1942) 'Sublimation and its relation to processes of internalisation', *International Journal of Psycho-Analysis* 23.

Heimann, P. and Isaacs, S. (1952) 'Regression', in M. Klein, P. Heimann, S. Isaacs and J. Riviere (eds) *Developments in Psycho-Analysis*, London: Hogarth Press (1970).

Hindle, M. (1994) *Mary Shelley: Frankenstein*, Penguin Critical Studies, London: Penguin Books.

Hoffer, W. (1981) 'Infant observations and concepts relating to infancy', in M. Brierley (ed.) *Early Development and Education of the Child*, London: Hogarth Press (1986).

Holmes, R. (1989) *Coleridge: Early Visions*, London: Hodder & Stoughton.

I.F. Notes (1843) Manuscript of the Fenwick Notes transcribed by E. Quillinan and Dora Quillinan (neé Wordsworth): 123: this manuscript is in the library of the Wordsworth Trust and this extract is reproduced by kind permission of the Trustees.

Isaacs, S. (1952) 'The nature and function of phantasy', in M. Klein, P. Heimann, S. Isaacs and J. Riviere (eds) *Developments in Psycho-Analysis*, London: Hogarth Press (1970).

Jaques, E. (1968) 'Death and the mid-life crisis', *International Journal of Psycho-Analysis* 46: 502–14.

James, H. (1981) *The Portrait of a Lady*, Oxford: Oxford University Press.

Johnson, M. L. and Grant, J. E. (eds) (1979) *Blake's Poetry and Designs*, New York: W. W. Norton & Co.

Jones, E. (1957) *Sigmund Freud: Life and Work*, vol. I–III, London: Hogarth Press.

Joseph, B. (1989a) 'The patient who is difficult to reach', in M. Feldman and E. B. Spillius (eds) *Psychic Equilibrium and Psychic Change*, London: Routledge.

—— (1989b) 'Different types of anxiety and their handling in the analytic situation', in M. Feldman and E. B. Spillius (eds) *Psychic Equilibrium and Psychic Change*, London: Routledge.

—— (1989c) 'Defence mechanisms and phantasy in the psychological process', in M. Feldman and E. B. Spillius (eds) *Psychic Equilibrium and Psychic Change*, London: Routledge.

—— (1989d) 'Transference: the total situation', in M. Feldman and E. B. Spillius (eds) *Psychic Equilibrium and Psychic Change*, London: Routledge.

Jung, C. G. (1959) 'The archetypes and the collective unconscious', *The Collected Works of C. J. Jung*, vol. 9, London: Routledge, Kegan & Paul.

Keynes, G. (ed.) (1959) *Blake: Complete Writings*, Oxford: Oxford University Press.

King, P. and Steiner, R. (1991) *The Freud–Klein Controversies 1941–45*, London: Routledge.

Klein, M. (1924) 'An obsessional neurosis in a six-year-old girl', *The Writings of Melanie Klein*, vol. 2, eds R. Money-Kyrle, B. Joseph, E. O'Shaughnessy and H. Segal, London: Hogarth Press (1975).

—— (1926) 'The Psychological Principles of Early Analysis', *The Writings of Melanie Klein*, vol. I, eds R. Money-Kyrle, B. Joseph, E. O'Shaughnessy and H. Segal, London: Hogarth Press (1975).

—— (1928) 'Early stages of the Oedipus conflict', *The Writings of Melanie Klein*, vol. 1, eds R. Money-Kyrle, B. Joseph, E. O'Shaughnessy and H. Segal, London: Hogarth Press (1975).

—— (1929) 'Personification in the play of children', *The Writings of Melanie Klein*, vol. I, eds R. Money-Kyrle, B. Joseph, E. O'Shaughnessy and H. Segal, London: Hogarth Press (1975).

—— (1930) 'The importance of symbol-formation in the development of the ego', *The Writings of Melanie Klein*, vol. I, eds R. Money-Kyrle, B. Joseph, E. O'Shaughnessy and H. Segal, London: Hogarth Press (1975).

—— (1935) 'A contribution to the psychogenesis of manic-depressive states', *The Writings of Melanie Klein*, vol. I, eds R. Money-Kyrle, B. Joseph, E. O'Shaughnessy and H. Segal, London: Hogarth Press (1975).

—— (1940) 'Mourning and its relation to manic-depressive states', *The Writings of Melanie Klein*, vol. I, eds R. Money-Kyrle, B. Joseph, E. O'Shaughnessy and H. Segal, London: Hogarth Press (1975).

—— (1945) 'The Oedipus complex in the light of early anxieties', *The Writings of Melanie Klein*, vol. I, eds R. Money-Kyrle, B. Joseph, E. O'Shaughnessy and H. Segal, London: Hogarth Press (1975).

—— (1946) 'Notes on some schizoid mechanisms', *The Writings of Melanie Klein* vol. III, eds R. Money-Kyrle, B. Joseph, E. O'Shaughnessy and H. Segal, London: Hogarth Press (1975).

—— (1948) 'The theory of anxiety and guilt', *The Writings of Melanie Klein*, vol. III, eds R. Money-Kyrle, B. Joseph, E. O'Shaughnessy and H. Segal, London: Hogarth Press (1975).

—— (1952a) 'Origins of transference', *The Writings of Melanie Klein*, vol. III, eds R. Money-Kyrle, B. Joseph, E. O'Shaughnessy and H. Segal, London: Hogarth Press (1975).

—— (1952b) 'Some theoretical conclusions regarding the emotional life of the infant', *The Writings of Melanie Klein*, vol. III, eds R. Money-Kyrle, B. Joseph, E. O'Shaughnessy and H. Segal, London: Hogarth Press (1975).

—— (1952c) 'On observing the behaviour of young infants', *The Writings of Melanie Klein*, vol. III, eds R. Money-Kyrle, B. Joseph, E. O'Shaughnessy and H. Segal, London: Hogarth Press (1975).

—— (1955) 'On identification', *The Writings of Melanie Klein*, vol. III, eds R. Money-Kyrle, B. Joseph, E. O'Shaughnessy and H. Segal, London: Hogarth Press (1975).

—— (1957) 'Envy and gratitude', *The Writings of Melanie Klein*, vol. III, eds R. Money-Kyrle, B. Joseph, E. O'Shaughnessy and H. Segal, London: Hogarth Press (1975).

—— (1958) 'On the development of mental functioning', *The Writings of Melanie Klein*, vol. III, eds R. Money-Kyrle, B. Joseph, E. O'Shaughnessy and H. Segal, London: Hogarth Press (1975).

—— (1959) 'Our adult world and its roots in infancy', *The Writings of Melanie Klein*, vol. III, ed. R. Money-Kyrle, B. Joseph, E. O'Shaughnessy and H. Segal, London: Hogarth Press (1975).

Kris, E. (1935) 'The psychology of caricature'; reprinted in *Psychoanalytic Exploration in Art*, New York: International Universities Press (1952).

Kuhn, T. S. (1962) *The Structure of Scientific Revolutions*, 2nd edn, Chicago: University of Chicago Press (1970).

Lacan, J. (1979) *The Four Fundamental Concepts of Psycho-Analysis*, ed. J.-A. Miller, trans. Alan Sheridan, London: Penguin Books.

Laplanche, J. and Pontalis, J. B. (1973) *The Language of Psycho-Analysis*, London: Hogarth Press.

MacNeice, L. (1941) *The Poetry of W. B. Yeats*, Oxford: Oxford University Press.

Malcolm, J. (1995) *The Silent Woman*, London: Macmillan.

Matte-Blanco, H. (1988) *Thinking, Feeling, and Being*, London: Routledge.

Meltzer, D. (1968) 'Terror, persecution and dread', *International Journal of Psycho-Analysis* 49: 396–401.

Mill, J. S. (1924) *Autobiography*, ed. J. J. Goss, New York: Columbia.

—— (1950) *Mill on Bentham and Coleridge*, ed. F. R. Leavis, Cambridge: Cambridge University Press.
Milton, J. (1975) *John Milton: Paradise Lost'*, ed. S. Elledge, 2nd edn, New York: W. W. Norton & Co.
O'Shaughnessy, E. (1981) 'A clinical study of a defensive organisation', *International Journal of Psycho-Analysis* 2: 359–69.
Rank, O. (1915) 'Das Schauspiel im Hamlet' *Imago* 4.
Riesenberg Malcolm, R. (1992) 'As-if: the experience of not learning', in R. Anderson (ed.) *Clinical Lectures on Klein and Bion*, London: Routledge.
Rey, H. (1979) 'Schizoid phenomena in the borderline', in J. LeBoit and A. Capponi (eds) *Advances in the Psychotherapy of the Borderline Patient*, New York: Jason Aronson.
Rilke, R. M. (1910) *The Notebooks of Malte Laurids Brigge*, trans. S. Mitchell, New York: Random House (1983).
—— (1969) *Letters of Rainer Maria Rilke 1910–1926*, trans. J. B. Greene and M. D. Herter Norton, New York: W. W. Norton & Co.
—— (1981) *An Unofficial Rilke*, ed. and trans. M. Hamburger, London: Anvil Poetry.
—— (1987) *The Selected Poetry of Rainer Maria Rilke*, ed. and trans. S. Mitchell, London: Pan Books.
Riviere, J. (1936) 'A contribution to the analysis of the negative therapeutic reaction', *International Journal of Psycho-Analysis* 17: 304.
Rodman, F. R. (ed.) (1987) *The Spontaneous Gesture: Selected Letters of D. W. Winnicott*, Cambridge, MA, and London: Harvard University Press.
Rosenfeld, H. A. (1964) 'An investigation into the need of neurotic and psychotic patients to act out during analysis', *Psychotic States: A Psycho-Analytical Approach*, New York: International Universities Press (1965).
—— (1965) *Psychotic States: A Psycho-Analytical Approach*, New York: International Universities Press.
—— (1971) 'A clinical approach to the psychoanalytic theory of the life and death instincts: an investigation into the aggressive aspects of narcissism', *International Journal of Psycho-Analysis* 52: 169–78.
—— (1987) *Impasse and Interpretation*, London: Routledge.
Rundle Clark, R. T. (1959) *Myth and Symbol in Ancient Egypt*, London: Thames & Hudson.
Sandler, J. (1976a) 'Dreams, unconscious phantasies and identity of perception', *International Review of Psycho-Analysis* 3: 33–42.
—— (1976b) 'Counter-transference and role-responsiveness', *International Review of Psycho-Analysis* 3: 43–7.
Sartre, J.-P. (1943) *Being and Nothingness*, trans. H. E. Barnes, London: Editions Gallimard (1958).
Searle, J. R. (1995) 'The mystery of consciousness: part II', *The New York Review of Books* XLII(18) (16 November): 4–61.
Segal, H. (1952) 'A psycho-analytical approach to aesthetics', *International Journal of Psycho-Analysis* 33: 196–207.
—— (1957) 'Notes on symbol formation', in E. B. Spillius (ed.) *Melanie Klein Today*, vol. 1, London: Routledge (1988).
—— (1964) *Introduction to the Work of Melanie Klein*, London: Hogarth Press (1973).

—— (1980) *Melanie Klein*, New York: Viking Press.
—— (1994) 'Phantasy and reality', *International Journal of Psycho-Analysis* 75(2): 395–401.
Shakespeare, W. (1969) *Midsummer Nights Dream, The Complete Pelican Shakespeare: Comedies and Romances*, London: Penguin Books.
Shawcross, J. (ed.) (1968) *Biographia Literaria by S. T. Coleridge*, vols I and II, Oxford: Oxford University Press.
Shelley, M. (1826) *The Last Man*, ed. M. D. Paley, Oxford: Oxford University Press (1994).
—— (1831) *Frankenstein (or, The Modern Prometheus)*, eds M. J. Weiss and C. F. Reasoner, Laurel-Leaf Library, New York: Dell (1965).
Shengold, L. (1989) *Soul Murder: The Effects of Childhood Abuse and Deprivation*, New Haven, CT: Yale University Press.
Sohn, L. (1985) 'Narcissistic organisation, projective identification and the formation of the identificate', *International Journal of Psycho-Analysis* 66: 201–13.
Spark, M. and Stanford, D. (1966) *Emily Brontë: Her Life and Work*, London: Peter Owen.
Spillius, E. B. (ed.) (1988) *Melanie Klein Today*, vol. 1, London: Routledge.
Steiner, J. (1979) 'The border between the paranoid-schizoid and the depressive positions in the borderline patient', *British Journal of Medical Psychology* 52: 385–91.
—— (1985) 'Turning a blind eye: the cover up for Oedipus', *International Review of Psycho-Analysis* 12: 161–72.
—— (1987) 'The interplay between pathological organisations and the paranoid-schizoid and depressive positions', *International Journal of Psychoanalysis* 68: 69–80.
—— (1993) *Psychic Retreats*, London: Routledge.
Tripp, R. T. (1973) *The International Thesaurus of Quotations*, London: Penguin Books.
Thompson, E. P. (1993) *Witness Against the Beast*, Cambridge: Cambridge University Press.
Vaihinger, G. (1912) *Die Philosophie des Als Ob*, Berlin.
Voltaire (1759) *Candide; or The Optimist*, in *Voltaire: Candide and Other Tales*, trans. T. Smollett, revised J. C. Thornton, London: J. M. Dent (1937; reprinted 1982).
Wallis Budge, E. A. (1912) *Legends of the Egyptian Gods: Hieroglyphic Texts and Translations*, New York: Dover Publications (1994).
Warnock, M. (1976) *Imagination*, London: Faber & Faber.
Watling, E. F. (1947) *Sophocles: The Theban Plays*, trans. E. F. Watling, London: Penguin Books.
Wilcher, R. (ed.) (1986) *Andrew Marvell: Selected Poetry and Prose*, London: Methuen.
Winnicott, D. W. (1935) 'The manic defence', *Through Paediatrics to Psycho-Analysis*, London: Hogarth Press (1987).
—— (1945) 'Primitive emotional development', *Through Paediatrics to Psycho-Analysis*, London: Hogarth Press (1987).
—— (1949) 'Mind and its relation to the psyche-soma', *Through Paediatrics to Psycho-Analysis*, London: Hogarth Press (1987),
—— (1951) 'Transitional objects and transitional phenomena', *Through Paediatrics to Psycho-Analysis*, London: Hogarth Press (1987).

—— (1954) 'Metapsychological and clinical aspects of regression within the psycho-analytical set-up', *Through Paediatrics to Psycho-Analysis*, London: Hogarth Press (1987).

—— (1960a) 'The theory of the parent–infant relationship', *The Maturational Processes and the Facilitating Environment*, London: Hogarth Press (1965).

—— (1960b) 'Ego distortion in terms of true and false self', *Maturational Processes and the Facilitating Environment*, London: Hogarth Press (1965).

—— (1962) 'A personal view of the Kleinian contribution', *Maturational Processes and the Facilitating Environment*, London: Hogarth Press (1965).

—— (1967) 'The location of cultural experience', *Playing and Reality*, London: Penguin Books (1974).

—— (1971) 'Dream, phantasying and living', *Playing and Reality*, London: Penguin Books (1974).

Wordsworth, W. (1850) 'Preface to the lyrical ballads and appendix (1850)', *William Wordsworth: Selected Prose*, ed. J. O. Hayden, London: Penguin Books (1988).

—— (1979) *The Prelude 1799, 1805, 1850: William Wordsworth*, ed. J. Wordsworth, M. H. Abrams and S. Gill, New York: W. W. Norton & Co.

—— (1984) *William Wordsworth*, ed. S. Gill, The Oxford Authors, Oxford: Oxford University Press.

—— (1985) *William Wordsworth: The Pedlar, Tintern Abbey, the Two Part Prelude*, ed. J. Wordsworth, Cambridge: Cambridge University Press.

—— (1994) *William Wordsworth*, ed. S. Gill and Duncan Wu, Oxford Poetry Library, Oxford: Oxford University Press.

Wu, D. (1993) *Wordsworth's Reading 1770–1799*, Cambridge: Cambridge University Press.

索　　引

〈あ行〉
アイザックス Isaacs, S. 16, 88, 132, 135
「アイデンティフィケート」'identificate' 78
愛 love 15, 25 ；恋をしている状態 being in 200 ；転移性恋愛 transference- 54, 148
哀悼→「悲哀」を参照
悪意に満ちた誤解 malignant misunderstanding 57, 70, 71-74, 202
悪性の空間 malignant space 133
アクロイド Ackroyd, P. 216
「アズイフ」症候群 'as-if' syndrome 22, 29, 77-87, 201-202
厚皮症候群 thick-skinned syndrome 62, 67-70
『あばら屋』 *The Ruined Cottage*（ワーズワース） 168-169
アブラハム Abraham, K. 242-244
アブラムズ Abrams, M.H. 236
アポフィス *Apophis* 72
『アルビオンの娘たちの幻想』 *Visions of the Daughters of Albion*（ブレイク） 219
アルファ過程 α process 36
アルファ要素 α elements 36
アンリタ *Anrita* 72
イェーツ Yeats, W.B. 52, 213
意見の一致の欲求 need for agreement 74-76
移行空間 transitional space 29, 79, 144
イスフェト *Isfet* 71-72
イド id 23, 71, 226, 228, 233
意味 meaning 71 ；―とコンテインメント and containment 35
陰性治療反応 negative therapeutic reaction 16
ヴァロン Vallon, A. 153, 169
Wissentrieb 15, 24
ウィニコット Winnicott, D.W. 15, 34, 44, 237-239 ；移行空間について on transitional space 29, 79, 144 ；退行について on regression 89, 90 ；本当の自己と偽りの自己について on true and false self 141-142, 178, 197, 198, 201, 202
ウィルチャー Wilcher, R. 42
ウー Wu, D. 157
ウォーノック Warnock, M. 13, 135, 163
ウォトリング Watling, E.F. 44, 52
ヴォルテール Voltaire 102-103, 106, 116, 131, 220
ウォレス Wallace, A.R. 241
薄皮症候群 thin-skinned syndrome 62, 63-67, 69, 73, 74, 99, 201
unheimlich な体験 *unheimlich* experience 110, 114
エア Ayer, A.J. 27, 57, 61, 65, 74, 220, 231
『永遠の福音』 *The Everlasting Gospel*（ブレイク） 221
英国分析協会 British Psycho-Analytical Society 132
エディプス幻想 Oedipal illusions 51-54
エディプス状況 Oedipus situation 15, 22, 26, 44-56, 57, 61, 66, 70, 79, 215, 232, 236

選ばれた事実 selected fact, 解釈における―の使用 use in interpretations 118-130
エリオット Eliot, T. S. 210
エレッジ Elledge, S. 143
『エルサレム』*Jerusalem*（ブレイク） 214, 216
「狼男」の症例研究 'Wolf Man' case study 45, 145
オーグラディ O'Grady, J. 27, 57, 61, 65, 74, 220, 231
オーショーネスィー O'Shaughnessy, E. 16
『オルフォイスへのソネット』*Sonnets to Orpheus*（リルケ） 172, 173, 189, 190, 191-192

〈か行〉

ガードナー Gardner, M. 86, 87
快感原則 pleasure principle 49, 86, 172, 233
解釈 interpretation, ―における選ばれた事実と過剰に価値づけられた考えの使用 use of selected fact and overvalued idea in 118-130
科学的信念 scientific belief 20, 235-242
過剰に価値づけられた考え overvalued idea, 解釈における―の使用 use in interpretations 118-130
考えること thinking 37, 49, 118-119, 225
感覚による記憶 memories in feelings 158
『カンディード』*Candide*（ヴォルテール） 102-103, 106, 116
カント Kant, I. 23
観念性 ideality 165-166
キーツ Keats, J. 216
「気まぐれな空想」'fancy' 17, 135, 143
逆転移 counter-transference 85, 104, 115-116
客観性 objectivity 13, 26, 57-76, 86-87, 232；過剰な― hyper- 63, 67-70；―と凝視 and gaze 65；存在論的― ontological 59；認識論的― epistemic 59
凝視と客観性 gaze and objectivity 65
強迫神経症 obsessional neurosis 77
去勢コンプレックス castration complex 242, 243, 244
拒否 rejection, ―される恐れ fear of 234, 238-239
ギル Gill, S. 153
キング King, P. 132
空想 phantasy 13, 16, 22；原― primal 46；無意識的― unconscious 132-135, 137-141, 142
クート Coote, S. 216
クーン Kuhn, T.S. 20, 235-236, 239
グノーシス主義 Gnosticism 218-219
クライン Klein, M. 17, 60, 61 62, 72, 90, 132, 134, 145, 173, 175-176, 187, 200, 228, 237-239；感覚による記憶について on memories in feelings 158；―と投影同一化の概念 and the concept of the projective identification 17, 36, 88；―と妄想分裂ポジションの概念 and the concept of the paranoid-schizoid position 15, 19, 88-89, 175；象徴性（シンボリズム）について on symbolism 131, 162；心的ポジションの理論 theory of psychic positions 93；羨望の概念 concept of envy 75；内的対象の理論 theory of internal objects 49, 165；不安について on anxiety 79, 84；抑うつポジションの概念 concept of the depressive position 15-16, 19, 44-45, 47-48, 174-175
グラント Grant, J.E. 210, 212, 215, 217, 221, 229, 230
クリス Kris, E. 89
グロデック Groddeck, G. 225-226
ゲイ Gay, P. 226
『経験の歌』*Song of Experience*（ブレイク） 214, 225
ケインズ Keynes, G. 50, 195, 198, 201, 202, 210-230 の随所に

ゲーテ Goethe, J.W. von 13
ゲクレ Gekle, H. 192
権威的アイデンティティ authoritative identity 234-235
幻覚 hallucination 28, 144
原空想 primal phantasies 46
元型 archetypes, ―の理論 theory of 145
原光景と想像 primal scene and the imagination 144, 145-149
現実 reality ；外的― external 23 ；思考― thought 23 ；心的― psychic →「心的現実」を参照
現実原則 reality principle 86, 134, 233
現実逃避の文学 escapist literature 131, 142
幻想 illusion 21 ；心的― psychic 131 ；転移性の― transference 30, 53-54
幻想 illusions, エディプス― Oedipal 51-54
幻想的な信念 illusional belief 30
好知本能 epistemophilic instinct，好知衝動 epistemophilic impulse (*Wissentrieb*) 15, 24, 46
歪曲 distortions, 公表された原文の― within the published text 242-246
公表の不安 publication anxiety 20, 231-247
コールリッジ Coleridge, S.T. 17, 29, 134, 135, 144, 153, 155, 156, 157, 164, 169-170, 202-203
コーン Cohn, N. 71, 72
誇大妄想 megalomonia, 乳幼児の― infantile 214
コンテインメント containment ；悪性の― malignant 43 ；―の失敗 failures of 19, 70, 72, 75 ；―の理論 theory of 15, 18, 33-43 の随所に, 57, 70, 72-73, 88, 93, 127-128, 173 ；理想的― ideal 43
混沌 chaos, ―への恐れ fear of 19, 70, 71-74

〈さ行〉

サール Searle, J.R. 59
サルトル Sartre, J.-P. 61, 65, 73-74
ザロメ Salomé, L.A. 177, 178, 179, 180, 192
サンドラー Sandler, J. 18, 149
シェイクスピア Shakespeare, W. 135, 143
シェリー Shelley, M. 136-37, 171
シェリング Schelling, F.W.J. von 163
シェンゴールド Shengold, L. 123
自我 ego 23, 226, 228, 233
自己 self, 本当の―と偽りの― true and false 141-142, 178, 195, 197, 198-199, 201, 202, 213
自己愛→「ナルシシズム」を参照
自己愛性格 narcissistic character 16
自己愛組織体 narcissistic organisations 16
自己心理学 self-psychology 195
自己満足 complacency ；知的― intellectual 234 ；分析状況における― in the analytic situation 102-117
自体愛 auto-erotism 134
実存の不安 existential anxiety 18, 19, 171-194
嫉妬 jealousy 116
『失楽園』*Paradise Lost*（ミルトン） 146-147, 195-196, 198, 199, 202-208, 226-227
死の本能 death instinct 15, 19, 83, 187, 193
邪悪 evil 203, 208
シャスゲ・スミィジェル Chasseguet-Smirgel, J. 60
ジャックス Jaques, E. 155, 170
宗教的信念 religious beliefs 29, 78, 142 ；→「ブレイク」「ミルトン」「神学」も参照
『囚人』*The Prisoner*（ブロンテ） 138-140
主観性 subjectivity 13, 26, 57-76, 86-87, 232 ；過剰な― hyper- 63, 66-67
シュリーゲル Schlegel, F. von 231
シュレーバー症例 Schreber case 28
昇華 sublimation, ―の理論 theory of 131-132
象徴 *le sympolique* 60
象徴性，シンボリズム symbolism 131, 162
象徴能力 symbolic capacity 48, 61
ショークロス Shawcross, J. 29, 144

ジョーンズ Jones, E. 182
『序曲』*The Prelude*（ワーズワース） 154-161, 164-167, 172
ジョゼフ Joseph, B. 16, 51, 86, 90, 103-104, 109, 115
ジョンソン Johnson, M.L. 210, 212, 215, 217, 221, 229
神学 theology 14, 142
進化 evolution, ―論 theory of 239-242
神経症 neurosis 21, 24
真実 truth 50, 71 ；―の源 source of 195
信じる機能 belief function 228 ；―の障害 disorders of 28-32
信じること→「信念」を参照
真正なもの the authentic 195
心的アトピー psychic atopia 75
心的現実 psychic reality 22-24, 78, 131, 228 ；分析家の― of analysts 59
心的幻想 psychic illusion 131
心的三角空間 triangular psychic space 26, 57-58, 113, 144
心的退避 psychic retreats 16, 95, 142
心的発達 psychic development 91-101
心的平衡 psychic equilibrium 16, 103
心的ポジション psychic positions, クライン派の―の理論 Kleinian theory of 93
信念，信じること belief(s) 13-15, 21-32, 227-228 ；科学的信念 scientific 20, 235-242 ；願望充足的な信念 wish-fulfilling 29-30 ；幻想的な信念 illusional 30 ；宗教的信念 religious →「宗教的信念」を参照；信じることの保留 suspension of 28-29, 77-87 ；信念の現実検討 reality testing of 22, 26, 27 ；信念を放棄することの失敗 failure to relinquish 30-32 ；対抗的な信念 counter- 22, 29-30, 209-210, 227 ；太古の信念 archaic 110 ；乗り越えられた信念 surmounted 110, 114 ；放棄された信念 relinquished 22, 25, 26, 27, 30, 31, 110 ；無意識的信念 unconscious 21-22, 23-24, 27
シンボリズム→「象徴性」を参照
親密な関係にまつわる不安 affiliation anxiety 242-246
スィーガル Segal, H. 31-32, 48, 49, 89, 116, 132-133, 162, 172, 193
スウェーデンボルグ Swedenborg, E. 220
スクリーン・メモリー screen memory 34, 157
スタイナー，ジョン Steiner, J. 16, 19, 53, 77, 88, 95, 116, 118, 142, 178, 227
スタイナー，リカルド Steiner, R. 132
スタンフォード Stanford, D 138
ストレイチー Strachey, J. 15, 28, 77
スパーク Spark, M. 138
スピリウス Spillius, E.B. 18
性的興奮 erotism ；自体愛 auto- 134 ；皮膚の性的興奮 skin 67
生の本能 life instinct 15
前概念 pre-conceptions, ビオンの―という考え Bion's notion of 49, 145, 187
羨望 envy 75, 116, 203-208
喪失 loss 152-170
想像 *l'imaginaire* 60
想像 imagination 13, 17, 134-135, 140 ；一次― primary 135 ；―と「もう一方の部屋」and the 'other room' 143-151 ；想像力に欠けている lack of 149, 150-151 ；二次― secondary 135
躁的防衛 manic defence 16, 133, 169
ソーン Sohn, L. 18, 78
ソシュール de Saussure, F. 61
ソフォクレス Sophocles 44, 51
ソルトマーシュ Saltmarsh, J. 219

〈た行〉

ダーウィン Darwin, C. 20, 238-242
退行 regression 89-101
第三の立場 third position ；―の確立 estab-

lishment of 113 ；―を欠いていること lack of 58
対称 symmetry 86-87 ；負の，あるいは逆の ― negative, or inverse 79, 85-86
対象破壊の空間 object-destructive space 134
他者性 otherness 62
魂と肉体 soul and body 41-42
知識 knowledge ；―と信念 and belief 25-28 ；―への駆りたて urge for (*Wissentrieb*) 15-16, 24, 46
秩序 order 71-72
知的自己満足 intellectual complacency 234
中年期危機 mid-life crisis 155, 170
直観 intuition 16, 118-130
テイサム Tatham, F. 185
『ティンターン修道院上流数マイルの地で』 *Tintern Abbey*（ワーズワース） 153-154, 167
デカルト Descartes, R. 27
デズモンド Desmond, A. 239, 240, 241
哲学 philosophy 14
デネット Dennett, D. C. 59
転移 transference 85 ；陰性― negative 67 ；全体的― total 103, 115 ；陽性― positive 67 ；→「逆転移」も参照のこと
転移性の幻想 transference illusion 30, 53-54
転移性恋愛 transference love 54, 148
『転換点』（『転向』） *Turning Point*（リルケ） 183-184
『天国と地獄の結婚』 *The Marriage of Heaven and Hell*（ブレイク） 196-197, 222, 226
『天路歴程』 *Pilgrim's Progress*（バニヤン） 104-105, 108-109, 222
ドイチュ Deutsch, H. 77-78, 201
同一化 identification ；投影― projective →「投影同一化」を参照；取り入れ― introjective 78, 81, 85 ；付着― adhesive 67
『ドゥイノの悲歌』 *Duino Elegies*（リルケ） 171-194
投影同一化 projective identification 15, 17-19, 36-38, 78, 80-82, 85, 88, 234 ；獲得的― acquisitive 18-19, 20 ；帰属的― attributive 18-19
倒錯 perversion 77
道徳原則 morality principle 233
取り入れ同一化 introjective identification 78, 81, 85
トリップ Tripp, R.T. 131
トンプソン Thompson, E.P. 220

〈な行〉

内的対象 internal objects, クライン派の―の理論 Kleinian theory of 49, 165
名づけること naming 33-43, 189, 190
ナルシシズム，自己愛 narcissism 199-201 ；厚皮のナルシシズム thick-skinned 62, 67-70 ；一次ナルシシズム primary 200, 223 ；薄皮のナルシシズム thin-skinned 62, 63-67, 69, 73, 74, 99, 201 ；知的自己愛 epistemic 199, 209-230 ；破壊的自己愛 destructive 141-142, 196-198, 202-203, 208, 226-227
ニーチェ Nietzsche, F. 178
憎しみ hate 15, 24
肉体と魂 body and soul 41-42
ニュートン Newton, I. 212
乳幼児期空想 infantile phantasy 131, 132-134, 162
乳幼児期体験 infantile experience ；―についてのブレイク Blake on 222-224 ；―についてのリルケ Rilke on 175-178, 184-185 ；―についてのワーズワース Wordsworth on 158-161, 164, 166, 171, 191 ；乳幼児と母親の関係 infant-mother relationship 35, 36, 37, 38, 45, 69, 73, 75, 158, 159, 160, 161
乳幼児期抑うつポジション infantile depressive position 15, 46-48, 93, 135, 170

乳幼児の誇大妄想 infantile megalomonia 214
ネッケ Nacke, P. 199

〈は行〉

ハートリー Hartley, D. 159
ハイマン Heimann, P. 62, 89
ハグストラム Hagstrum, J. 215
白日夢 daydreams 54-56, 131, 134, 135, 136, 226；—と本当（本物）の夢 and real dreams 135-138；—とフィクションを書くこと and fictional writing 135, 136, 137-141
バッシュ Basch, M. 77
バッチラード Bachelard, G. 143, 144
ハッチンソン Hutchinson, M. 153
バニヤン Bunyan, J. 104-105, 108-109, 222
パラダイム理論 paradigmatic theory, 科学的信念の— of scientific belief 20, 235-236
パラフレニア paraphrenia 200
バリント Balint, M. 89, 90, 99, 122, 200
反転可能な見方 reversible perspective 78-79
ハント Hunt, L. 216
反律法主義者 Antinomians 219, 220
悲哀 mourning 49, 193；放棄された信念への喪，哀悼 of relinquished beliefs 22, 25, 26, 27-28, 31, 32, 110
Ps(n) → D(n) → Ps(n+1) 88-101
Ps ⟷ D 88
ビオン Bion, W.R. 26, 50, 121, 212, 224, 225；考えること thinking 37, 49, 118-119, 225；コンテインメントの理論 theory of containment 15, 18, 33-43 の随所に, 57, 70, 72-73, 88, 93, 127-128, 173；生得的な前概念という考え notion of innate pre-conceptions 49, 145, 187；退行について on regression 90, 93-94, 101；哲学について on philosophy 14；名状しがたい恐怖という考え notion of nameless dread 19, 59, 71, 72-73, 75；反転可能な見方 reversible perspective 78-79
ヒステリー hysteria 147-149
非対称 asymmentry 85
悲嘆 grief 189-190
ビック Bick, E. 34, 67
否定 negation 83
否認 denial 26, 28, 77
否認 disavowal →「信じること，—の保留」を参照
皮膚の性的興奮 skin erotism 67
ヒューズ Hughes, T. 232
病理組織体 pathological organisations 16, 19, 88-89, 95, 227
ヒンドル Hindle, M. 136
ファイヒンガー Vaihinger, G. 29, 78
不安 anxiety 19, 20；影響の— of influence 236-237；公表の— publication 231-246；実存の— existential 19, 171-194；親密な関係にまつわる— affiliation 242-246
フィクションを書くこと fictional writing 14, 131, 135-142
フェニック Fenwick, I. 164
フェルドマン Feldman, M. 100
フェレンツィ Ferenczi, S. 77, 200-201, 223-224
フォン・ゲープザッテル男爵 Gebsattel, E. von 176
不信 disbelief 22, 26
付着同一化 adhesive identification 67
フッカー Hooker, J. 240, 241
フライ Frye, N. 215
プライド pride 203-208
ブラウニング Browning, R. 152
プラス Plath, S. 232
プラトン Plato 187
『フランケンシュタイン』*Frankenstein*（シェリー）136-138
ブリトン Britton, R. 16, 41, 57, 58 60, 61 70,

111, 116, 118, 131, 226
フルー Flew, A. 25, 163
ブルーム Bloom, H. 236
ブレイク Blake, W. 50, 56, 151, 195-197, 198, 199, 200, 201, 202, 209-230, 235 ；『アルビオンの娘たちの幻想』 *Visions of the Daughters of Albion* 219 ；『永遠の福音』 *The Everlasting Gospel* 221 ；『エルサレム』 *Jerusalem* 214, 216 ；『経験の歌』 *Song of Experience* 214, 225 ；『天国と地獄の結婚』 *The Marriage of Heaven and Hell* 196-197, 222, 226 ；『ユリゼンの書』 *The Book of Urizen* 211, 228 ；『良い天使と邪悪な天使』 *The Good and Evil Angels* 197 ；『ヨハネの黙示録』 *Revelation of St John* 225 ；『ロスの書』 *The Book of Los* 211, 212, 224, 228
フロイト，アンナ Freud, A. 16, 132, 237-238
フロイト，ジークムント Freud, S. 15, 16, 19, 21, 30, 31-32, 67, 79, 83, 118, 119, 122, 123, 131, 134, 140-141, 142, 182, 187, 192-193, 242-243 ；イドと自我について on the id and the ego 22-23, 71, 132, 228, 233 ；*unheimlich* な体験について on the *unheimlich* experience 110, 114 ；エディプス状況について on the Oedipus situation 45-46, 48-49 ；「狼男」の症例 'Wolf Man' case 45, 145 ；快感原則 pleasure principle 49, 86, 172 ；現実原則 reality principle 86, 134 ；心的現実について on psychic reality 22-24, 31-32 ；信念（信じること）について on belief 22-24 ；スクリーン・メモリーについて on screen memory 34, 157 ；退行について on regression 89 ；転移性恋愛について on transference love 54, 148 ；ナルシシズムについて on narcissism 199-200 ；乗り越えられた信念について on surmounted belief 110, 114 ；文学について on literature 131 ；否認について on denial 28, 77 ；不安について on anxiety 19 ；無意識について on the unconscious 22, 23, 24, 221 ；夢判断について on the interpretation of dreams 136
ブロンテ Brontë, E. 138-140, 209
ペイン Paine, T. 220
ヘーゲル Hegel, G.W.F. 163
ベーコン Bacon, F. 212
ベータ要素 β elements 36
ベケット Beckett, S. 129, 186
ベルクソン Bergson, H. 57
ヘンズロー Henslow, J.S. 240, 241
ポアンカレ Poincaré, J.H. 118
防衛システム defensive system 90
防衛組織体 defensive organisations 15, 16, 19, 78, 227
ボーダーライン症候群 borderline syndrome 62, 73, 201-202
ホームズ Holmes, R. 153

〈ま行〉

マーヴェル Marvell, A. 42
マアト *Ma'at* 71-72
マクニース MacNeice, L. 173, 213
マテ・ブランコ Matte-Blanco, H. 86
マニ教徒 Manichaeans 218
マルコム Malcolm, J. 232
ミル Mill, J.S. 169
ミルトン Milton, J. 146, 195-196, 199, 202-208, 236-237
無意識 unconscious 22-23, 24, 221
無意識的信念 unconscious belief 21-22, 23-24, 27
ムーア Moore, J. 239, 240, 206
無脈絡 inconsequentiality 29, 79
名状しがたい恐怖 nameless dread 19, 59, 71, 72-73, 75

メランコリー melancholia 207, 242-244
メルツァー Meltzer, D. 227
メルロ・ポンティ Merleau-Ponty, M. 65
喪→「悲哀」を参照
もう一方の部屋と想像 the other room and the imagination 143-151
妄想 delusion 27, 28, 144
妄想分裂ポジション paranoid-schizoid position 15, 88-101, 133, 168, 175
モーガン Morgan, C. 139
モナド論 monadism 221

〈や行〉

夢 dreams；—と白日夢 and daydream 135-138；—とフィクションを書くこと and fictional writing 136-138
ユング Jung, C.G. 145
『良い天使と邪悪な天使』*The Good and Evil Angels*（ブレイク） 197
抑うつポジション depressive position 15-16, 44-56, 61, 133, 155-156, 168, 169, 170, 174-175, 207-208；前——と後—— pre- and post- 88-101, 169；乳幼児期— infantile 15, 47-48, 93, 155, 170
『ヨハネの黙示録』*Revelation of St John*（ブレイク） 225

〈ら行〉

ライエル Lyell, Sir Charles 239, 241
ライプニッツ Leibniz, G.W. 218, 220-221
ラカン Lacan, J. 60
ランク Rank, O. 145
ランドル・クラーク Rundle Clark, R.T. 33
『リア王』*King Lear*（シェイクスピア） 135-136
リー Rée, P. 178
リーゼンバーグ・マルコム Riesenberg Malcolm, R. 79
理想対象 ideal object 195
リタ *Rita* 71
リビエール Riviere, J. 16, 90, 227, 237
リルケ Rilke, R.M.；『オルフォイスへのソネット』*Sonnets to Orpheus* 172, 173, 189, 190, 191-192；『転換点』(『転向』) *Turning Point* 183-184；『ドゥイノの悲歌』*Duino Elegies* 17, 73, 114, 171-194；『マルテの手記』*The Notebooks of Malte Laurids Brigge* 171-172, 173-175, 178, 179-180
レイノルズ卿 Reynolds, Sir Joshua 217
レヴィ・ストロース Lévi-Strauss, C. 61
連合主義 associationism, —理論 theory of 159
『老水夫行』*Rime of the Ancient Mariner*（コールリッジ） 167-168
ローゼンフェルド Rosenfeld, H.A. 16, 18, 62, 70, 74, 90, 95, 98-99, 141, 174, 197-198, 226
ロック Locke, J. 212, 217
ロッドマン Rodman, F.R. 79, 142, 237, 238, 239
論理 logic；対称の— symmetrical 86-87；非対称の，あるいは古典的— asymmentrical or classical 86

〈わ行〉

ワーク・スルー working through 22, 98
ワーズワース Wordsworth, W. 17, 88, 134, 135, 152-170, 171, 175, 182, 191；『あばら屋』*The Ruined Cottage* 168-169；『序曲』*The Prelude* 154-161, 164-167, 172；『ティンターン修道院上流数マイルの地で』*Tintern Abbey* 153-154, 167

邦訳参考図書

ミルトン

平井正穂訳『失楽園』岩波文庫，岩波書店，1981

ワーズワース

山内久明編訳『幼少時の回想から受ける霊魂不滅の啓示』『ティンターン修道院上流数マイルの地で』『序曲』「ワーズワス詩集」岩波文庫，岩波書店，1998

平井正穂編『虹』「イギリス名詩選」岩波文庫，岩波書店，1990

リルケ

大山定一訳『マルテの手記』新潮文庫，新潮社，1966

手塚富雄訳『ドゥイノの悲歌』「26 リルケ（世界の文学セレクション 36）」，中央公論社，1994

小松原千里他訳『転向』「リルケ全集 第 4 巻」河出書房新社，1991

田口義弘訳『オルフォイスへのソネット』「リルケ全集第 5 巻」河出書房新社，1991

ブレイク

梅津濟美訳『天国と地獄の結婚』『ミルトン』『イスラエル』『無垢の占い』『永遠の福音』『ロスの書』『天国と地獄の結婚』『公衆への訴え』『エルサレム』『経験の歌』『四人のゾアたち』『「サー・ジョシュア・レイノルズ著作集」に対する書き込み』『最後の審判の一幻想』『アルビオンの娘たちの幻想』「ブレイク全著作」名古屋大学出版会，1989

シェークスピア

小田島雄志訳『夏の夜の夢』「シェイクスピア全集（白水 U ブックス 12）」白水社，1983

監訳者略歴

松木邦裕（まつき・くにひろ）

1950年佐賀県生まれ。医師。熊本大学医学部卒業後，九州大学医学部心療内科，1978年から福岡大学医学部精神科勤務，1985年から1987年に英国ロンドンのタビストック・クリニックへ留学。福間病院勤務後，現在は福岡共立病院と精神分析オフィスに働く。

著訳書に，『摂食障害の治療技法』（金剛出版），『分析空間での出会い』（人文書院），『精神病というこころ』（新曜社），『精神科臨床での日常的冒険』（金剛出版），『メラニー・クライントゥディ①②③』（スピリウス編，監訳，岩崎学術出版社），『ビオンの臨床セミナー』（W. R. ビオン著，共訳，金剛出版）などがある。

翻訳者略歴

古賀靖彦（こが・やすひろ）

1956年佐賀県生まれ。九州大学医学部卒業後，1984年より福岡大学医学部精神科に勤務。1992年から2000年まで英国ロンドンのタビストック・クリニックへ留学し，現在は油山病院に勤務。

著訳書に『精神分析事典』（分担執筆，岩崎学術出版社），『メラニー・クライン トゥディ①②③』（スピリウス編，共訳，岩崎学術出版社）などがある。

信念《しんねん》と想像《そうぞう》：精神分析《せいしんぶんせき》のこころの探求《たんきゅう》［新装版《しんそうばん》］

2002年7月15日　初版発行
2016年4月15日　新装版発行

著　者　ロナルド・ブリトン

監訳者　松木邦裕《まつきくにひろ》

翻訳者　古賀靖彦《こがやすひろ》

発行者　立石正信

発行所　株式会社 金剛出版
〒112-0005　東京都文京区水道1-5-16
tel. 03-3815-6661　fax. 03-3818-6848　http://kongoshuppan.co.jp

印刷・製本　株式会社デジタルパブリッシングサービス
http://www.d-pub.co.jp　AM421

ISBN978-4-7724-1488-3 C3011 Printed in Japan ©2016